四川省教育厅人文社科重点项目：
"四川国学院与民初国学教育的转型"（项目号：16SA0039）

西南科技大学博士基金项目：
"民初四川国学教育的变革与延续"（项目号：15SX7101）

杨毅丰——著

民初国学运动兴起视域下的

四川国学学校研究

中国社会科学出版社

图书在版编目(CIP)数据

民初国学运动兴起视域下的四川国学学校研究/杨毅丰著. —北京：
中国社会科学出版社，2018.7
ISBN 978 - 7 - 5203 - 1927 - 0

Ⅰ.①民… Ⅱ.①杨… Ⅲ.①国学—学校教育—研究—四川—民国
Ⅳ.①Z126.276

中国版本图书馆 CIP 数据核字(2018)第 000292 号

出 版 人	赵剑英	
责任编辑	张　浩	
责任校对	姜志菊	
责任印制	李寡寡	

出　　　版　中国社会科学出版社
社　　　址　北京鼓楼西大街甲 158 号
邮　　　编　100720
网　　　址　http://www.csspw.cn
发 行 部　010 - 84083685
门 市 部　010 - 84029450
经　　　销　新华书店及其他书店

印　　　刷　北京明恒达印务有限公司
装　　　订　廊坊市广阳区广增装订厂
版　　　次　2018 年 7 月第 1 版
印　　　次　2018 年 7 月第 1 次印刷

开　　　本　710×1000　1/16
印　　　张　16.5
插　　　页　2
字　　　数　245 千字
定　　　价　69.00 元

目　录

序言 ……………………………………………………………（1）

绪论 ……………………………………………………………（1）
　一　选题缘起 …………………………………………………（1）
　二　研究现状 …………………………………………………（3）
　三　史料分析 …………………………………………………（14）
　四　相关界定 …………………………………………………（16）
　五　研究内容 …………………………………………………（18）

第一章　冲击与转型：清末民初四川传统教育的变革 ………（21）
　第一节　近代学人应对传统文化面临的挑战 ………………（21）
　　一　近代士人对西学的接纳与迎拒 ………………………（21）
　　二　国学概念形成与国粹保存争议 ………………………（25）
　第二节　晚清蜀学重新崛起与学脉传承 ……………………（29）
　　一　蜀学源流及其地域学术之特色 ………………………（29）
　　二　经世之风下蜀学的崛起及师承 ………………………（33）
　第三节　晚清四川传统教育制度的嬗变 ……………………（36）
　　一　四川书院改制学堂的纠结 ……………………………（36）
　　二　四川存古学堂发展的兴衰历程 ………………………（41）

小结 ·· (47)

第二章　权力与学术：民国初期国学学校的曲折发展 ············ (49)

第一节　川省各界延续国学教育的努力 ·························· (49)

一　从存古学堂到国学院的转型 ····························· (49)

二　学校初创时师资与新旧班不同生源 ················· (59)

三　教学日常中尊孔与容纳西学并行 ····················· (65)

四　政治权力对学校日常事务的介入 ····················· (74)

第二节　国学学校在艰难曲折中的办学 ·························· (79)

一　游离于部章之外的易名周折 ····························· (79)

二　学校在国学教育上的继承与变通 ····················· (83)

三　国学学校办学经费的困境 ································ (88)

四　动荡政局下国学学校的艰难维持 ····················· (92)

第三节　学校治校的新举措与最后归宿 ·························· (97)

一　校风整顿与学生成绩考核的措施 ····················· (97)

二　学校以多种途径为毕业生寻出路 ···················· (104)

三　近代大学兴起与国学学校归宿 ······················ (107)

小结 ··· (112)

第三章　趋新与守旧：不同学术观点交织下的师生世相 ········· (114)

第一节　辛亥刘师培入蜀后的学术活动 ························· (115)

一　入蜀之困与川省学界之助 ······························ (115)

二　在国学学校的教学与学术整理 ······················· (117)

三　教学之余关注政治 ······································· (122)

第二节　学校师生不同经学观点的交错 ························· (125)

一　廖平出任校长与其经学思想的递变 ·················· (125)

二　"今""古"经学诠释的互动 ···························· (130)

三　学生的学术探讨彰显独立思考之精神 ··············· (135)

第三节　学校教师在思想上趋新与保守 ························· (144)

　　一　国学学校教师的学术交谊 ·················· (144)

　　二　新文化思潮与复古观念的碰撞 ············· (150)

　小结 ··· (156)

第四章　发掘与整理:国学学校取得学术研究的成绩 ······ (157)

　第一节　创办国学会以砥砺学术之研究 ··········· (157)

　　一　近代四川专门学会的建立 ··················· (157)

　　二　国学学校成立四川国学会 ··················· (161)

　第二节　专业学术杂志的刊行与革新 ············· (165)

　　一　国学杂志的创办及销售渠道 ··············· (165)

　　二　国学杂志上学术问题的讨论 ··············· (171)

　　三　国学研究文章体例的变化 ··················· (183)

　第三节　学校教师搜集文物古籍的进展 ··········· (188)

　　一　金石文物的考证与选取 ····················· (188)

　　二　搜集方志古籍的多种途径 ··················· (192)

　小结 ··· (197)

第五章　专攻与专业:比较视域下国学学校的教育反思 ······ (198)

　第一节　国学学校与无锡国专的比较 ············· (198)

　　一　"公立"与"私立"的区别 ··················· (198)

　　二　两校在教学模式上的异同 ··················· (205)

　第二节　国学学校与北大国学门的比较 ··········· (211)

　　一　北大国学门整理研究国学的实践 ··········· (211)

　　二　两校在国学研究方式上的不同 ············· (216)

　第三节　近代传统国学教育的反思 ················ (221)

　　一　近代国学专门学校归宿的反思 ············· (221)

　　二　科学方法研究传统国学的反思 ············· (224)

　小结 ··· (228)

结语 ……………………………………………………（230）

参考文献 ………………………………………………（238）

后记 ……………………………………………………（253）

序　言

　　中国近代，是古今中西各种因素碰撞交融的时代，这在学术、思想、教育领域表现得尤为明显，旧学、新学、中学、西学在这里相激相斥、相融相汇。清季开始出现的国学保存运动，如创办存古学堂、成立国学保存会等，尽管内里有朝野之别，政治取向亦相异，但均体现了面对西学强势冲击的应对之道，即试图通过国学教育保存中国传统文化的血脉。到了民国初年，随着现代教育体制的强化与固化，传统国学教育的生存空间越来越被挤压，各地的存古学堂不断遭遇停办的厄运，但在西陲之地四川，存古学堂却以变通方式并入四川国学学校之中，得以保留和延续，彰显出传统国学教育的顽强生命力。

　　在中国学术版图里，四川似乎很少处在中心位置上。虽然如此，四川自古以来就有颇富特色的地域学术在蓬勃发展，所谓"蜀学"，成为川籍学者学术认同的纽带。蜀学在不同时代有其不同表现，晚清以来蜀学的崛起，是以今文经学在四川学界确立地位为标志的。所以传统学术在四川的继承与传扬，是以今文经学为核心，今文经学也是四川国学学校国学教育的主要内容。对于晚清学术史的研究而言，今文经学无疑具有十分重要的地位，其在时代巨变中的境遇以及在学术、政治上所发挥的巨大作用，无疑使其成为人们关注的热点。但对今文经学进入民国后的演进情形，人们关注的热情急剧下降，尤其对今文经学在国学教育领域的伸展，更是不甚了了。应该说近年来学界对民国时期的国学教育特别是国学教育机构是较为关注的，惟独对以今文经学教育为特色的四川国学学校关注有限，缺乏具体深入的探讨，不无遗憾。此一情形下，这部

《民初国学运动兴起视域下的四川国学学校研究》的问世，很令人高兴。

《民初国学运动兴起视域下的四川国学学校研究》是作者杨毅丰在其博士学位论文基础上修改完善而成的一部专著。该书以清季西学挑战中学、蜀学重新崛起的学术大环境为背景，从新式教育体制对传统教育的冲击入手，系统叙述了四川国学学校的建立与发展历程，指出在清季书院改制学堂的历史阵痛中，四川创办了存古学堂，以存古学堂的教育形式延续和发展传统学术；进入民国之后，各地存古学堂因不符合教育部政令陆续被禁止继续办理，川省政界与学界为了延续传统教育，创办了四川国学学校，并以变通的方式将四川存古学堂也合并进国学学校；直到1928年，在教育部统一将成都农业、工业、法政、外国语、国学这五类专门学校改设为大学学院的举措下，国学学校被合并进四川大学，终完成其历史使命。在四川国学学校的演进历程中，各种因素都在制约着它的发展，政治、社会力量对它的影响更是无处不在，所以作者没有停留在对国学学校发展过程的简单叙述上，而是通过对教育与政治、社会之互动关系的有机把握，以及对学界、政界复杂关系的细微梳理，来分析国学学校生存与发展的艰辛历程。具体到学校的内部运作上，作者抓住了国学学校的特殊性质展开论述，即国学学校既属于民国创办的新式专门学校，同时又继承了存古学堂的教学模式，从而在西学与中学间尽量取得平衡，以便能在新时代获得存在的权利。实际上，国学学校的课程设置，依然以经学占据主导地位，而且以尊孔为基本原则，传承中国固有学问是它的使命所在。

四川国学学校集中了一批学术耆宿，如廖平、刘师培、宋育仁、骆成骧、吴之英、吴虞等，他们的治学主张、学术取向、学术成就无疑对学校的办学产生了重要影响，特别是廖平倡导的今文经学实际构成学校的学术底色，也是蜀学的标志性学问。作者于这方面自然着墨颇多，但非泛泛地介绍这里的学术特色，而是在注重分析刘师培和廖平的学术讨论导致刘对今文经学有了"了解之同情"的基础上，主要阐发他们对今古文经学的不同诠释，是如何教育和引导学生传承经学的，进而对以经学教育为代表的国学教育的功能有所阐发。此外，作者还在书中将四川

国学学校的办学成就与无锡国专、北大国学门进行了比较，得出一些发
人省思的结论，颇为难得。

　　作为学界首部全面研究四川国学学校的学术专著，该书可谓是对学
术研究薄弱环节的一个弥补，创新性强，而且内容充实，叙述得当，档
案材料的运用也颇为充分。不过尽管如此，瑕不掩瑜，该书有些地方的
论述稍显平面，相信作者一定会在未来的研究中予以完善。

　　是为序。

　　　　　　　　　　　　　　　　　　李　帆
　　　　　　　　　2018 年 4 月 6 日于北京师范大学历史学院

绪　论

一　选题缘起

在晚清西学东渐的历史背景下，中国传统文化的保存与传承是萦绕于国人心中关乎国本之事。这也是近代中国文化史和学术史研究的重要课题，里面所涉及近代中国文化脉络、学术传统、士人心态、权力纷争等错综复杂的种种面相，折射出的诸多问题需要深入讨论。近代，当西学对传统学术造成冲击之时，中国学界要求保存传统文化的呼声越来越高并不断付诸实践，从清末张之洞奏请创办存古学堂以培养能够教授经、史、词章的合格国学教师，到 1905 年，邓实等"国粹派"学者在上海成立国学保存会以"保存国粹"为宗旨，并刊行《国粹学报》，① 再到胡适等人开展轰轰烈烈"整理国故"运动。尽管他们对保存中国传统文化的方式不尽相同，但主张接纳西学的同时不能丢掉自身的文化传统，却是当时不少士人逐渐形成的共识。②

---

① 这方面研究主要有：房德邻《论国粹主义》，《中州学刊》1991 年第 3 期；罗志田《清季保存国粹的朝野努力及其观念异同》，《近代史研究》2001 年第 2 期；郭书愚《清季在野一方对以官办学堂保存国粹的反应》，《社会科学研究》2008 年第 6 期；郑师渠《晚清国粹派：文化思想研究》，北京师范大学出版社 1997 年版。郑师渠《在欧化与国粹之间：学衡派文化思想研究》，北京师范大学出版社 2001 年版。

② 这方面的研究主要有：方朝晖《"中学"与"西学"：重新解读现代中国文学史》，河北大学出版社 2002 年版；丁伟志、陈崧《中西体用之间》，中国社会科学出版社 1995 年版；赖温如《晚清新旧学派思想之论争：以〈翼教丛编〉为中心的讨论》，花木兰文化出版社 2008 年版；熊月之《西学东渐与晚清社会》，上海人民出版社 1994 年版；章永乐《旧邦新造：1911—1917》，北京大学出版社 2011 年版；王先明《近代新学：中国传统学术文化的嬗变与重构》，商务印书馆 2000 年版。

在这样一个中西文化互相碰撞，"新""旧"学术交替的过渡时代，在地理区域较偏僻的四川，一批保守思想根深蒂固的士人对保存传统文化做出了努力，开启了一场轰轰烈烈的传统学术转型运动，史称国学运动，并一直持续到抗战结束。1912 年民国肇始，民国教育部颁布新的学校章程，章程对专门学校体制和课程设置的规定有较大变化，传统的国学教育被认为是封建落后象征而逐渐边缘化。从中央到地方的各类学校不再提倡专门的国学教育，对晚清时期创办的存古学堂也持否定态度，各地存古学堂纷纷遭遇停办的厄运。然而，四川存古学堂却有完全不同的境况。在四川军政府和川籍学者共同努力下，四川存古学堂没有遭遇停办厄运，以变通的方式并入四川国学学校之中得以保留延续下来，成为四川国学运动重要组成部分。①

蜀学作为四川地域独有的学术特色，历史源远流长，在中国学术史上具有相当重要的地位。四川国学学校教师基本是宗奉蜀学的学者。清末民初，也是蜀学重新崛起的历史时期。在近代学术转型时期，蜀学如何延续和发展自身学术特色，如何让蜀学回归全国学术研究的主流之中并融入时代发展，这是四川国学学校教师在日常教学中十分看重的问题。

国学学校以"国学"命学校的校名，其所指"国学"的具体内涵是什么值得讨论。② 近年来"国学热"不断兴起，国学研究的成绩有目共睹，不少大学也相继创办了国学院。但什么是国学？国学是否等同于传统文化？国学与传统文化的关系是什么？一直都是学界争论不休的重要问题。本书的

---

① 从 1912 年创办到 1928 年并入公立四川大学中国文学院的 16 年间，四川国学学校多次易名，以国学学校为正式校名的时间有 14 年。尽管易名多次，但学校的办学性质和基本人员构成并没有太大变动。在当时的四川学界，也始终以"国学学校"呼之。因此，四川国学学校研究也涵盖了其最初在国学馆、国学院的发展时期。参见《国学院咨请改名呈文及民政府批示》，1912 年，四川大学档案馆藏，卷号：7。

② 有关近代国学研究主要有：陈来《近代"国学"的发生与演变：以老清华国学研究院的典范意义为视角》，《清华大学学报》2011 年第 3 期；朱俊瑞《梁启超与近代"国学"概念的提出：兼论中国近代国学思想形成的几种分析路径》，《杭州师范大学学报》2010 年第 2 期；陈壁生《国学与近代经学的解体》，广西师范大学出版社 2010 年版；罗志田《国家与学术：清季民初关于"国学"的思想论争》，生活·读书·新知三联书店 2003 年版；桑兵《国学与汉学：近代中外学界交往录》，中国人民大学出版社 2010 年版；桑兵《晚清民国的国学研究》，北京师范大学出版社 2014 年版。

研究也会涉及近代"国学"观念兴起过程，以及国学具体内涵的相关讨论。

　　以往，学界对四川国学学校的研究不足，对国学学校的评价也主要持否定态度。然而，关于四川国学学校办学历史的研究，值得讨论的学术问题还有很多，并不能简单的一概否定。本书将四川国学学校作为个案研究，着力探讨以下三个方面问题：一是民国时期，国学学校课程内容设置所体现什么样的新特色？二是地方政治权力如何对国学学校进行扶持与控制？三是近代四川传统教育从书院、学堂到大学的过渡过程中，国学学校起到什么样的传承作用？通过这些问题的讨论，透视出国学学校办学中政治与学术的复杂关系、川省学人的不懈努力、学生心态的转变、学者之间不同学术观点的碰撞等多重面相，对我们认识近代四川传统学术保存和延续以及经史人才培养的曲折过程，均具有重要的学术价值与时代启示。

二　研究现状

1. 四川国学学校的研究概况

　　当前学界已有与四川国学学校相关的专题研究成果较少，这与研究资料的匮乏，研究难度较大有关。谢桃坊研究员所著《四川国学小史》以近代四川国学运动发展的历史脉络为基础，对整个四川国学运动概况做了一个梳理。该书从宏观把握在近代保存国粹思潮的影响下，蜀中各派学人对传统国学研究所做的贡献。《四川国学小史》虽是通俗介绍性质的著作，但对国学学校发展脉络阐述较为详细，有助于本书在研究中厘清基本的史实。① 谢桃坊的《国学论集》初步梳理了蜀学源流及其特征，做了较为详细考证，有助于本书讨论国学学校教师学术观点的来源。② 谢著还探讨了刘师培任教国学学校时就今文经学的不同诠释与廖平等学者争论的相关问题，谢先生认为：刘师培在国学学校一年多授课经历，改变了蜀中学者的今文经学观点。③ 这种看法有一定的学术意义。但谢著的观点也存在一些值得商榷之处，如该书对四川国学运动的历史仅是概括

---

　　① 谢桃坊：《四川国学小史》，巴蜀书社 2009 年版。
　　② 谢桃坊：《国学论集》，社会科学文献出版社 2011 年版。
　　③ 谢桃坊：《批评今文经学派：刘师培在四川国学院》，《成都大学学报》2008 年第 2 期。

性描述，缺乏较为深入讨论。谢著在讨论国学学校教师学术争论时，偏重于刘师培对廖平学术观点的否定，过分强调了刘师培对学校师生的学术影响。诚然，刘师培的观点对学校师生的影响不可否认，但如果说刘师培的学说使蜀学为之丕变，还是有夸大之嫌，这忽视了廖平等学者对刘师培自身学术思想的影响。因此，谢著讨论显得不够全面，观点还是有些偏颇。桑兵教授对谢无量、刘师培等人创办执掌的四川国学专门学校对"振兴国学"，成为国学运动重要组成部分，有较高学术评价。①

　　教师和学生构成了国学学校的主体，对学校师生进行研究显得很必要。民国初期，四川一批经史功底深厚的学者受聘任教于国学学校，这里面包括吴之英、刘师培、廖平、马一浮、楼黎然、曾学传、曾瀛、李尧勋、谢无量、杨赞襄、释圆乘、黄镕、戴孟恂、宋育仁、龚镜清、龚道耕等学者。他们不少人在当时就有一定的学术地位，学术声誉也早已传到全国。被称为"只手打倒孔家店的老英雄"②的吴虞，当时也在国学学校兼职，并与国学学校教师交谊甚厚。还有刘咸炘，虽未任教国学学校，但他与国学学校师生经常进行学术交流。近年来，有关这些学者的研究著作逐渐增多，为我们的研究提供了便利。③ 在国学学校求学的学生

①　桑兵：《晚清民国的国学研究》，北京师范大学出版社2014年版，第10—11页。
②　胡适：《〈吴虞文录〉序》，黄山书社2008年版，第4页。
③　有关国学学校师生群体的研究和近代四川知识分子的综合研究，论文近年来大致有：杨正苞《四川国学院述略》，《西华大学学报》2009年第1期；谢桃坊《四川国学运动述评》，《西华大学学报》2008年第6期；彭华《宋育仁与近代蜀学》，《蜀学》2010年第5期；孙山《宋育仁教育思想研究》，《教育评论》2009年第6期；范佳《吴之英与晚清蜀学》，《蜀学》2012年第7期；刘永祥《谢无量经学思想略论》，《史林》2011年第6期；舒大刚《龚道耕学术成就刍议》，《社会科学研究》2008年第2期；张凯《"今""古"之争：四川国学院时期的廖平与刘师培》，《四川大学学报》2009年第2期；刘复生《刘咸炘〈蜀学论〉及其在学术史上的意义》，《社会科学研究》2006年第3期；路新生《刘师培的民族史研究及对蒙文通的影响》，《史学史研究》2005年第4期；舒大刚《龚道耕学术成就刍议》，《社会科学研究》2008年第2期；张凯《"今""古"之争：四川国学院时期的廖平与刘师培》，《四川大学学报》2009年第2期；[韩]都重万《刘师培对晚清史学演进的贡献及影响》，博士学位论文，北京大学，1998年；崔海亮《廖平"今古学"研究》，博士学位论文，武汉大学，2010年。出版的论著大致有：黄开国《廖平评传》，百花洲文艺出版社2010年版；方光华《刘师培评传》，百花洲文艺出版社2010年版；马镜泉、赵士华《马一浮评传》，百花洲文艺出版社2010年版；黄宗凯、刘菊素、孙山、罗毅《宋育仁思想评传》，西南交通大学出版社2007年版；周鼎《刘咸炘学术思想研究》，巴蜀书社2008年版；何一民《转型时期的社会新群体：近代知识分子与晚清四川社会研究》，四川大学出版社1992年版；李帆《刘师培与中西学术：以其中西交融之学和学术史研究为核心》，北京师范大学出版社2003年版。

大多自小受过传统学术训练，部分学生在入学前还取得过科考功名，少数学生后来毕生从事传统学术的教育和研究工作，在中国近代学术界享有一定声望。蒙文通、李源澄等就是其中代表人物，有关他们的学术研究成果较为丰富。[①] 本书的研究将国学学校师生作为整体进行分析，希冀从中能够发现一些值得探讨的问题。王汎森教授的《从经学向史学的过渡——廖平与蒙文通的例子》一文就按照这种分析方式进行讨论，文章研究了廖平、蒙文通师生之间对近代学术从经学向史学过渡所做出的努力。作者认为："作为廖平高足的蒙文通，尽管对老师廖平的学问很佩服，但他并没有完全接受廖平经学六变的思想。蒙文通后来逐步完成经学向史学的过渡，将廖平的学说从一成不变的经学思维中解放出来，这是作为学生辈的蒙文通在学术上的贡献。这不仅促进了历史作为一门学科的发展，还使经学在近代社会变革环境中得以延续和发展。"[②] 这种研究方法与学术看法，对本书分析国学学校师生不同学术观点产生的内在原因具有重要参考价值。

国学学校从创办之初就受四川军政府的扶植和控制，军政府介入学校的日常教学，除了有尊孔的考虑外，也与中央和地方的权力斗争有关。叶文心教授在研究近代大学的校园文化时指出："文化保守派试图通过操纵传统符号获得永久的合法性，他们和地方军阀结成同盟。但吊诡的是，这一同盟反而因其僵化促使了传统的灭亡。20 世纪 20 年代，如武汉和成都的高等师范学校，新思想遭到怀疑和敌视，传统观念和习惯得到地方军阀的强力推崇，这表现了军阀和极端保守派共同反对新思想、新文化

---

① 这方面的研究主要有：王川《近代学者李源澄的生平事迹及其学术成就》，《历史教学》2008 年第 11 期；王川《李源澄先生经史成就述论》，《齐鲁学刊》2009 年第 3 期。赖高翔《李源澄传》，《文史杂志》2012 年第 4 期；刘耀《经术与诸子：廖平、蒙文通的经史传承与民国学术》，《四川师范大学学报》2012 年第 5 期；蔡方鹿《蒙文通经学与理学思想研究》，巴蜀书社 2007 年版；张凯《浙东史学与民国经史转型——以刘咸炘、蒙文通为中心》，《浙江大学学报》2011 年第 6 期；张凯《评议汉学：蒙文通重构近代"今文学"谱系的尝试》，《中国哲学史》2012 年第 4 期；张凯《"义与制不相遗"：蒙文通与民国学界》，博士学位论文，中山大学，2009 年。
② 王汎森：《从经学向史学的过渡：廖平与蒙文通的例子》，《历史研究》2005 年第 2 期。

而结成的统一战线。"① 四川地方政权对国学学校办学的介入与控制，不仅干预了学校日常教学，对国学学校后来并入公立大学的过程也施加影响，这是本书要重点讨论的一个内容。四川国学学校后来合并进公立四川大学成为川大文学院组成部分之一，这是近代大学兴起后，传统国学教育机构所能选择的最好归宿。国学学校合并进大学，同样经历了复杂曲折过程。近代大学在省立与国立化转型中也有来自各方面因素的纠葛，本书分析四川近代大学的情况有助于深入讨论国学学校向大学院系转化的曲折过程。田正平、陈玲玉在《中央和地方之冲突：国民政府初期对地方高校的整顿——以四川大学、山西大学校为中心的考察》一文中，分析了中央政府与地方实力派在大学国立化进程中的权力斗争。② 王东杰教授以四川大学国立化为视角，讨论近代大学在省立与国立之间的艰难取舍，具有很强的代表性。③ 作者在讨论四川大学国立化进程时找回了"国家"的存在，抓住了几个重要转折点，勾勒出近代大学在"国家"主导之下的曲折发展过程。该书视角较为新颖，论述也较为全面，对本书写作视角与研究方法具有启示意义。

2. 晚清书院、存古学堂的研究概况

四川国学学校与清末四川书院、学堂教育有一脉相承的联系，尤其是尊经书院和存古学堂的教育方式对国学学校的教学模式影响很大。本书对清末四川书院以及存古学堂教育的研究讨论，有利于掌握国学学校在教学上的一些特点。从学术成果看，学界有关四川尊经书院和存古学堂的研究较为丰富，近年来相继出版了相关的学术专著，还有部分博士、

---

① 叶文心：《民国时期大学校园文化（1919—1937）》，中国人民大学出版社 2012 年版，第 29 页。

② 田正平、陈玲玉：《中央和地方之冲突：国民政府初期对地方高校的整顿——以四川大学、山西大学校为中心的考察》，《高等教育研究》2013 年第 6 期。

③ 参见王东杰《国家与学术的地方互动：四川大学国立化进程（1925—1939）》，生活·读书·新知三联书店 2006 年版。另外，王东杰对此还有专题论文的讨论，参见《"国家"的地方意义：二十世纪二十年代成都两所大学对"国立"名分与实利的竞争》，《社会科学研究》2004 年第 5 期；《学术的"中心"与"边缘"互动中的典范融会——四川大学历史学科的发展》，《四川大学学报》2006 年第 4 期。

硕士论文以此为选题进行深入研究。①

　　胡昭曦教授的《四川书院史》梳理了自汉唐到清代四川书院的发展演变过程，还考证了四川最早书院出现的时间，具有重要史料价值。② 刘玉才研究清代书院时认为："传统书院作为传统学术延续的一个载体，给学者们研究、讨论和传播学术思想提供了重要平台。"③ 作者从汉宋之争、理学复兴、汉宋调和、经世思想等清代学术思想的流变过程，分析了晚清书院内部学术取向的演变，还讨论了书院逐步向学堂转变的原因，对本书写作是一个重要参考。有关尊经书院的研究，龙晦教授指出："提到尊经书院自然联想到张之洞，但却忽略了薛焕、王闿运等人对尊经书院的贡献，尤其是薛焕，几乎已经被遗忘了。"④ 因此，研究尊经书院创办与发展过程重新评价薛焕的作用，显得很有必要。在研究四川国学教育机构的近代转型时，李晓宇博士认为："存古学堂办学意义不仅在于保存国粹，更是传承四川省会书院的学术精神。四川国学教育机构从书院转

---

　　① 关于四川尊经书院和存古学堂的论文所见有：刘迪香《存古学堂——从书院到学堂的过渡》，《湖南大学学报》1999 年第 1 期；苏全有《对清末道德教育失败的反思——以存古学堂为考察中心》，《贵州社会科学》2007 年第 6 期；何一民《民初四川教育发展述论》，《四川师范大学学报》1990 年第 1 期；何一民《试论尊经书院与四川士林风气的变化》，《四川师范大学学报》1991 年第 1 期；曲洪波《尊经书院与晚清时期四川的经学发展略论》，《宜宾学院学报》2009 年第 4 期；王笛《清末新政与四川近代教育的兴起》，《四川大学学报》1985 年第 2 期。李赫亚《王闿运与晚清书院教育研究》，博士学位论文，北京师范大学，2002 年；许丽梅《民国时期四川"五老七贤"述略》，硕士学位论文，四川大学，2003 年；许金萍《清末存古学堂的办理及历史反思》，硕士学位论文，华中师范大学，2011 年。国立四川大学时期的相关研究，王东杰在博士论文基础上所出版的专著《国家与学术的地方互动：四川大学国立化进程 (1925—1939)》也对此作了详细研究。

　　② 学术界关于传统书院研究的相关成果极为丰富，本书主要参考的研究成果有：李晓宇《清末四川省会书院改制前后的两难及其变通 (1896—1911)》，《大学教育科学》2012 年第 2 期；王兆祥《书院改学堂——教育现代化的一个过程》，《历史教学》2008 年第 6 期；田正平、朱宗顺《传统教育资源的现代化：晚清书院嬗变的历史考察》，《厦门大学学报》2002 年第 5 期；丁平一《论湖南书院对西学的融合与吸收》，《求索》1990 年第 3 期；邓洪波《近代书院与中西文化交流》，《河北学刊》1993 年第 2 期；刘少雪《书院改制与中国高等教育近代化》，上海交通大学出版社 2004 年版；胡昭曦《四川书院史》，四川大学出版社 2006 年版；白新良《中国古代书院发展史》，天津大学出版社 1995 年版；丁刚、刘淇《书院与中国文化》，上海教育出版社 1992 年版；张正藩《中国书院制度考略》，江苏教育出版社 1985 年版；朱汉民《湖湘学派与岳麓书院》，教育科学出版社 1991 年版；李国钧《中国书院史》，湖南教育出版社 1994 年版；李赫亚《王闿运与晚清书院教育》，光明日报出版社 2007 年版。

　　③ 刘玉才：《清代书院与学术变迁研究》，北京大学出版社 2008 年版，第 200 页。

　　④ 龙晦：《论薛焕、王闿运创办尊经书院》，《西华大学学报》2009 年第 6 期。

型到存古学堂，不仅延续办学，还不断提高升级，适应近代化教育的要求。"① 这对评价国学学校办学所体现出继承四川学术传统和迎纳西学并存的特点具有启示作用。近年来，有学者对近代书院转学堂的纠结过程提出新观点，有助于我们从多角度去深入理解这个问题。②

在四川存古学堂研究方面，郭书愚的硕士论文《清末四川存古学堂述略》分析了清末各省存古学堂的开办历程，该文对四川存古学堂开办缘起、筹备、招生、师资来源等情况以及受地方政府影响等多方面有较详细讨论，为本书梳理国学学校的发展脉络具有一定参考价值。近年来，郭书愚还发表一系列相关论文探讨民初四川国学教育机构嬗替进程，其中一些观点颇具新意，对本书写作有启发作用。③ 许金萍的硕士论文《清末存古学堂的办理及历史反思》以湖北存古学堂为个案研究，反思当今国学教育。作者从清末国学学堂办学机制入手，讨论如今国学热种种面相，对当今国学教育提供一些有益参考。④ 作者虽然是学教育学出身，该论文的立意也是从教育学出发，但该论文以对现实的关怀为视角，从历史中寻求一点现实依据，对本书探讨存古学堂向国学学校转型具有一定启示意义。

3. 无锡国专、北大研究所国学门的研究概况

本书论述国学学校的国学教育时，把无锡国专和北大研究所国学门作为参照进行对比讨论。清末民初，唐文治创办无锡国专以培养传统经史人才。无锡国专和四川国学学校在办学上有诸多相似之处，通过两校的比较研究，能对国学学校有更深入思考。吴湉南博士的《无锡国专与

---

① 李晓宇：《清末四川省会书院改制前后的两难及其变通（1896—1911）》，《大学教育科学》2012年第2期。

② 邓洪波：《晚清书院改制的新观察》，《湖南大学学报》2011年第6期。

③ 参见郭书愚相关研究：《清末四川存古学堂述略》，硕士学位论文，四川大学，2002年；《"新旧交哄的激进时代"：以张之洞和存古学堂"守旧"形象为例》，《四川大学学报》2013年第1期；《四川存古学堂的兴办进程》，《近代史研究》2008年第2期；《官绅合作与学脉传承：民初四川国学研究和教学机构的嬗替过程》，《四川大学学报》2011年第5期；《为"旧学应举之寒儒筹出路"兼彰"存古"之义：清季豫、湘、赣三省因应科举停废的办学努力》，《社会科学研究》2013年第3期。

④ 许金萍：《清末存古学堂的办理及其历史反思》，硕士学位论文，华中师范大学，2011年。

现代国学教育》是其在博士论文基础上修改后出版的学术专著，作者搜集大量无锡国专的档案文献展开研究，对无锡国专初创、发展、合并情况有详细论述。① 该书论述和立意较为独特，在学校师资、招生、教学管理制度等方面阐述也较为深入。作者将无锡国专教师作为学术群体进行探讨，重点分析在唐文治主导下无锡国专教师的群像与学者个性所在。这种研究方法为论著添色不少，值得本书参考借鉴。无锡国专办学时间比国学学校要长得多，它的初创时期与国学学校在时间段上基本重合。两所学校最后的不同命运也揭示出近代转型时期传统教育的不同抉择。通过比较无锡国专与四川国学学校办学的异同，为检讨国学学校的优劣所得具有参考价值。

在北大研究所国学门的相关研究成果方面，以陈以爱教授的《中国现代学术研究机构的兴起——以北大研究所国学门为中心的探讨》为代表，该书梳理并探讨了北大国学门作为中国现代学术研究机构兴起的历史过程。作者论述北大国学门创建与发展的背景、组织机构有关情况。该书分析和评价北大国学门出版的学术刊物，并以刊物刊登的论文为切入点梳理了国学门学者在整理国故方面的新途径和新方法。四川国学学校同样有研究刊物出版，可以与北大国学门创办的学术刊物形成对比。本书研究国学学校刊物时借鉴了陈以爱的研究方法，希冀从中整理出一条线索以窥管豹。②

4. 经学、地域学术的相关研究概况

在国学学校的研究中，还应该关照近代中国传统学术一个特点：地域化的学术色彩。近代中国传统学术虽以儒学为宗，而各地域学者对儒

---

① 吴湉南：《无锡国专与现代国学教育》，安徽教育出版社 2010 年版。另外，陈平原一系列有关近代学术转型和中国大学史的研究也对此多有涉及，参见氏著《大学何为》，北京大学出版社 2008 年版；《大学有精神》，北京大学出版社 2009 年版；《老北大的故事》，北京大学出版社 2009 年版；《中国现代学术之建立：以章太炎、胡适之为中心》，北京大学出版社 2010 年版。

② 参见陈以爱《中国现代学术研究机构的兴起：以北大研究所国学门为中心的探讨》，江西教育出版社 2002 年版。对北大国学门的研究，还有胡逢祥《从北大国学门到清华国学院：对现代高校学术机构体制与功能的一项考察》，《中国图书评论》2006 年第 10 期；许小青《从"国学研究会"到"国学院"：东南大学与 20 年代早期南北学术的地缘与派分》，《江苏社会科学》2006 年第 2 期。

学有不同的诠释，使得儒学具有地域学术诠释特色，以此区分了不同地区学者的学术理路。蜀学作为四川地方的学术特色，也在近代重新崛起。

清末，随着民族危亡的日益加剧，中国士人的"国家"意识也逐渐兴起。在近代"国家观念"之下，不同区域学人形成与"国家观念"相对应的"地方观念"。在地方观念影响下，地域化学术与"地方观念"紧密相连，不同地域的学人都强调自己区域的学术具有"领先"意味，这在四川也体现的很明显。在晚清之前，四川的学者也极少有人以蜀学学者自居。① 民国建立后，地方认同观念兴起，蜀学成为维系川籍学者作为地域学术群体的纽带，成为学术身份的象征，但这个学术群体较为松散脆弱，"川籍学者对儒学阐释，始终没有趋于共识的认知"②。以地域学术为视角的诠释，为我们理解国学学校教师的学术观点提供了新的认知空间。国学学校的教师大多宗奉蜀学，近代蜀学崛起的标志就是今文经学在四川学界地位的确立，今文经学也是国学学校经学教育的主要内容。③

在地域学术流派的研究上，杨念群教授的《儒学地域化的近代形态》从地域角度对儒学近代发展进行讨论。他划分出近代儒学的三大知识群体，综合讨论三大知识群体之间的互动关系。该书用比较视野进行研究，容易引发思考，但也遭遇学界的两种主要质疑，"一是按历史地理区划界定儒学派别，违背了福柯所倡导对任何研究前提都必须加以批判性检视的原则，导致陷入自相矛盾境地。二是把儒学视为一种区域性历史形态

① 有关近代四川蜀学的研究讨论主要有：张凯《晚清民初"蜀学"之流变》，《近代史研究》2012 年第 5 期；舒大刚《晚清"蜀学"的影响与地位》，《社会科学研究》2007 年第 3 期；李晓宇《尊经书院与近代蜀学的兴起》，《湖南大学学报》2008 年第 5 期；李朝正《对清末民初四川学术崛起的思考》，《天府新论》1988 年第 2 期。

② 王东杰：《地方认同与学术自觉：清末民国的"蜀学论"》，《四川大学学报》2010 年第 6 期。

③ 有关经学研究主要有：袁咏红《二十世纪三十年代"读经"的主张和争论》，《史学月刊》2008 年第 7 期；张礼永《读经之史、读经之实、读经之死——对 1904 年至 1949 年历次读经争议的考察》，《华东师范大学学报》2009 年第 2 期；张凯《〈经学抉原〉与民初经学之走向》，《学术研究》2014 年第 4 期；郑师渠《梁启超与今文经学》，《中州学刊》1994 年第 4 期；姜广辉主编《中国经学思想史》，中国社会科学出版社 2003 年版；马宗霍《中国经学史》，商务印书馆 1998 年版；汤志钧《近代经学与政治》，中华书局 1989 年版；张昭军《晚清民初的理学与经学》，商务印书馆 2007 年版。

是受人类学方法与区域社会史研究路径影响，可能会削弱儒学形而上普遍意义的认知与分析，降低儒学在思想史上的地位"①。这两种批评是值得思考的。本书也是将蜀学作为地域文化来考量的，学术存在地域性的特色是没有什么疑问的，但过分强调这些特征都是由地域性差异所导致则可能牵强附会，关键是如何把握好这个度。程美宝教授的《地域文化与国家认同：晚清以来"广东文化"观的形成》对晚清民初之际，广东地区士人在学术上所形成的"广东文化"观念进行讨论。② 综上可见，如何在保存中国固有传统文化大前提下发展本区域学术文化，使本区域文化在全国占有一席之地是近代不少士人关心的话题。

5. 港、台和国外相关研究概况

港台和国外学者对近代中国国学教育机构的研究成果颇丰。台湾学者苏云峰在探讨清华国学院的情况时指出："清华国学院任教的四大导师王国维、梁启超、陈寅恪、赵元任，使清华国学院在近代教育史上一度充满着传奇色彩，但随着王国维自杀，梁启超逝世，陈寅恪告病，清华国学院也走向终结。"③ 近代国学教育机构能维系下去，大多依靠著名学者的支撑，学者们一旦离去，学术机构便很快衰亡，这对讨论四川国学学校的归宿问题有启示作用。美国学者艾尔曼在《从理学到朴学：中华帝国晚期思想与社会变化面面观》、《经学、政治和宗族：中华帝国晚期常州今文学派研究》两部著作中分别从宏观和微观个案两个层面讨论了晚清时期中国传统思想的发展演变，以及经学呈现的地域化特色，④ 为本书研究提供了有益参考。台湾学者王汎森在《中国近代思想与学术的系谱》一书考察了近代中国出现的传统与反传统思想。作者在分析中国思想中的传统

---

① 杨念群：《儒学地域化的近代形态》，生活・读书・新知三联书店 2011 年版，第 76—87 页。

② 程美宝：《地域文化与国家认同：晚清以来"广东文化"观的形成》，生活・读书・新知三联书店 2006 年版。

③ 苏云峰：《从清华学堂到清华大学（1911—1929）》，生活・读书・新知三联书店 2001 年版，第 326 页。

④ 艾尔曼：《从理学到朴学：中华帝国晚期思想与社会变化面面观》，江苏人民出版社 2012 年版；艾尔曼：《经学、政治和宗族：中华帝国晚期常州今文学派研究》，江苏人民出版社 1998 年版。

因素时认为:"近代中国知识分子心中存在着的反传统又保留传统,反西方又学习西方的矛盾心态。"① 这种关于近代中国知识分子心态史方面的研究,对考察国学学校师生对待新文化的不同态度具有反思意义。

在四川国学学校研究方面,港、台及国外学者成果却几乎空白。经初步搜集和整理,尚未发现有专题性质研究成果,只有少数论文在研究近代国学教育时有所涉及,但并未深入讨论。② 有关国学学校学者个案的研究,任教于国学学校的刘师培因在近代学术史上的重要地位,港、台和国外学者的研究较多。其中,有代表性是台湾学者陈庆煌的学位论文《刘申叔先生之经学》。③ 作者讨论了刘师培在经学上的成就,论文参阅的资料非常丰富,对我们勾勒出刘师培经学的内在理路具有参考价值。

近代科学主义的兴起,以"科学"手段研究传统学术成为趋新士人选择的方式。美国学者郭颖颐的《中国现代思想中的唯科学主义》对此有专门讨论。④ 作者指出近代中国思想中一个显著的变化特点,即唯科学主义思想的兴起。近代中国一批具新思想的学者高举"科学主义"大旗,在"科学"的名义下对传统学术进行批判和重新接受。他们试图用西方科学方法重新整理中国传统学术,尽管取得了一定成绩,但也暴露出不少问题。"科学"标准的衡量具有差异,传统学术中一些内容因显得"不科学"而逐渐被人为过滤掉。实际上,此举对传统文化的传承也造成一定损失。"科学主义"与传统学术研究之间的关系,也是本书写作中将要

---

① 王汎森:《中国近代学术与思想的系谱》,吉林出版集团有限责任公司 2011 年版,第 223 页。另外,林志宏的专著也从心态史方向进行讨论,对本问题研究有启示作用。林志宏:《民国乃敌国也:政治文化转型下的清遗民》,中华书局 2014 年版。

② 参见林丽容《民国读经问题研究 (1912—1937)》,花木兰出版社 2010 年版。另外,林庆彰主编的《中国学术思想研究辑刊》丛书,花木兰文化出版社 2013 年版,其中也有涉及四川国学教育的内容。

③ 陈庆煌:《刘申叔先生之经学》,博士学位论文,台湾政治大学,1982 年。

④ 郭颖颐:《中国现代思想中的唯科学主义 (1900—1950)》,江苏人民出版社 2010 年版。这方面的研究还有:胡逢祥《"五四"时期的"科学主义"思潮与中国史学的现代化建设》,《华中师范大学学报》1995 年第 6 期;张剑《从"科学救国"到"科学不能救国"——近代中国"科学救国"思潮的演进》,《自然科学史研究》2010 年第 1 期;罗志田《难以区分的新旧:民初国学派别的异与同》,《四川大学学报》2001 年第 6 期;朱华《近代科学救国思潮研究》,博士学位论文,北京师范大学,2006 年。

思考的一个问题。

　　整体而言，国内外学界不仅有作为个案的存古学堂、尊经书院，以及其他地域的国学教育机构如清华国学院、北大国学门、无锡国专相关研究，还有以国学教育机构地域化色彩为比较的研究。以往学界研究国学教育机构，从宏观和微观两个层面都有较为深入讨论。在宏观层面上，学界主要讨论在面对西学冲击和现代学术体制建立的背景下，国学教育机构的学人保存文化的努力，这里面包括因地域不同、学人群体不同、学术传统和学术发展脉络的不同，所产生国学教育的地域化特色差异也较大。学界还就传统学术如何适应时代发展，是否需要改造与创新进行探讨。在微观层面上，学界对国学教育机构的办学理念、课程设置、经费来源、师资情况、生源情况、受到的阻碍与制约、历史地位等方面都有较详细的讨论。这两个层面的讨论有助于后来研究者对民国时期国学教育机构发展脉络有较全面的认识。

　　当然，既往研究所存在的一些不足之处，可以深入讨论的学术前沿问题还有很多。学界以往对四川国学学校的研究很少，这有两方面原因：一是由于国学学校存在时间短，相关资料不丰富，查阅和整理有一定难度。二是作为一所远离"学术中心"的地方国学教育机构，在近代学术史上影响有限，在抓大问题、抓核心问题的选题中往往很容易被忽略。但研究四川国学学校具有重要学术价值，它的办学所反映的是在近代社会转型时期，传统国学教育机构保存传统文化以及培养经史人才的曲折历程。① 近年来，学术界出现不少值得注意的学术新动向。例如，学界对国学学校师生带有"再发现"认识，对主导国学学校的四川军政人物也有新的评价。以往学界研究四川都督尹昌衡，因其军阀身份而评价较低。2011 年，新版《尹昌衡集》的出版对此有所突破，文集整理了与尹昌衡有关的四川教育事业的资料，为本书提供史料参考依据。② 不少学者的新资料被发现，有

_____

　　① 西华大学和四川省社科院联合创办了定期学术刊物《蜀学》，一年出一期，杂志不仅刊登最新的研究论文，还发现、整理了一批有关蜀学学者的文集资料，这些都是值得关注的学术新动态。参见西华大学、四川省文史馆编《蜀学》1—8 期。

　　② 参见曾业英、周斌主编《尹昌衡集》（1—10 卷），社会科学文献出版社 2011 年版。

关文集、书信、年谱被后学整理出版，也为我们研究提供了便利。

三　史料分析

本书研究主要建立在一手材料使用上。这些一手材料包括国学学校档案，民国时期出版的期刊报纸以及当事人后来出版的文集和回忆录。

首先，本书研究档案的来源主要是四川大学档案馆藏国学学校档案。在四川大学档案馆公布的所藏档案目录上，民国建立以前，学校的档案分为五类，分别是中西学堂档案、四川省城高等学堂档案、四川公立国学专门学校档案、公立四川大学档案、国立四川大学档案。由于国学学校的档案遗失较多，现存部分又较为零碎，给查阅带来了一定的不便。四川国学学校的相关档案零散分布于四川省城高等学堂档案、四川公立国学专门学校档案、公立四川大学档案之中，档案内容较为庞杂，使用的时候需要对档案作一定的辨析处理。这里需要特别说明的是，以往的研究论文为了行文的方便，一概以四川大学存古档对这些档案进行统一命名。本书同时在档案使用上还是依照四川大学档案馆的目录分类，对档案分别进行命名。本书同时还将利用第一历史档案馆藏的清末教育档案，南京第二历史档案馆藏有关民国教育的档案文献汇编。[①]另外，四川文史资料中有关国学学校的档案以及无锡国专的档案，也在本书研究的使用范围之内。[②]

---

① 参见中国第二历史档案馆编《中华民国史档案资料汇编》第三辑《教育》，江苏古籍出版社1991年版；中国第二历史档案馆藏民国档案，卷号：5456，全宗号：五：《私立无锡国学专修学校、私立武昌文华图书馆专科学校迁校舍建筑等问题文件》，1937—1947年；中国第一历史档案馆编《光绪宣统两朝上谕档》，广西师范大学出版社1996年版；中国第一历史档案馆编《清代档案史料丛编》，中华书局1984年版；中国国家档案局明清档案馆《戊戌变法档案史料》，中华书局1958年版。

② 本文使用的地方文史资料主要有：政协四川省文史资料研究委员会、四川省文史馆编《四川保路风云录》，四川人民出版社1981年版；政协四川省文史资料研究委员会、四川省文史馆编《四川近现代文化人物》，四川人民出版社1989年版；《四川近现代文化人物》续编，四川人民出版社1989年版；《四川近现代文化人物》第三编，四川人民出版社1989年版；中国人民政治协商会议江苏省暨南京委员会文史资料研究委员会《江苏文史资料选辑》第十九册，江苏古籍出版社1987年版；中国人民政治协商会议四川省委员会文史资料研究委员会《四川文史资料选辑》第二十七辑，四川人民出版社1982年版；成都市政协文史学习委员会编《成都文史资料选编》，四川人民出版社2007年版。

其次，本书使用的期刊报纸，除了《大公报》、《申报》等常见民国报纸外，主要是国学学校出版的学术刊物，如《四川国学杂志》、《国学荟编》、《四川国学专校学生会季刊》等杂志。同时，还包括清末民初之际出版与国学学校有密切关联的杂志报纸，如《孔教会杂志》、《蜀学报》、《广益丛报》、《四川教育官报》、《四川官报》、《国学月刊》、《国学季刊》、《东方杂志》、《政艺通报》、《重光》、《教育公报》等刊物。本书分析这些刊物上所刊登的文章，有助于对国学学校师生不同学术观点进行讨论。

再次，民国建立之初，四川战乱频繁，军阀纷争不断，大量有关国学学校的文献资料散落遗失。现存有系统保存这一时期的资料文献有限，这在一定程度上影响了本书对国学学校的研究。因此，除了借助档案文献和期刊以外，历史当事人后来所写的文集和回忆录也为我们提供了研究国学学校教育的新途径。其中，包括廖平、宋育仁、骆成骧、吴虞、谢无量、吴之英、蒙文通、李源澄等学校师生的文集、年谱、日记，① 其中对国学学校的办学历史有所涉及，可以在一定程度上弥补档案文献和期刊报纸在史料上之不足。② 当然，这些文集、年谱和日记本身也会存在一些问题需要引起研究者的注意。一方面作为回忆性质文章，作者的记

---

① 这些文集、回忆录、年谱、日记主要有：《龚道耕儒学论集》，四川大学出版社 2010 年版；《廖平选集》，巴蜀书社 1998 年版；《廖平学术论著选集》，巴蜀书社 1989 年版；廖幼平编《廖季平年谱》，巴蜀书社 1985 年版；《刘申叔遗书》，江苏古籍出版社 1997 年版；《蒙文通文集》第 1 卷，第 3 卷，巴蜀书社 1987、1995 年版；蒙文通《经学抉原》，上海世纪出版集团 2006 年版；万仕国《刘师培年谱》，广陵书社 2003 年版；王承军《蒙文通先生年谱长编》，中华书局 2012 年版；王川《李源澄先生年谱长编》，中华书局 2012 年版。值得注意的是，该年谱关于李源澄在国学学校求学的有关情况，也有一些新史料收入；《李源澄儒学论集》，四川大学出版社 2010 年版；《吴之英儒学论集》，四川大学出版社 2010 年版；《吴之英诗文集》，四川大学出版社 2008 年版；《谢无量文集》，中国人民大学出版社 2011 年版；中国革命博物馆整理，荣孟源审校《吴虞日记》，四川人民出版社 1984 年版。

② 除整理传统的档案文献外，在资料搜集上，近年台湾学界提倡所谓"e—考据学派"值得注意。"e—考据学派"主张利用互联网和学术资源库，在短时间内搜集到所研究的相关资料，并填补历史细节中的诸多缝隙，透过严密的逻辑推理布局可以迅速论断先前待考的疑惑以及存在矛盾的史实，这对历史研究中存在资料搜集困难具有良好的辅助作用。本书在整理搜集史料时也借鉴这种方式，力求扩大资料的来源。参见黄一农《两头蛇：明末清初的第一代天主教徒》，上海古籍出版社 2006 年版，第 7 页。

述因年代久远，难以避免出现一些谬误；另一方面也因学人学术观点和学术立场的差异，在回忆中可能会出现互相矛盾的地方。因此，在资料的使用上，这些问题都是需要后来研究者做一些辨析处理。

四　相关界定

1. 研究时段的界定

本书研究的时间段范围大致限定在 1912 年—1928 年这 16 年间。1911 年辛亥革命之后，四川军政府宣告成立，尹昌衡出任四川军政府都督。1912 年，在尹昌衡的主导下，四川军政府将原有的四川枢密院改为四川国学院，随后又将原四川存古学堂并入国学院。1914 年，由于办学经费紧张等一系列问题，国学院缩小了办学规模，四川国学院更名为四川国学学校。

1928 年，教育部进行学制改革，将四川的各专门学校统一并入公立四川大学。四川国学学校随之改为公立四川大学文学院，国学学校时代至此终结。需要说明的是，本书写作过程中对国学学校相关历史背景的追溯，时间段会相应有所提前，在论述国学学校最终合并到公立四川大学的历史过程时，时间段也会适当后移。

2. 蜀学、国学院、国学学校的界定

蜀学是一种具有四川地域特色的儒家学说。蜀学经历了从西汉到民国发展的漫长时期，代表人物如司马相如、扬雄、谯周、常璩、三苏父子、魏了翁、杨慎、廖平等学者。他们的学术思想和治学方法大致存在一些共同的特征，同时也充斥着互为矛盾的特点，包括固守传统而又时据学术前沿，以杂学见长而时有异端倾向，崇实而又富于思辨。[①] 清末，以今文经学在四川确立，标志着蜀学重新崛起。需要指出的是，蜀学虽然源远流长，但蜀学这个概念是近代才产生的。实际上，近代四川研究传统学术的学者，本人大多并不以蜀学学者自居，蜀学学者是后来研究者对他们的定义。任教于四川国学学校的教师大多是宗奉蜀学的学者。

[①]　相关内容参见谢桃坊《蜀学的性质与文化渊源及其与巴蜀文化的关系》、《论蜀学的特征》，收入谢桃坊《国学论集》，社会科学文献出版社 2011 年版。

本书对蜀学的定义是：蜀学是四川学者在吸收和发扬儒学过程中，建立起来一种具有四川特色新的学术体系和学术诠释。蜀学既是传统儒学的一部分，也是近代民族国家意识产生后国学的组成部分。

国学院的教育模式不是四川所独有，当时全国其他地域也有以国学会、国学院、国专命名的国学专门教育和研究机构。民国时期，国学教育为主的学校以国学院命名以区分过去的存古学堂，但不同地域的国学院因受地域学术流派对传统学术不同诠释的影响，在学校教学中所教授"国学"的内容以及对"国学"的认知也不尽相同。四川在近代存在过两个国学院：一个是四川国学院，另一个是成都国学院。四川国学院创办时间要早于成都国学院，蒙文通在四川国学院求学，后来又任教于成都国学院。[①] 成都国学院不属于四川国学院发展的一脉，相关资料极少，很难勾勒出其大概状况，存在的时间似乎也很短。因此，本书所界定的国学院专指四川国学院。

四川国学学校是国学院易名后的延续。1912 年设立四川国学院，附设国学学校。当时，国学学校是原四川存古学堂并入四川国学院后作为一个附设机构存在。1914 年 3 月，四川省行政公署为了缩减经费开支，废除仅存在不到两年的四川国学院。省署决定集中办好国学学校，同时聘请廖平任国学学校校长。1918 年，四川国学学校正式定名为四川省国学专门学校。学校的课程设置与国学院期间几乎一样，任课教师和学生也基本是从国学院原封不动继承下来的。[②] 1912—1918 年，在四川国学院更名为四川国学专门学校过程中，学校的性质没有变化，教学模式、课程设置、师资力量也没有太多变化，学校仅是更改了校名，缩小办学规模。尽管国学学校多次易名，但在民国初年创办后，当时的四川学界就一直称之为"国学学校"。无论是从当时学界的习惯称呼，还是从易名后的办学时间看，国学学校名称存在的时间都是最长的。本书的副标题叫

---

①　王承军：《蒙文通先生年谱长编》，中华书局 2012 年版，第 60—64 页。

②　从四川国学院到国学学校的易名周折，学术界对此也有过专门的讨论。参见郭书愚《官绅合作与学脉传承：民初四川国学研究和教学机构的嬗替过程（1912—1914）》，《四川大学学报》2011 年第 5 期。

作四川国学学校研究，也是基于这个历史史实来考量的。

另外，特别需要说明的是，本书在第二章第一节中因为需要专门所指而使用四川国学院的校名，除此之外，为行文方便，表述统一，学校校名统一称为四川国学学校，简称国学学校。

五　研究内容

本书研究四川国学学校时希望以问题为突破口进行讨论，通过问题导向来勾勒出研究对象的特征。本书讨论在近代传统文化保存与现代学术体制建立的两难中，国学学校学人在学校改造、调适过程中的教育实践进行研究。同时，本书还将讨论分析近代学术转型过程中国学学校的历史地位和归宿问题。本书对国学学校师生，如廖平、刘师培、蒙文通、李源澄等人的学术观点在论述时只作必要提及。[①]

第一章主要考察三个方面问题：一是近代西学冲击下，传统学术的应对与调适；二是近代蜀学崛起与发展的历史过程；三是四川传统书院在近代的转型与嬗变过程。近代西学对中学造成的冲击，由此激起中国士人保存国粹的努力，四川学界也受到影响。民国建立后，中央政府下令停办旧式存古学堂，对此四川学界如何应对？如何让具有四川地方学术特色的蜀学继承和发扬？四川政界和学界联合努力以不惜违背教育部章程的方式保存传统国学教育，背后各自的考量是什么？

第二章主要讨论从国学院到国学学校的发展过程，分别从川省学界保存四川传统教育的努力，国学学校在复杂政局中的曲折发展，国学学校的风气整顿和毕业生出路三个方面进行研究。这一章在广泛搜集文献基础上对前人相关研究梳理分析，整理一条清晰的线索，从尘封的档案里面寻求国学学校发展的历史脉络。同时，思考国学学校从传统书院向近代大学转型过程中起到什么样的过渡作用？在这个过渡阶段，国学学

---

① 王汎森在回忆自己研究傅斯年的时候讲："在写这部论文的过程中，余英时先生提醒我，不必大幅转述傅斯年学术论文中的观点，如果想了解其学术观点的人，自然会去读他的原书，要紧的是把它放在整个时代思想、学术的脉络下来看。"王汎森：《傅斯年：中国近代历史与政治中的个体生命》，中译本序，生活·读书·新知三联书店 2012 年版，第 1 页。

校有什么影响？国学学校最终并入公立四川大学中国文学院，校方的考
量是什么？国学学校的归宿是什么？国学学校在办学经费上完全依靠四
川政府拨付，政治权力对学校日常教学的扶植与控制是什么样情况？国
学学校办学的宗旨、章程的制定、教学方式和内容的规划都渗透着地方
政权的意志，政治与学术之间是否存在一种互相依存，或者说政治与学
术如何实现一种互动？这些都是本章需要探讨的问题。

第三章通过梳理国学学校师生传统经典的研读方式，教师对经学诠释
的不同观点，并以教师不同学术观点对学生的影响为视角，讨论民国时期
国学学校在国学教育上某些革新之处。国学学校在日常教学之中，教师们
有不同学术观点都可以在课堂上宣讲。教师之间、师生之间的学术争论经
常发生，学生在校求学养成了独立思考的精神，这些是国学学校与存古学
堂教育的不同之处。同时，本章讨论国学学校教师的学术交谊，以及在新
文化影响之下，国学学校老师不同态度背后所反映的问题。本章着重讨论
这几个方面的问题：刘师培入蜀后的学术活动情况怎样？国学学校教师之
间、师生之间的学术互动情况如何？另外，刘师培对国学学校师生的学术
影响是否造成所谓"蜀学丕变"？本章将对此也将提出一点新的认识。

第四章主要讨论国学学校教师在促进国学研究上取得的成绩。国学学
校规定教师在国学教育之余还应承担成立专业学会、创办专业刊物、搜集
整理金石文物和乡贤遗书等与国学研究有关的事宜。本章重点讨论这些问
题：国学学校兴办四川国学会对促进国学研究的成绩如何？近代社会转型
时期，学校师生对新文化的接纳情况如何？国学学校创办的学术刊物对国
学研究论文的体例要求有什么新变化？分析国学刊物上刊登的国学文章，
讨论国学学校教师不同的学术观点是怎样的？同时，学校教师在金石古籍
的搜集整理上也付出了很大努力，一批很有分量的文物古籍被征集到国学
学校用于教学研究，这不仅为国学学校在国学研究方面提供了资料来源，
对文物古籍的保存也做出了贡献。通过这些方面的讨论，分析国学学校为
什么能成为当时四川乃至全国研究国学的一个重镇。

第五章通过对比研究透视近代国学教育机构在办学等诸多方面的异
同。本章将国学学校与无锡国专、北大研究所国学门进行对比研究，分

析讨论它们在办学性质、经费来源、国学教育研究、文凭颁发、学生出路以及传统国学研究机构归宿的不同选择等方面的问题。通过对比分析的视角，为讨论国学学校国学教育的利弊得失提供参照。本章着重讨论两个方面的问题：一是从国学学校与无锡国专两校的不同归宿，分析近代国学教育机构如何延续自身的发展？二是在近代"科学思潮"影响下，科学方法如何融入传统学术整理研究之中，科学与传统两者之间的关系如何平衡？

第一章　冲击与转型:清末民初四川传统教育的变革

晚清时期,受西方列强入侵影响,中国社会结构发生剧烈变动。李鸿章由此发出"实为数千年来未有之变局"①的感慨。随着列强入侵,西学也传入中国,对中国传统文化构成挑战。近代中国的社会文化形态,梁启超称其为"过渡时代"。他认为这样的过渡所涉及范围很广泛,从政治到社会、从生活到心态、从思想到学术,各方面都反映出一种"半旧半新、亦旧亦新,又互相渗透的多元互动局面"②。在这样一种新旧交替的过渡时代,中国学人为了应对西学的冲击提出了保存国粹的口号。

与此同时,四川的传统教育制度也经历了一场嬗变过程,川籍学者们由此开启了一场轰轰烈烈的国学运动。本书所研究的对象四川国学学校便是这场国学运动的主要产物之一。四川国学学校是由清末书院、学堂转化而来,传统书院与学堂的教育模式对国学学校的办学有很大影响。因此,梳理四川近代书院、学堂的发展情况也就显得很有必要。

第一节　近代学人应对传统文化面临的挑战

一　近代士人对西学的接纳与迎拒

早在明末清初,一些士大夫就开始接触到由西方传教士引入的西方技

---

① 李鸿章:《筹议海防折》(1874 年 12 月 10 日),《李鸿章全集·奏议六》,安徽教育出版社 2008 年版,第 159 页。

② 梁启超:《过渡时代论》(1901 年),《饮冰室合集》(文集六),中华书局1989 年版,第 27 页。

艺。康熙即位初，西方传教士与中国士大夫发生了历法之争算得上是一次中西文化的冲突，但这次中西文化碰撞对中国文化并没有造成重大冲击。①清末时期，中国的门户逐渐被西方列强打开，西学传入并在中国社会逐渐盛行，促使中国传统社会在政治、经济、文化、社会生活等各方面越来越受到西方文化的影响，也迫使中国士人重新审视和整理自身的学术传统，发掘中学的文化精髓以应对西学冲击，以求传统学术能赢得自身生存和发展空间。

实际上，不同文化间的交流融合本属正常。中国自汉唐以降，长期对外来文化持开放包容态度，开明的文化政策不仅促进中国自身文化发展更新，也对西方文化产生重要影响。随着清代中期逐渐闭关锁国，中西之间文化交流日益隔绝。在近代西方文化冲击下，传统文化开始从绝对主导地位逐渐蜕变成守势地位，这给中国士人心态造成很大落差，"汉唐时期，佛教文化是骑着白象，以和平方式传入中国。而近代基督教文明，却是坐在西方入侵大炮上飞过来的"②。这种被动接受西方文化的屈辱，本身就会引起读书人内心的不平。这种内心的不平，使他们对待西方文化有复杂的取向，从而加剧了中学与西学、传统与现代之间的紧张。

在中西文化竞争的历史背景下，西方文化以"西学"或"新学"之名进入中国，中国传统学术则称为"旧学"。新旧之间本来没有绝对鸿沟，主要是出现时间先后问题，"盖新旧二字，本从时间之观念发生，时代不同，意义亦异"③。然而，部分士人在面临西学冲击之时却丧失了对自身文化的信心。《国粹学报》的主编在发刊词上就谴责部分士人这种心态的变化，"海通以来，泰西学术，输入中邦，无识陋儒，或扬西抑中，视西籍如苴土。士生今日，不能藉西学证明中学，而徒炫皙种之长，是犹有良田

---

① 康熙年间历法之争的最终解决是中国封建统治者运用西学解决疑难问题一次尝试。参见孙尚扬《利玛窦与徐光启》，中国国际广播出版社 2009 年版；《明末天主教与儒学的互动：一种思想史的视角》，宗教文化出版社 2013 年版；《基督教与明末儒学》，东方出版社 1994 年版。
② 蒋梦麟：《西潮·新潮》，岳麓书社 2003 年版，第 13 页。
③ 杜亚泉：《新旧思想之折衷》，原载《东方杂志》1919 年第十六卷第十九号，《杜亚泉文存》，上海教育出版社 2003 年版，第 401 页。

而不知辟，徒咎凶年；有甘泉而不知疏，徒虞水竭。是有理哉?"① 国粹派借此批评近代一些国人对西方文化的盲目崇拜，以至迷失对自身文化传统与文化内涵的信仰，产生了"尊西人若帝天，视西籍如神圣"② 的文化自卑感。贺麟就认为："必定要旧中之新，有历史有渊源的新，才是真正的新。表面上五花八门，欺世骇俗，竞奇斗异的新，只是一时的时髦，并不是真正的新。"③ 这种五花八门的"新"，是近代西学传入中国后给国人思想观念造成的困惑与迷茫。无论是西学还是中学，他们一时都难以区分各自精华与糟粕，从而在中西文化的取舍上陷入了不新不旧、亦新亦旧的困境之中。

近代部分中国人开始接受西学，是看到西学背后西方国家强大的国力。文化是一个国家的精神源泉，这很容易使他们相信西学是西方之所以强大的精神支柱。严复通过中西文化对比后，他极为看重西学产生的实用功能，"从事西学后，然后知中国政教少是而多非。吾圣人精意微言，亦必通西学后，归求反观，以窥其精微，而服其为不可易也"④。他认为只有了解西学之后，用西学的观念来反观我们自身文化，就会发现传统文化如果用现代学理来解释，的确会有不少内容存在很大问题。他希望以西学为参照来反思中学，用西学来促中学的转变。但是，要借西学反观中学，首先应该深入学习西学本身。近代国人接触到的西学不少是通过翻译和从日本转借而来，当时懂西文的中国人很少，很难直接阅读西文原典，而通过转借和译著的方式了解西学又容易因语言习惯和思维方式差异而产生谬误。吴汝纶给贺松坡写信就指出："故西学捷径，但读已译之书，其弊则苦于不能深入。其导源之法，则必从西文入手，能通西文，然后尽读西书，然后能识西国深处。"⑤ 国人要想真正了解西学，深入学习西方文化，首先就必须要通西文。只有掌握了西方语言，

---

① 《国粹学报》发刊词，1905 年 1 月 20 日，收入邓实、黄节主编《国粹学报》（三）社说，广陵书社 2006 年版，第 2 页。
② 邓实：《国学保存论》，《政艺通报》甲辰年第三号。
③ 贺麟：《五伦观念的新检讨》，《文化与人生》，商务印书馆 1988 年版，第 60 页。
④ 严复：《救亡决论》，《严复集》第一册，中华书局 1986 年版，第 49 页。
⑤ 吴汝纶：《答贺松坡》，《吴汝纶全集》第三卷，黄山书社 2002 年版，第 129 页。

能够看懂第一手的西学书籍才能做出自己的判断，而不是通过译著以及舶来的西方文化来了解西学。

近代在接纳西学的同时，不少国人更看重中西文化交融背后的中国传统文化如何保存和延续。在近代士人的心中，传统文化被冲击程度究竟有多大？陈寅恪对此有过评论"自道光之际，迄乎今日，纲纪之说，无所凭依，不待外来学说之掊击，而已销沉沦丧于不知觉之间，终归于不可救疗之局。"① 一个国家的文化必须根植于自身特定社会制度之中，社会制度是文化传统发展的依托，也就是树立文化自信的凭借。汉唐时期，佛教文化的传入并没有动摇中国传统文化根基，是因为国家的社会制度没有变动。但道光以降，随着西方军事势力入侵，中国社会制度发生剧烈变化，中国传统文化的"根"发生动摇，传统文化便难以避免沉沦下去。在近代中国这样一个"新旧交哄之时代"，② 受西方文化侵袭，中国文化自身发生裂变。近代，就有士人对此现象深表不满，樊增祥曾尖锐批评："中国文字，自有申报馆而俗不可医。迨戊戌后，此等丑怪字眼，络绎堆积报章之上。"③ 近代报纸新闻媒体业兴起后，大量西方新词汇和大众俗语广泛见诸报端。他认为这影响中国人的文化习惯，是对中国文字和博大精深的传统文化的亵渎。樊增祥的话虽然反映的是文化保守人士内心的焦虑与不安，然而这种不安却加剧着传统文化在近代地位的边缘化。因此，近代国粹派发起"保存国粹"运动，就是应对西学冲击的一场文化自救行动。

中国士人希望通过重新整理传统文化，目的是使传统文化取得与西学同等"话语权"，以便在中西文化竞争中得到延续发展。这是国学运动轰轰烈烈开展的主因。④ 这同样是近代士人逐渐形成的共识，即使主张学

---

① 陈寅恪：《王观堂先生挽词并序》，《陈寅恪集·诗集》，生活·读书·新知三联书店2001年版，第14页。

② 《论新旧交哄为激进时代》，《广益丛报》1908年第四期第2版。

③ 樊增祥：《批学律馆游令课卷》，《樊山政书》卷六，中华书局2007年版，第161页。

④ 罗志田教授曾指出：过去研究中国近代政治思想，学界只注意到了其破坏的一面，较少关注建设的一面。近代中国政治和思想往往是在破坏与建设中寻求平衡。参见罗志田《乱世潜流：民族主义与民国政治》，中国人民大学出版社2013年版，第6页。

习西方的人也不希望丢失自身文化传统。在近代国学运动开展过程中,
中国人在文化改造上遇到两个问题:"一是如何赶快学到欧、美西方文化
的富强力量,好把自己国家和民族的地位支撑住。二是如何学到了欧、
美西方文化的富强力量,而不把自己传统文化精神斩丧或戕伐了。若第
一问题不解决,中国的国家民族将根本不存在;若第二问题不解决,则
中国国家民族虽得存在,而中国传统文化则仍将失其存在"①。故而不断
去探索找到这两个问题的解决办法,成为近代士人开展国学运动不断努
力的方向。

传统文化要传承和发扬下去,除学者们自身努力以外,人才的培养
也十分重要。清末时期,中国传统教育不仅有私塾教育,还有书院和学
堂教育,学堂的先生们主要教授四书五经等传统经典。随着西方文化在
近代的渗透,以及中国数千年的科举制度废除,四书五经越来越脱离社
会的需要,逐渐被边缘化。然而,四书五经代表中国数千年的文化积淀,
是中华民族精神的象征,不能一概否定,并且近代士人肩负挽救传统文
化的责任,"中华数千年文化所以不堕者,大部分是由士在那里负担
之"②。如何保存和延续传统学术,成为他们不断付诸实践的艰难过程。③

二 国学概念形成与国粹保存争议

四川国学学校以"国学"命校名,"国学"是近代产生的新名词。近
代国学范围包涵了儒学的内容,而儒学的发展也历经了漫长过程。作为
传统学术重要组成部分,儒学从先秦的"有学有术"演变成后来的"有
学无术"。从秦汉到明清的数千年间,经过士大夫包装改造,逐渐演变成
为封建统治服务的"君学"。儒学成为论证封建帝王统治合法性的权术,
没有新的内涵注入,丧失了先秦时那种"有学有术"的文化内涵。这种
弊端的根结在于"在上而未普于下,故神州无普及教育;在利君而不利

---

① 钱穆:《中国文化史导论》,商务印书馆 1994 年版,第 204—205 页。
② 张东荪:《理性与民主》,商务印书馆 1946 年版,第 177 页。
③ 乡绅刘大鹏在日记里便记录自己所观察到科举废除以后,内地读书人内心的困惑与新的
追寻历程。参见刘大鹏《退想斋日记》,山西人民出版社 1990 年版,第 5 页。

民，故下流社会罕受其益；在专制而不能包容，故九流诸子皆归罢黜，无与比观争胜，儒学末流之弊也"①。上层与下层之间的鸿沟，利君与不利民之间的悬殊，专制与不包容的狭隘皆是儒学弊端所在。邓实认为"君学"并不是"国学"，是统治阶级为了巩固政权的愚民之术。这种原因产生是由于统治者"以阴谋取天下，不得不以阴谋守之，故其开国之第一事，必以诛锄民气、闭塞民智为至急之务"②。封建统治者崇尚的"君学"掺杂了权谋、愚民等文化糟粕，并不能代表传统文化精髓。有鉴于此，刘师培等人重新倡导"古学复兴"，希望能把国学恢复到先秦时期的"有学有术"③。不过，刘师培等人所认为的"国学"范围较为狭窄，主要限定在先秦诸子学之中。

清末士人非常看重传统学术与国家之间的关系，所谓"国以有学而存，学以有国而昌"④。他们认为国家与国学两者是互补的，相互依存的，"国有学，则国亡而学不亡，学不亡则国犹可再造；国无学，则国亡而学亡，学亡而国之亡遂终古矣"⑤。这种把国学与国家生死存亡紧密联系在一起的看法，凸显了国学在近代中国出现的必然性和重要性。许之衡更认为"国学即国魂所在，保存国学，诚为最重要之事矣。"⑥他将国学看作系国魂之所在，把保存国粹的重要性一下就抬升到很高境地。

关于国学的具体内涵，邓实认为："国学者何？一国所自有之学也。有地而人生其上，因以成国焉。有其国者有其学。学也者，学其一国之学以为国用，而自治其一国者也。"⑦他把国学范围扩大到一个国家产生的一切学术之中，进而拓宽了对国学的认知。同时，有关国学最大功用的解

---

① 邓实：《国学通论》，1905 年 3 月 20 日，载《国粹学报》（三），广陵书社 2006 年版，第 55—56 页。

② 邓实：《鸡鸣风雨楼民书·民智》，载《政艺通报》甲辰六号第 5 版。

③ 刘师培：《国学发微》，《刘申叔遗书》，江苏古籍出版社 1997 年版，第 480 页。

④ 邓实：《国学讲习记》，1906 年，载《国粹学报》（五），第 1526 页。

⑤ 许守微：《论国粹无阻于欧化》，1905 年 8 月 20 日，载《国粹学报》（三），广陵书社 2006 年版，第 98 页。

⑥ 许之衡：《读〈国粹学报〉感言》，1905 年，载《国粹学报》（三），广陵书社 2006 年版，第 87 页。

⑦ 邓实：《国学讲习记》，1905 年 8 月 20 日，载《国粹学报》（五），第 1525 页。

读，邓实认为是这个国家创造出来的学问，用以治国安邦，是治理国家根本所在。四川国学学校教师曾学传认为："国于天地，必有舆立。中国者礼义之国也。礼义亡，则国从之矣。国命生死之关无他，国学是也。"[①]他把国学与国运紧密联系在一起，把国学看成国家安身立命的生死攸关，国学如果亡了，国家也随之衰亡。这种观点反映近代中国在遭受外来侵略时，学人对如何捍卫自身文化的内心忧虑。还有学者把国学看做维系民族精神的有形象征，"国学者，国性之所附丽以存者也。国性本无形，而寄之于有形。有形者，即为国学"[②]。时至今日，国学具体定义依然没有看法一致的解释。但一般认为国学是中国传统学术的总称，而国粹即是国学中的精华部分。

学界普遍认为近代中国最早使用"国学"一词，大概是在 1902 年左右，梁启超和吴汝纶大概是最早使用这个词的中国学者。1902 年秋，梁启超在日本创办了《国学报》，这是近代较早使用国学一词的专业报刊。[③]同年，吴汝纶也东渡日本考察现代教育制度。他曾担任《时务报》的东文翻译，并与日本学者古城贞吉私交甚厚。古城贞吉告诉吴汝纶"勿废经史之学，欧西诸学堂必定以国学为中坚"[④]。吴汝纶对这种看法表示认同。20 世纪初，中国学人在文章中已经较普遍使用近代意义上的"国学"一词。"国学"一词具体的内涵以及在近代中国具体语义的转变，则明显受日本明治维新后学术发展变化的影响。[⑤]

1905 年，邓实等国粹派学者在上海成立国学保存会，以"保存国粹"为宗旨，同时，国粹派刊行《国粹学报》作为国学保存会的机关报。"国粹"虽是从日本舶来的转义词汇，但却被赋予了中国文化的内涵。梁启超在《中国史叙论》中认为："中国民族固守国粹之性质，欲强使改用耶

①　曾学传：《国学钩元》，《四川国学杂志》1912 年第一册。

②　周介弸：《学生宜尊重国学》，载《学生杂志》1916 年第三卷第三号第 3 版。

③　丁文江、赵丰田编：《梁启超年谱长编》，上海人民出版社 1983 年版，第 292 页。

④　吴汝纶：《东游日记》壬寅六月三十日，1902 年 8 月 3 日，载沈云龙主编《近代中国史料丛刊》第 37 辑之 367，台北文海出版社 1969 年影印本，第 796 页。

⑤　桑兵教授对此有过系统考证和论述，参见桑兵《晚清民国的国学研究》，北京师范大学出版社 2014 年版，第 2 页。

稣纪年，终属空言耳。"① 据考证，这大概是中国学者在刊物上第一次使用"国粹"词语。需要指出的是，梁启超所定义的"国粹"与后来国粹派所要保存的"国粹"，在内容上并不完全一致。国粹派提出"保存国粹"的口号，在近代中国学术史上有重要影响。黄节认为必须以国学来界定自身文化的边界，"不自主其国而奴隶于人之国，谓之国奴；不自主其学而奴隶于人之学，谓之学奴。夫国学者，明吾国界以定吾学界者也"②。他认为如果没有自己的学问体系，一味学习西方，那也只能是学奴，而要光复民族复兴大业，把祖宗传下来的学问发扬光大才是最紧要的。在章太炎看来，国粹就是中国历史，广义上可分为："语言文字；典章制度；人物事迹"③。清廷的官员也对"保存国粹"口号积极响应，有人奏请在各省设立国学专门学堂。④ 张之洞当年在各省创办存古学堂的时候，内心也有这方面的考虑。

然而，学界对"保存国粹"的争议也很多。有人认为，既然要让国家朝着近代化方向发展，就应摒弃所谓"国学""国粹"的名号，以便向西方文明学习，与西方文化相互协调统一。朱希祖对经学看法便是"经学之名，亦须捐除。经有天经地义，不可移易的意义，是不许人违背的一种名词，永远使人不许独立进步。"⑤ 朱希祖要求打破经学的神圣地位，还原到学术本身。他认为神圣化经学的地位，只能固步自封而愈加落后。朱自清则反感保存国粹，他认为："保存国粹已经变成了一句坏话，成了食古不化、抱残守阙、迷恋骸骨，死的去拉住活的意思。"⑥ 可见近代学

① 梁启超：《中国史叙论》(1901年)，《饮冰室合集》(文集六)，中华书局1989年版，第1页。
② 黄节：《〈国粹学报〉叙》，1905年1月20日，载《国粹学报》(三)，广陵书社2006年版，第9页。
③ 章太炎：《东京留学生欢迎会演说辞》，《章太炎政论选集》(上)，中华书局1977年版，第276页。
④ 赵炳麟：《谏院奏事录·请立国学专门疏》，载沈云龙主编《近代中国史料丛刊》第31辑之303，台湾文海出版社1969年影印本，第955—956页。
⑤ 朱希祖：《整理中国最古书籍之方法论》，《朱希祖文存》，上海古籍出版社2006年版，第95页。
⑥ 朱自清：《文物·旧书·毛笔》，原载《大公报》1948年3月31日，转引自朱自清《朱自清散文经典》，云南教育出版社2010年版，第261页。

人对保存国粹的态度并不一致。

保存国粹盛行的同时,也使得在 20 世纪初被新式学者贬斥的一些旧式学者,这时候也作为国学传承人与庇护者重新受到全国学界的青睐①,这自然是趋新学者不愿意看到的。胡适等人后来"整理国故"时,为避免"整理国故"被看做文化复古,而花费气力去解释国故、国粹、国学这些概念相互之间的区别,但实际效果却并不明显。② 这三者之间概念的区分同样也使许多青年人感到困惑,曹聚仁也曾努力想厘清这些术语在定义上的混淆,但终究也未能讲清楚。③

第二节　晚清蜀学重新崛起与学脉传承

一　蜀学源流及其地域学术之特色

中国自古各地区经济发展不平衡,各地文化特征也有诸多差异。不同区域士人受当地人观念直接或间接影响,并结合本区域文化特征和文化发展脉络,形成了以儒学为宗,但诠释不同的各支地域学派。地域文化特色与近代中国文化转型以及在中西学战中寻求自身文化定位有直接关系,同时也与近代"国家"观念产生后所形成的"省籍意识"有关。④不同地域学者希望本省文化能在全国有独树一帜的影响,其中,蜀学就是四川地域学术特征的显著体现。

蜀学是一种具有四川地域特色的儒学诠释体系,最早发源于汉晋时期,形成于西汉文翁任蜀郡太守在蜀地传道授业之后。蜀学在全国的学术影响力一度堪比齐鲁学术,"两宋时期,蜀学又得到进一步发展,其内涵也不断拓宽和延伸,泛指巴蜀学人创造的整个四川学术"⑤。蜀学的渊

---

① 参见晋阳学刊编辑部编《中国现代社会科学家传略》第 1 辑,山西人民出版社 1987 年版,第 275 页。

② 参见胡适《国学季刊发刊宣言》,《国学季刊》1923 年第 1 期。

③ 具体见曹聚仁《国故学之意义与价值》,载许啸天编《国故学讨论集》第一卷,上海书店出版社 1927 年版,第 81—92 页。

④ 近代湖南学人叶德辉就是一个具有明显"省籍意识"的读书人,他基于此提出了"湘学"概念。参见叶德辉《翼教丛编》,上海书店出版社 2002 年版,第 176 页。

⑤ 粟品孝:《"蜀学"再释》,《蜀学》2008 年第 3 期。

源可追溯到汉代，谢无量甚至认为："蜀有学，先于中国。国人数千年崇戴为教宗者，惟儒惟道，其实皆蜀人所创，彬乎暇哉！若夫其学不自蜀出，得蜀人始大，及蜀人治之独胜者，并著以为型。而衍众人遗说余论，虽显明当世，当世多有，诚不可胜纪，靡繁于兹谈。凡所称录，一桀然殊奇，蜀所独有，他州所无。"① 他认为中国人数千年崇尚的儒道，实际上都是蜀人创设的，中国各种学说也都是从蜀人学说中衍生出来的。当然，这种看法未免有些过分夸大蜀学的影响，但一定程度上也肯定了蜀学在全国学术上的地位。不过，两宋之后一直到清代中期，蜀学在中国学术史上的影响却几乎销声匿迹。

蜀学在全国学界重新具有一定的影响力，是到了清季民初才开始逐渐显现。有学者将晚清时期的蜀学定义为"新蜀学"，以突出蜀学在近代某些新突破，给清代学术发展甚至对中国传统学术发展所带来的新气象。② 近代蜀学崛起的标志是王闿运在四川主持尊经书院，从而确立了今文经学在四川学界的地位。王闿运入蜀后体会到四川人才严重匮乏，他感概道："蜀地人才前代甚盛，本朝仅有岳钟琪、张鹏翮较著。"③ 四川在清代中期以后，已经没有产生在全国学界有影响力的学者。在汉唐时期，蜀地那种"人才鼎盛，孰能逮之"④ 的辉煌景象，到了晚清时期已经不复存在。故而，王闿运入蜀后重新整顿尊经书院，就是为了培养一批有志于传统学术研究的川籍学生，同时，传承和复兴蜀学也成为当时四川士人渐趋一致的学术诉求。

不过蜀学的性质是什么？蜀学与国学是什么关系？蜀学与一般意义上讲的巴蜀文化有什么异同？这些问题在学界依然存有争议。有学者认为："蜀学从渊源上讲与巴蜀文化毫无关系，巴蜀文化是一个考古学概念。"⑤ 这

---

① 谢无量：《蜀学原始论》，《四川国学杂志》1912 年第六册。
② 舒大刚：《晚清"蜀学"的影响与地位》，《社会科学研究》2007 年第 3 期。
③ 王闿运：《湘绮楼日记》第二卷，岳麓书社 1997 年版，第 734 页。
④ 谭宗浚：《蜀秀集·序》，中国国家图书馆藏《蜀秀集》，成都试院清光绪五年（1879年）刻本。
⑤ 谢桃坊：《蜀学的性质与文化渊源及其与巴蜀文化的关系》，《西华大学学报》2009 年第 4 期。

样理解蜀学有失偏颇,显得太过狭隘。从广义层面来理解巴蜀文化,蜀学便是属于巴蜀文化的一个重要组成部分。民国时期学者夏君虞认为,一切与巴蜀文化有关的学问都可以叫蜀学。他讲:"既谓之蜀学,当然以四川一省的学问为对象,凡是四川人创造的,或者是别人创造而为四川人所奉行的学问,都可以称之为蜀学"①。这样定义蜀学较为宽泛,也较为全面。由于本书重点并不是要讨论蜀学是什么,为研究的方便,在这里对蜀学做一个较为宏观定义:研究四川历史中的所有传统学问,皆可定义为蜀学,包括文学、哲学、历史、经学、宗教中与四川相关的所有文化内容。

尽管蜀学在定义上存在分歧,但复兴蜀学却成为近代川籍学人的心声,近代蜀学的崛起在中国近代学术转型中独树一帜。蜀学在近代复兴,除了王闿运在尊经书院提倡今文经学外,还和近代中国区域文化发展不平衡有关。清代四川学者和其他地域学者彼此在很长时间内几乎都是独立进行学术研究,绝少有相互交流的机会。② 也因如此,不同地域学者各自阐发出一套关于儒学的解释体系,使儒学具有地方学术诠释的特征。从这个角度讲,地域隔阂反而使儒学研究有了丰富的特色。但学者间缺乏学术交流终究阻碍各自地域学术的进步。清末时期,学术交流壁垒逐渐被打破,不同区域学者开始较为频繁的学术交流。在不同的学术语境下,学者们为了突出本区域的学术特色,都强调自己区域学术在中国学界的影响力,这也成为不同区域学者们关注的宏大问题。清季民初,为了实现这种差异化学术愿望,成为不同区域学者共同努力的方向,"近代先后崛起的湘学、皖学、江浙学术都有着自身深厚的传统文化底蕴"③。四川的学人同样也不甘落后,极力推动蜀学在全国学术中占有一席之地。④ 据近代川省著名报人舒君实回忆:复兴蜀学除能在全国学界产生影

---

① 夏君虞:《宋学概要》,商务印书馆 1937 年版,第 93 页。
② 伍肇龄:《尊经书院课艺二集序》,《中国历代书院志》第十六册,江苏教育出版社 1995年版,第 443 页。
③ 钱基博:《近百年湖南学风》,中国人民大学出版社 2004 年版,第 63 页。
④ 不过吴虞观察认为,清末时期的蜀学处于不断没落境地,并不为学人所称道。参见中国革命博物馆整理,荣孟源审校《吴虞日记》(下),四川人民出版社 1984 年版,第 473 页。

响外,对川省内还有"施文翁之教泽,讲李冰之实利,使川省七千万众有耻而无馁"① 的考量,目的是为了能够激发四川人的民族精神。

近代四川蜀学并没有严格的学术派别,这与江浙一带学术发达地区学人因对儒学诠释不同而形成多个学派有所区别。蜀学学者对传统儒学的诠释虽有不同主张,但主要"以个人的学术研究与学术诠释,汇合成整个蜀学的研究"②。近代蜀学代表人物如王闿运、廖平、宋育仁、刘咸炘、蒙文通、李源澄等,毕生从事蜀学和中国传统学术研究,他们在打通蜀学与全国学术的交流融合以及促进中国传统学术的近代转型做出贡献。在关于近代蜀学所宗奉的学说上,吴之英曾在蜀学会演讲时讲:"蜀学何?学周孔耳。此所以尊周孔也。"③ 此话表明了蜀学研究是宗奉孔子的学说。由此可见,蜀学必定合于孔学。近代蜀学的核心就是以孔学精髓为自身学术诠释的内在理路,从王闿运、廖平、蒙文通的学术研究理路看,这一点就体现得很明显。

另外,与其他地域的学术研究相比,蜀学以文史称盛学界,"史学比经学的研究有更为强劲发展"④。近代蜀学的内涵,经学传统并不强,在蜀地传统文献中记载有关经学在川的发展情况就不太多。刘咸炘认为蜀学最值得称道的是无门户之见,所谓"蜀学崇实,虽玄而不虚,无门户之眩迷"⑤。清代学术之中激烈地汉宋之争,在蜀学中却体现既不明显也不对立。经学的传统较弱,由经入史趋势明显,这是近代蜀学的学术特色。这与有清一代整个学术特征是"经学号称极盛,史学则远不逮宋人"⑥ 并不一样,尤其是廖平之后的不少川籍学者,他们对史学关注远远超过了对经学研究。从学术根基上看,这些学人本身具有较深厚的经学功底,学术上由经入史之后,他们的经学功底促进了对历史的研究。近

---

① 舒君实:《建设川康与复兴蜀学》,《蜀学》2012 年第 7 期。

② 蒙文通:《议蜀学》,《经学抉原》,上海世纪出版集团 2006 年版,第 48 页。

③ 吴之英:《蜀学会报初开述义》,《蜀学报》1898 年第一册。

④ 蒙默、刘琳、唐光沛、胡昭曦、柯建中编:《四川古代史稿》,四川人民出版社 1988 年版,第 160 页。

⑤ 刘咸炘:《推十文集》,《推十书》,成都古籍书店 1996 年版,第 2102 页。

⑥ 陈寅恪:《陈垣元西域华化考序》,《金明馆丛稿二编》,生活·读书·新知三联书店 2009 年版,第 269 页。

代四川历史学的研究大师辈出，走在了全国史学研究的前列，这是学术界以往较少注意到的四川一个独有现象。

二　经世之风下蜀学的崛起及师承

清代中后期，四川书院教育已经十分没落。成都当时唯一存在的锦江书院不仅办学规模小，教学设施陈旧，书院的管理也松弛混乱，几乎没有学习氛围，一些学生甚至从锦江书院学成毕业都还不知道《史记》、《汉书》的具体内容是什么。[①] 为了扭转这种学风颓废的局面，工部侍郎薛焕致书学政张之洞，希望在四川"请建书院，以通经学古课蜀士。"[②]张之洞对此建议极为重视。在张之洞的努力下，四川学界重建书院的请求获得朝廷批准。

1875 年，四川尊经书院创办，书院的首任山长是薛焕。张之洞督学四川时，尊经书院的学生廖平、毛瀚丰、杨锐、彭毓嵩、张祥龄等人便因学业优秀而受到张之洞的赏识。1878 年，王闿运入蜀后出任尊经书院山长一职。他职掌尊经书院长达八年时间，在此期间，他整饬院规，从严治理书院。王闿运在学风上倡导经世致用，对整个四川学界风气的改变起到促进作用。王闿运职掌书院期间对书院发展和人才培养的影响很大，尊经书院很多学生后来也都自认是王闿运的弟子。尊经书院的教育不仅改革了川省学风，促进了蜀学的发展，还培养了一批终身从事传统学术研究的学生。后来任教于国学学校的教师，如廖平、宋育仁、骆成骧、吴之英等人大多也都毕业于尊经书院。

中国传统学术的发展过程一般会有较为清晰的师承关系，这种师承关系也是学术传承和发扬的必然产物。四川近代蜀学在崛起的过程中也有这样清晰的师承关系，这就是王闿运、廖平、蒙文通一派的师生。当然，近代蜀学学者并不都是王闿运、廖平这一派学人，也有如刘咸炘这

---

① 张之洞：《奏陈川省试场积弊整顿办法八条》，《张之洞全集》第一册，河北人民出版社1998 年版，第 4—6 页。

② 张之洞：《四川省城尊经书院记》，载邓洪波、陈毅嘉主编《中国书院史资料》下册，浙江教育出版社 1998 年版，第 2236 页。需要特别说明的是，该文《张之洞全集》并未收入。

样几乎完全靠自学成才者，在四川学界同样有举足轻重影响。[①] 但王闿运、廖平这一脉学者是近代对四川学界的学术影响较大的学者群体。

王闿运在四川主持尊经书院时鉴于当时四川学风的颓废境况，他提出要以经世之风来振兴蜀学。所谓经世，在《周礼》中的解释是"经邦国"、"经国家"[②]。王闿运提倡经世之风就是要求学生不要埋头当书呆子，而能积极入世，学以致用。经世之风的影响从尊经书院扩散至整个川省学界，一定程度上改变了川省的学风。尊经书院培养学生的人数众多，后来不少人成为著名学者，而王闿运、廖平一派学者的学术诠释在全国学界也逐渐产生影响。

廖平求学尊经书院时，有两位老师对他的学术影响甚大，分别是张之洞和王闿运。有关张之洞和廖平两人的师生缘分，蒙文通认为："蜀经明季丧乱，学术衰颓，晚清南皮张文襄公之洞来督学政。时先生弱冠，应童子试，文襄得先生试卷，大奇之，遂成秀才，以高才生调入尊经书院。"[③] 正因为张之洞的器重，廖平这位来自四川井研农村的学子才不至被埋没。廖平对张之洞有很深厚的师生情谊，他多次外出访学都会绕道去看望张之洞。他有新著出版也总是先送给张之洞，并请教老师的意见。据考证，廖平送给张之洞的著作主要有《左氏长编》、《易经新义疏证凡例》、《左传汉义补证》、《尚书备解》、《地球新义》等。[④] 但在学术观点上，廖平并不一味迎合张之洞的见解，他们两人的学术观点时常会产生分歧和矛盾。当师生产生学术分歧时，廖平每次都坚持自己的观点丝毫不让步，体现出他独立思考的严谨治学精神。

在治学方法上，王闿运老师又为廖平提供了基本方向。可以讲，廖平的学术思想在一定程度上是对王闿运学术思想的继承和发扬。王闿运

---

① 刘咸炘本人不仅自学成才，而且他一生都没有离开过四川。他自嘲自己为"牛市口学者"，意为比较狭隘。参见吴天墀《刘咸炘先生学术述略》，收入刘咸炘《推十书》，成都古籍书店1996年版，第11页。

② （汉）郑玄注，（唐）贾公彦疏，黄侃经文句读：《周礼注疏》，上海古籍出版社1990年版，第25页。

③ 蒙文通：《廖季平先生传》，《经学抉原》，上海世纪出版集团2006年版，第196页。

④ 黄开国：《廖平评传》，百花洲文艺出版社2010年版，第8页。

做学问的特点是互补儒道、引庄入经,他对理学家宣扬的"道学"观念大为不满,并在日记中对此评论道:"宋人之蔽塞聪明,自陷异端,独何为哉。师法废,而以训诂为浅近;实功废,而以虚无相崇高,与战国之簧鼓等弊也。然而天下之治乱,初不以此等辈千百儒生而有所异同者,则道本非谈所能明,亦非谈所能晦也。"①王闿运始终认为宋学空谈虚无,自陷相互矛盾之中,无助于国家的振兴。他在与友人的书信中讲:"闿运不攻宋学,以不相为谋之道,惩辨生末学之言,凡所著述,未涉唐后。"②他不满宋学的发展现状,在著述中也几乎不涉宋学内容,以此标明自己在学术上与宋学家道不同不相为谋。廖平赞成王闿运的看法,因此他在学术上也不认同宋学。廖平后来在汉学和今文经学研究上取得一定成绩,很明显受到了王闿运学术观点的影响。

王闿运主持尊经书院时十分强调学以致用。他认为不能死守传统经典,从而进行毫无用处的阐释,导致在学术研究上陷入死胡同。廖平遵照了王闿运的看法,在治学上对传统经典进行新诠释。蒙文通认为:"廖师之今文学固出自王湘绮之门,然实接近二陈一派之今文学,实综合群言而建其枢极也。"③廖平的学术研究一方面借鉴了王闿运的学术观点,另一方面他也突破了王闿运的局限,综合了今文经学的各家学说,建立一套自己的学术体系,从而促进了今文经学的研究。王闿运的学术观点影响了包括廖平在内的四川学人治学方法,所谓"廖平治《公羊》、《谷梁》、《春秋》,胡从简治《礼》,戴光治《书》,岳森、刘子雄通诸经,皆有师法,号曰蜀学。不为阮元《经解》所囿,则闿运之以也"④。"皆有师法"表明学生廖平等人在治经中建立起一套自己的研究方式。王闿运希望在学术上能突破陈规,使学生跳出了受阮元《皇清经解》的限制,进一步促进了蜀学在近代的发展。

---

① 王闿运:《湘绮楼日记》第一卷,岳麓书社 1997 年版,第 433—434 页。
② 王闿运:《与张世兄》,《湘绮楼诗文集》,岳麓书社 1996 年版,第 432 页。
③ 蒙文通:《井研廖季平师与近代今文学》,原载 1932 年 8 月 15 日天津《大公报·文学副刊》,后有重要增改,再载于《学衡》1933 年第七十九期,收入《经学抉原》,上海世纪出版集团 2006 年版,第 95 页。
④ 钱基博:《近百年湖南学风》,中国人民大学出版社 2004 年版,第 63 页。

不盲从师说的廖平，在学术观点上也与王闿运产生分歧。吴虞曾认为："廖平居蜀时，未敢自信其说。出游后，会俞荫甫、王霞举诸公，以所怀疑质之，皆莫能解，胆乃益大。于湘潭之学，不肯依傍。"① 其中，"湘潭之学"就是指王闿运的学说，"不肯依傍"体现出廖平对王闿运学说不是被动接纳，而是批判的接受，这也是尊经书院求真务实的学风所在。王闿运曾教导学生"为学在得师，不在从师之义"②，学生做学问的要义在于领悟老师的治学精神，而非在学说上盲从师说。廖平后来也讲："教人最忌以己之心得使初学行之，师之心得，也是苦思弥久乃有此境。"③ 老师自己做学问的时候也有一个思考的过程，老师不能把自己的思考强加给学生，从而替代了学生的思考。王闿运以这种教育理念培养学生独立思考的治学态度，廖平从尊经书院毕业后在学术研究上走上一条独立的发展道路，与这种教育理念的影响有很大关系。清末民初，王闿运弟子和再传弟子大多活跃在四川学界，对四川学术的发展起到极为重要作用。

第三节　晚清四川传统教育制度的嬗变

一　四川书院改制学堂的纠结

清末，四川各地的旧式学堂基本都是由晚清书院演变而来。四川书院历史悠久，蜀汉时期就出现最早有关书院的记载："果山书院，在府城北五里，蜀汉谯周建"④。明清时期，四川书院的数量和规模都迅速发展，几乎每个县都有书院。书院从教育内容上可分为四个类型：第一，以讲授理学为主的书院；第二，以学习技艺为主的书院；第三，以学习实学为主的书院；第四，以研习经史词章为主的书院。⑤ 清代四川的书院主要

① 吴虞：《吴虞文录》，黄山出版社2008年版，第25页。
② 王代功：《清王湘绮先生闿运年谱》，台北商务印书馆1979年版，第132页。
③ 廖平、吴之英：《经学初程》，成都存古书局1914年版，第15页。
④ 不过，这个记载目前尚无其他材料可以佐证，处于存疑阶段。确切可知最早四川书院，应该出现在唐代晚期。详见《大明一统志》卷68《顺庆府》。
⑤ 谢国桢：《近代书院学校制度变迁考》，载沈云龙主编《近代中国史料丛刊》续编第66辑，第2页。

是以博习经史词章为教学内容。胡适曾赞扬清代书院"藏书极多,学生可自由搜求材料,还有学识丰富的山长以指导,制度之完备,亘古未有"①。在古代没有形成专门的学校教育制度时,书院教育培养了一大批经史专门人才,书院教育传承传统文化的贡献不可否认。

清末,国家局势面临着内忧外患,在教育领域包括四川书院在内,中国整个书院教育已跟不上时代需求。书院教育逐渐走向衰落,书院改制成近代学堂成为清政府在教育领域改革的当务之急。甲午战争之后,书院改革方案被士大夫提上了日程。士大夫们关于如何改革书院制度的建议,具体可以归纳为三个方案:第一,变通章程,整顿书院。第二,建立新型的实学书院。第三,改书院教育为学堂制度。② 其中,改书院为学堂的方案是 1895 年 5 月由时任顺天府尹的胡燏棻在《变法自强疏》中提出。他主张改书院为学堂可以先在省会城市试办,如果效果理想,则由省扩展到府,最后再深入到县,通过这种"自上而下,渐次推广"③ 的方式进行。综合来看,胡燏棻提出改书院为学堂方案是三个方案中最激进的一个方案。不过,当时清廷正忙于甲午战后的割地赔款,无暇顾及胡燏棻所提书院改制建议。直到戊戌改制之前,胡燏棻提出的方案基本上没有受到朝廷重视。

清末书院的改制总体上讲既有近代中国面临国家、民族危亡的外部压力,也有书院教育积弊太深的内在原因。1893 年,一名叫潘克先的学子写文章认为:"中国书院林立,所求者乃科举也,此外则别无他事。今日泰西诸国,各出奇技淫巧以赚我钱,而我八股文章不足以邀彼之一盼,试问制艺能御彼之轮舰乎? 曰不能也;能敌彼之枪炮乎? 曰不能也。自知不能但不思变通,犹讳病之忌医,终究不可救药。"④ 这是在书院就读

---

① 胡适:《书院制度史略》,《胡适文集》,北京大学出版社 2013 年版,第 400 页。
② 《总理衙门议复左侍郎推广学校折》,载邓洪波、陈毂嘉《中国书院史资料》上册,浙江教育出版社 1998 年版,第 1985—1986 页。
③ 胡燏棻:《变法自强疏》,载朱有瓛、高时良《中国近代学制史料》第一辑下册,华东师范大学出版社 1983 年版,第 483—485 页。
④ 潘克先:《中西书院文艺兼肄论》,载《中国书院史资料》上册,浙江教育出版社 1998 年版,第 1968—1969 页。

的普通士人对书院改制发表的个人见解，他认为如果书院教育在新时期还不懂得穷则思变，那么就是讳疾忌医，终究不可救药。作为在书院就读的学生，潘克先对书院改制的看法具有一定的代表性。概以言之，当中国遭遇西方列强入侵的危急关头，书院教育仍在沉迷于八股，书院风气仍在继续沉沦。实际上，这也表明书院教育越来越不能满足培养经世致用人才的要求。

在四川，经过王闿运整顿的尊经书院到了 1892 年，学风又再度颓废，"宋育仁成为尊经书院山长期间，是尊经书院由盛转衰的转折点"①。书院里甚至还有开设了内室，部分师生在里面聚众赌博。尊经书院一些教师在讲堂上也是随意讲课，对学生的学业进步毫无帮助。廖平在尊经书院任教时就曾向时任四川学政的瞿鸿禨建议，希望学政能出台措施对尊经书院的学风加以整顿。虽然经过整顿之后，尊经书院颇有"复兴之象"②，但书院其他教师却对廖平怀恨在心，希望将他排挤出书院。此时的尊经书院内部已经成为各种权力斗争的场所，书院教书育人的本质逐渐退化，甚至朋党之争也在尊经书院内部产生，这些因素导致廖平被迫辞去书院教职。作为省办的尊经书院情况如此糟糕，四川的地方书院教学情况如何可以想象。面对尊经书院的颓废局面，有人在反思治经与尊经的关系时认为："经书应尊，但欲借尊经之名，号召学子舍此之外则无他，其不可。"③可见，尊经书院的教育模式已经不符合时代发展的需要。

1901 年，清政府发布上谕"著各省所有书院，于省城均改设大学堂，各府及直隶州均改设中学堂，各州县均改设小学堂，并多设蒙养学堂。其教法以四书五经纲常大义为主，以历代史鉴及中外政治艺学为辅"④。就在这一年，全国书院正式改制成学堂。书院改制是针对书院存在的弊端，主要内容是将以科举考试为导向的无用之学变为经世致用之学。书院改制主要体现在三个方面：第一，在教学中纳入新学、西学的内容；

---

① 邓洪波、陈毅嘉主编：《中国书院史资料》下册，浙江教育出版社 1998 年版，第 2483 页。

② 廖幼平编：《廖季平年谱》，巴蜀书社 1985 年版，第 48 页。

③ 郁宪章：《今日所为尊经复古果否能挽风俗正人心且征其往效》，载《大公报》1908 年 2 月 3 日第 2 版。

④ 朱寿朋编：《光绪朝东华录》（四），中华书局 1958 年版，总第 4719 页。

第二，在书院山长的选拔上，应该聘用学问和道德被公认俱佳之人；第三，重新制定书院的规章。新章程要求减弱官府对书院教学的干预，一定程度上允许地方士绅等加入到书院的教学管理。同时，让旧有书院重新改订办学章程以规范书院日常教学管理，逐步建立起具有近代化意义的学校教学制度。

清末科举制度弊端的显现是书院各种矛盾激化的另一个重要原因。书院教育是以科举考试为导向，科举的弊端势必影响书院的教学。四川书院"在肄业的生童中，违反书院的规矩，沉溺逸乐者众。不少学生读书混日子，知识浅陋而不知上进。即使少数认真读书者，习八股文以应付科考，缺乏适应社会的能力"①。一些读书人为求得功名而营私舞弊，行贿考官。清末，四川科场舞弊在全国都是出名的，严重影响了四川书院正常的教育秩序。诚然，书院教育的目标就是科举考试求功名，在当时科举制度尚未被废除的背景下，地方士子为前途着想而努力钻研八股，虽不再"与时俱进"，显得极为"落伍"，但毕竟是那个时代客观写照。然而，书院的学风日益败坏，读书人不择手段为获取功名却是极大弊端。1905年，清政府颁布上谕"著即自丙午科为始，所有乡会试一律停止，各省岁科考试亦即停止"②。此上谕一出意味着科举考试被废止，没有科举考试，书院教育自然也就没有存在的基础，科举制度在清末的废除成为书院改制的直接原因。

1902年11月，川省总督岑春煊决定设立学务处，以"督办全川学堂事宜"③。随后，四川的书院陆续改制成为学堂，四川具有近代意义的学堂正式创办。

这里有一个问题值得引起思考，书院改制是历史发展的必然，但书院是否一定要改制成学堂？学界对此也有不同的看法。有学者研究认为："清末书院改制成学堂，不是书院归宿的唯一途径。书院改制对传统教育的影响是很大的。"④ 从实际效果看，书院改制成学堂也仅是清政府的权

---

① 崔志道：《宁远府重修泸峰书院》，1885年，载民国《西昌县志》，卷号：11。
② 朱寿朋：《光绪朝东华录》（五），总第5392页。
③ 《四川学报》1905年第三册第5版。
④ 邓洪波：《晚清书院改制的新观察》，《湖南大学学报》2011年第6期。

宜之计，书院和学堂从本质上讲没有太大区别。刘坤一认为清末书院和学堂在教学上名虽异但实则同，书院和学堂其实可以并行不悖，不用把书院全部改制成学堂，"书院不必改，学堂不必停，兼收并蓄，以广造就，而育真才"①。刘坤一的这番言论反映出清末士大夫在书院改制问题看法上的纠结。谢国桢也认为："昔日书院，专课古学；今日学校，功课复杂。然而提倡学风，培植人才，教育宗旨，不甚相远。"②虽然学堂在课程设置上较书院复杂一些，但在学风和教育宗旨上，两者却没有什么本质上的区别。

在书院与学堂两者之间，还有人认为可能会"院堂两无，中西并失"③。他们担忧可能出现书院、学堂两种教育制度都被废除，而学生中学、西学课程都学不好的尴尬局面。具有讽刺意味的是，"昔之学生，大抵出私塾而入学堂；今之学生，乃有出学堂而入私塾者"④。后来从书院进入学堂的学生，有人又离开学堂回到私塾中去读书。可见清末的学堂教育并不一定受到学生的青睐，回到私塾去读书或许是他们对书院教育的一种怀念。

从近代四川书院教育情况看，书院也并非不能容纳西学。宋育仁在戊戌变法的时候就从上海等东南沿海地区购置了大批西学书籍，并公开在尊经书院讲解西学和实务课程⑤。尊经书院后来在课程内容上也增添了不少西学的内容，足以证明书院在教学中完全可以容纳西学。

前文提到尊经书院开设赌场、权力斗争等不良学风，也引起四川学界广泛关注。四川学人也开始对尊经书院的颓废之气进行整顿，尤其是在尊经书院接受教育的骆成骧成为清代四川唯一的状元之后，给四川的书院教

---

① 刘坤一：《书院学堂并行以广造就折》，《刘坤一奏疏》甲编，岳麓书社 2013 年版，第1166 页。

② 谢国桢：《近代书院学校制度变迁考》，载沈云龙主编《近代中国史料丛刊》续编第 66辑，第 38 页。

③ 《候补内阁中书黄云藩请变通学务科举与科学并行、中学与西才分造呈》，载故宫博物院明清档案部《清末筹备立宪档案史料》下册，中华书局 1979 年版，第 982 页。

④ 又人：《教育杂感》，《教育杂志》1911 年第三期。

⑤ 宋育仁：《复古即维新论》，载《富顺县志》，四川大学出版社 1993 年版，第 858 页。

育带来极大振奋。① 但这次的书院整顿还没有达到预想效果,四川书院就必须接受清政府统一安排改制成为学堂,尊经书院的整顿也就前功尽弃。

清政府将书院改制学堂是因为书院教育不适应近代新教育要求,但具有讽刺意味的是,清末时期的学堂大多也不是新教育的产物,清末学堂与近代意义的学校在教育模式上依然有很大的区别,书院改制成学堂后,实际上教学也并没有太大变化。清政府这种自上而下的行政命令使数百年来的书院教育顿时化为无形,值得引起后来研究者的思考。

二　四川存古学堂发展的兴衰历程

从全国来看,传统书院改制成近代学堂是清政府顺应时代要求的举动。从四川来看,近代四川存古学堂的兴办对四川近代传统教育的延续有重要影响。因此,作为四川国学学校的前身,有必要先了解四川存古学堂的有关情况。

1906 年,时任湖南布政使、护理湖南巡抚庞鸿书,② 湖南学政支恒荣③联名上奏,他们在奏折中称:"窃恐将来中学日微,必至各学堂亦鲜教国文专门之教员,而中师渐绝。"④ 他们从中学的日益衰微,担忧这会导致以后学堂难以有人胜任国文教员职位,这样下去不用讲捍卫传统文化根基,即使连教授国文的教师都不复存在。他们进一步反问:"今科举既废,旧学寒畯不乏穷经之士,以彼频年研讨于中学,素有根底,果其专心致志,不难入室升堂。且皆为国家昔年奖励之人才,当此学务振兴,亦岂忍令其皓首无归,中途废弃?"⑤ 科举的废除中断了一批读书人的科

① 李朝正:《明清巴蜀文化论稿》,四川大学出版社 1997 年版,第 231 页。

② 庞鸿书于光绪三十一年己巳年（1905 年）,任湖南布政使、巡抚。光绪三十二年（1906 年）年底,调任贵州巡抚。参见钱实甫《清代职官年表》第二册,中华书局 1980 年版,第 1744—1745 页。

③ 支恒荣于光绪三十年（1904 年）,任湖南学政、翰讲学差。光绪三十二年（1906 年）年底,调任浙江,任学政、翰讲学授。钱实甫:《清代职官年表》第四册,中华书局 1980 年版,第 2759、2761 页。以上两条考证,承北京师范大学历史学院李志英老师提示,谨致谢意。

④ 《护理湖南巡抚庞、学政支:会奏改设学堂以保国粹而励真才折》,光绪三十二年（1906 年）,《东方杂志》1906 年第三期。

⑤ 同上。

考仕途，但这些读书人都有良好文化素养，不能让他们的所学中途废弃，给他们提供一个新的教育场所是必要的。庞鸿书、支恒荣的奏折是近代士大夫较早提议创办存古学堂以保存国粹的文献。在西方列强入侵的历史背景下，朝廷官员更为忧虑的是传统文化在西方文化的浸淫下正逐渐走向衰落。

要使传统文化不至于澌灭，能保存并传承下去，解决之道是兴办专门学堂培养学生，"中国大利未兴，患在专门之学未精，专门之才太少，不能得应用之人才，而富强之图，终鲜实济。此专门教育所以亟宜筹备者也"①。专门人才太少，专门教育的筹备成为当务之急，这也是张之洞创办存古学堂时的重点考虑，"中文中学向来义理精深，文辞雅奥，新设学堂学生所造太浅，仅可为初等小学国文之师，必至高等专门学、普通中学、优级师范、高等小学皆无数国文专门之教员。倪高等以下各学堂之中学既微，中师已断，是所有国文之经、史、词章无人能解，无人能教，然则将来所谓大学专门，岂非徒托空言"？② 中国文字和中国文化向来都是博大精深的，但在目前学堂教育中，教师教授的内容却太过肤浅，这些内容仅可以作为小学教育之用，如果更往上便难以为师了。如果在中等教育阶段传统文化传承就脱节了，那么到了更高求学阶段，传统文化便只能消亡。这种忧虑成为张之洞创办存古学堂的出发点。

张之洞所创办的学堂以"存古"命名，与近代中国学界"古学复兴"思潮有关。清末时期，中国人称意大利文艺复兴为"古学复兴"。1903 年，马君武发表《新学术与群治之关系》一文，在文中他系统介绍了古学复兴的有关情况，并确定了"古学复兴"的具体含义。③ 马君武是国粹派创办的国学保存会成员，国粹派学者对古学复兴极为看重。与不少人看到古学复兴"创新"的一面不同，他们看到了古学复兴所具

---

① 学部：《奏分年筹备事宜折》，载李希泌等编《中国古代藏书与近代图书馆史料》，中华书局 1982 年版，第 125 页。

② 张之洞：《创办存古学堂折》，《张之洞全集》第三册，河北人民出版社 1998 年版，第 1763 页。

③ 马君武：《新学术与群治之关系》，《马君武集（1900—1919）》，华中师范大学出版社 1991 年版，第 198 页。

有的"存古"一面。"存古"是他们在研究中国旧学时的一个基本思路,即以西学证明中学。国粹派主张"存古"的内容是指先秦时期的传统学术,是未受到外来文化浸淫的文化精髓,而同样主张保存国粹的张之洞,他所创办的存古学堂正是其提倡"中学为体,西学为用"① 思想的具体实践。

张之洞在奏折中对存古学堂的教学和招生做了较详细规划。在招生标准和日常教学上,"以学堂本应选取高等小学毕业者升入,应特就各学生员考选,不拘举、贡、廪、增、附皆可。惟总须年在三十五岁以下,如犯有嗜好者,一律禁止,屏绝其课程。至其与学堂同者,则规矩整肃,衣冠画一,讲授皆在讲堂,问答写于粉牌,每日兼习兵操,出入有节,起居有时,与旧日书院积习绝不相同"②。学堂在招生的时候对考生的年龄标准放得比较宽泛,这也是从实际考虑的,而学生必须参加过科考,具有科举功名。他们传统文化素养较好,入学后有利于学堂教学水平的提升。学堂对学生品行尤为看重,对品行不端者制定了相应惩罚措施,这与整顿清末学堂风气败坏有很大关系。在学部后来颁布的存古学堂章程中就明确规定开除学生的四个标准:第一,不遵守学堂章程禁令者;第二,身膺痼疾及沾染嗜好者;第三,学生考试两次不及格者;第四,两次不缴学膳各费者。③ 章程对学生的品行和课业成绩均作了详细规定。张之洞希望通过创办新式学堂以严肃学堂纪律,重新塑造学生品学兼优,积极向学的良好风气,以此摒弃旧式学堂种种不良习气,使整个学风能焕然一新。

存古学堂课程内容的设置,"以国文为主,至外国历史、博物、理化、外国政治、法律、理财、警察、监狱、农、林、渔、牧、工、商各项实业等事,只须令其略知世间有此各种切用学问,即足以开其腐陋,化其虚矫。普通各门止须习其要端,知其梗概,故普通实业各事,钟点

---

① 张之洞认为可变者"法制、器械、工艺",不可变者"伦纪、圣道、心术",正是这一思想的体现。具体见《劝学篇・外篇・变法第七》,《张之洞全集》第十二册,第9747页。

② 张之洞:《创办存古学堂折》,《张之洞全集》第三册,河北人民出版社1998年版,第1764页。

③ 张之洞:《奏修订存古学堂章程折》,载《政治官报》1911年第五期。

亦不便过多，以免多占晷刻"①。存古学堂课程虽以中国传统文化为主，但并不排斥西学内容。凡有助开阔学生视野，增长学生才干的学问技艺，在每周课时中都会适当开设讲授，前提是不影响研习传统学问。关于学生习西学课程的评价标准，学堂要求只需有所了解即可，这是学堂在课程设置上进步。张之洞认为学习西方文化知识，可以使学生"开其腐陋，化其虚骄"。学生如果完全不懂西学，只能导致"腐陋"、"虚骄"。这点看法具有历史进步意义。

科举被废除后，四川官员也希望创办新学堂以保存国粹，培养中学师资。四川都督锡良认为："科举既停，旧有之贡廪增附生，听其废学，殊为可惜。"②他希望四川能创办新学堂，接收这批学子继续学业。存古学堂在各地开办时间不同，而对存古学堂的教学内容和方式的看法，四川的官员们却产生分歧。1908年，四川地方官员董清峻指出："欲保存国学，其事甚难。旧学之士虽多，真有学者本少；其真有旧学者又往往不通新学。"③他感到欲保存国学，首先就必须通西学，不能仅保存国粹而盲目排斥西方文化，如果对西方文化一窍不通，根本不可能实现中学保存与发展。但四川另一位官员戴姜福却认为，西学无助于传承中学。他向总督赵尔巽建议，如果以教科书方式讲授经学会导致学生不研读经典，不如让学生就诵读《论语》即可。④戴姜福将学堂的教材简化到只需精读《论语》即可，显得有些迂阔。赵尔巽并没有采纳戴姜福的建议，他指出四川"设存古学堂，系为保存国粹，亦即讲求科学之基"⑤。在赵尔巽看来，存古学堂不仅保存国粹也要讲求科学。有人认为："今日之学堂，可以造人材，亦可以召世变。大美所在，而大恶随之。"⑥"大美"是看到学

---

① 张之洞：《创办存古学堂折》，《张之洞全集》第三册，河北人民出版社1998年版，第1764页。

② 《总督部堂锡奏陈学务情形并推广办法折》，《四川学报》1905年第十三期第4版。

③ 董清峻：《四川提学使方旭致叙永厅劝学所札》，光绪三十四年（1908年）十二月八日，宜宾市档案馆藏劝学所档案，卷号：3。

④ 戴姜福：《拣选知县戴姜福禀文》，1910年2月18日，中国第一历史档案馆藏赵尔巽档，卷号：468。

⑤ 赵尔巽：《奏筹设存古学堂折》，载《政治官报》1910年第二期。

⑥ 又人：《新学刍议》，《四川教育官报》1908年第五期第7版。

堂培养新式人才的作用。"大恶"则是认为学堂接纳西学,不利于传统学术的发展,体现出川省官员对创办学堂的纠结态度。四川政界和学界就中学、西学如何融入学堂教学而不断争论,这种争论伴随学堂开设始终。四川存古学堂开办以后,学堂教学有关中学、西学、汉学、宋学的区别与争议也一直不曾停止。

四川存古学堂的顺利开办,最终是由四川提学使司赵启霖极力推动。1910年,他呈报存古学堂简章时指出:"川省不及十年,中等以上学堂可任讲经课文之教师,不易觏觅,而升入大学经科、文科、通儒院之资格,更无其人。言念及此,实为隐忧。"① 这和张之洞在奏折中的担忧是一样的。近代四川同样面临着讲授经学的中学师资匮乏,传统学术研习人才断层的窘境,亦是赵启霖急于创办四川存古学堂的出发点。

赵启霖创办四川存古学堂,学校选址是一个重要考虑。1907年,四川存古学堂选址在成都城南黉门街四先生祠内,四先生祠祭祀的范镇、范祖禹、张栻、魏了翁四人,他们都是宋代川籍理学家。近代四川学风败坏,"科举之弊,仍递嬗于学堂之中。所不同者,科举多失之腐陋,学堂多失之浮嚣"②。赵启霖将存古学堂设在四先生祠是为了显示他对宋学的尊崇以及对蜀中先贤的尊重,他希望以理学思想整顿近代四川学界的风气。③ 四川存古学堂专门设置理学课程也与其他省的存古学堂课程设置有所区别。王闿运主持尊经书院时反对程朱理学,四川存古学堂却将理学设为主课,这是王闿运倡导"经世之学"与赵启霖看重理学教化功能区别所在。这也影响到后来四川国学学校的课程设置,在国学学校课程中理学依然占据较高地位。

张之洞规定存古学堂"毕业拟七年为限"④。但在具体操作中,各地

① 赵启霖:《四川提学使司详请奏设存古学堂文附简章》,载《四川教育官报》1910年第四册第3版。

② 赵启霖:《本署司详请设立宋四先生祠文》,载《四川教育官报》1910年第四册第4版。

③ 《关于要求把购买成都南城杨家宅院做存古学堂并设四先生祠一事立案登报并抄录详稿的通知》,1910年2月25日,四川大学档案馆藏,卷号:2。

④ 张之洞:《创办存古学堂折》,《张之洞全集》第三册,河北人民出版社1998年版,第1765页。

存古学堂的学制标准并不一样。湖北存古学堂学制定为七年，江苏存古学堂有所变通，学生三年即可毕业，如果有愿意深造的学生，可以在学堂继续求学四年。四川存古学堂在学制上综合了江苏、湖北的办法，学生三年可以毕业，而"仍愿留堂深造者，即仿湖北学制七年毕业"①。四川存古学堂实行弹性学制，毕业期限最多可以为七年，学生根据自身需求可以选择三年毕业，也可以选择用七年时间深造，学制显得非常灵活。

近代四川书院、学堂的教室不少是从寺庙或宗族祠堂改造而来，四川存古学堂的用房也是在原来祠堂基础上改建的。近代专业知识划分和学科体制建立，要求把学生集中到学堂。清末时期的学堂主要都是在各省的中心城市创办，这不同于过去人才培养在地域上极为分散的特点。这一方面与近代城市规模不断扩大，城市里各种资源丰富，信息量大有关，另一方面在城市中办学，政府也便于对学堂进行控制。然而，受办学经费限制，学堂又很难在城市使用新的土地资源来建造教室、校舍，学堂只能利用旧寺观、祠堂等公共场所来办学，"庙产兴学和毁庙兴学，大多时候受政府和社会舆论的支持和表彰，但在具体操作层面也会有不少的问题"②。存古学堂的地址虽不在成都城市中心，但地方环境优雅宁静，很适合读书学习。由于存古学堂建在城市，居于乡间的学生要离家千里来城市求学，往返家里和学堂间的路费以及家里的农活成了不少学子忧愁问题。在四川存古学堂档案中就有大量关于学生因路途遥远，无法凑够路费而延误报到开学的记载。③

清末民初之际，四川创办不少新式学堂。当时在成都求学的郭沫若就曾回忆道："辛亥年之前，方圆只有二十二里的成都城里，单法政学校便已办了好几所，而且还在越办越多。"④学堂数量增加，吸引大量省内

① 何域凡：《存古学堂嬗变记》，载《四川文史资料集粹》第四卷，四川人民出版社1996年版，第419页。
② 四川近代以来毁庙兴学，占用原来寺庙土地办学堂，与寺庙僧人产生过激烈冲突。参见徐跃《清末四川庙产兴学及由此产生的僧俗纠纷》，《近代史研究》2008年第5期。
③ 具体参见《各县申送学生报考本校》，1909年7月—1913年3月，四川大学档案馆藏，卷号：36。
④ 郭沫若：《郭沫若文集》（一）卷上，四川文艺出版社1994年版，第155、157页。

青年涌入城市求学。从新办学堂性质上看,主要也是以实用技艺类为主的学堂。在近代社会转型时期,实用技艺学堂成为学生求学的主要选择,以传统文化教育为主的存古学堂却呈现衰落趋势。存古学堂在办学中也不断出现学生流失的情况。

存古学堂开办的时间并不长,而且创办存古学堂也遭遇到反对之声。庄俞认为存古之名是为了混淆视听,敷衍旧学士人的权宜之计,"存古以炫惑国民之观听者,其为敷衍旧学子之计乎"①? 他认为所谓要"存古",那就是"亡今"的意思,而"古之学术,其不适用于时与人也,虽现在不能存也"②。存古学堂教授的内容并不能适应时代发展,因此,他认为没有存的必要。有人认为:"今之存古学堂,主持人乃科举时代之老朽,迂腐之人。我国古学之亡,或不在新学之输入而反在号称保存古学之人。"③ 他尖锐指出主持存古学堂的人都是落伍于时代的迂腐文人,存古学堂的存在反而加剧了传统学术的覆亡。张之洞晚年时候对存古学堂的态度也发生转变,他讲:"为保存国粹起见,嗣后凡有关于保存旧学之奏折,必须详加讨论,不可轻率从事,使轻重失当。"④ 他对存古学堂的发展也不再看好,希冀借存古学堂以达到中学为体,西学为用的目的也终究失败。存古学堂在清末创办不久,生存地位就岌岌可危。民国肇始,存古学堂被看作是封建落后象征而正式停办。但在四川政界和学界共同努力下,四川存古学堂通过改头换面避免停办厄运,最终并进了四川国学学校。

小 结

晚清时期,西方列强入侵使中国民族危机日益严重。在救亡图存过程中,国人的民族国家意识也逐渐兴起。西学在近代进入中国,对中国的传统文化以及国人的思想观念造成冲击。在中西文化交融中,梁启超、

---

① 庄俞:《论各省可不设存古学堂》,载《教育杂志》1911年第5期。
② 同上。
③ 西禅:《论存古学堂改良之难》,载《申报》1910年第1期第2版。
④ 无名:《要闻·张中堂之重旧学》,载《大公报》1908年11月6日第4版。

吴汝纶等人从日本舶来有关"国学"、"国粹"的概念,他们对这两个词重新注入中国文化内涵,以明确自身文化的定位。国人在接纳与迎拒西学的纠结中更为看重中国传统文化的生存与发展,如何保存传统文化成为中国士人不断付诸努力的艰难过程。

地域化的学术特色在近代也进一步发展,作为四川地域学术色彩的儒家学说,蜀学发展的历史可以追溯到汉代。晚清时期,王闿运入蜀主持尊经书院,他将今文经学带到四川,在学术上开宗立派,促使蜀学在近代重新崛起。近代蜀学崛起的标志,就是今文经学在四川学界地位的确立。经过王闿运整顿后的尊经书院,在近代四川传统教育中有重要地位。尊经书院培养了廖平、骆成骧、宋育仁等大批学者,他们不仅致力于传统学术的研究,还形成了师门关系。在近代四川学界,王闿运的弟子与再传弟子众多,这些学人的学说不仅影响四川学界,对全国学界的影响也颇大。

清末时期,书院教育已不能适应社会需要,包括四川书院在内,书院的学风也日益败坏。书院的学子参与赌博、科场舞弊的事件层出不穷,备受学界诟病。1905年,清廷颁布上谕正式废除科举制度,以科举为导向的书院教育也就失去存在基础,不可避免地走向没落。书院改制成为延续传统教育必然的选择。

在书院改制成学堂的过程中,四川创办了存古学堂,以存古学堂教育延续传统学术的传承与发展。四川存古学堂虽然办学时间不长,但却是后来四川国学学校的前身之一,四川存古学堂的教育模式也直接影响着四川国学学校的教育模式。

第二章　权力与学术：民国初期国学学校的曲折发展

民国建立后，川省政界与学界为了延续传统教育创办了四川国学学校，国学学校是当时成都六所专门学校之一。为了符合教育部关于专门学校的部章规定，在建校之初学校进行了一系列的易名，原四川存古学堂也合并进国学学校。国学学校属于民国时期创办的新式专门学校，同时又继承了存古学堂的教学模式。

国学学校在教学上一方面极为强调尊孔读经，在课程设置中经学独大，另一方面学校按照民国教育章程规定融入了西学的课程内容。这种"既许学术自由，却又强调尊孔；既要主张革新，却又不断复古"① 的看似矛盾的境况，反映出国学学校办学的复杂面相。国学学校办学时代处在清末民初新旧教育模式的转换之际，学校既要迎合民国新教学制度，又要强调自身延续传统学术的使命所在，这也使国学学校的办学充满了复杂曲折。

第一节　川省各界延续国学教育的努力

一　从存古学堂到国学院的转型

民国建立之初，四川行政长官出于政治考虑，积极支持创办专门的国学教育学校。1912 年伊始，四川一度形成重庆蜀军政府和成都四川军

① 鲁迅：《热风·随感录五十四》，《鲁迅全集》（一），人民文学出版社 1981 年版，第344 页。

政府对峙局面。① 通过艰难谈判，1912 年 2 月，成渝两个军政府合并成新四川军政府。"成渝合并议成，机关设立成都"②。尹昌衡任都督、张培爵任副都督，四川政权实现短暂革命统一。③

尹昌衡稳固权力后便立即要求恢复四川原有学堂教育，在以军政府名义发布的告示中，他指出："今值大汉光复，凡在国民，若不亟亟灌输以文明之智识，内何足以参议政治？外何足与世界竞争？本部职司教育，用切隐忧，若再听其废弛，不为力加整顿，教育前途，何堪设想。"④ 尹昌衡深悟人才对政权稳定以及社会发展的重要性。正因他的重视，四川教育虽经战乱干扰，但总体上发展较为平稳。四川各学堂开学的时间，尹昌衡也要求尽快恢复，"凡以前旧有之各项学堂，统限于是日一律开堂，接续进行，以复旧观，毋得借故推延，亦无庸稍存观望。地方官吏与办学员绅，均负有维持学务、辅助教育之权责，其未受损害之学堂，希即照旧办理"⑤。民初，四川各旧式学堂大多已经停办，尹昌衡则要求四川旧有学堂一律重新恢复正常开学，这在一定程度上对传统教育起到保护作用。

1912 年 1 月，在尹昌衡主导下，原来四川枢密院改为国学院。四川国学院在同年六月正式成立，院址设在成都城东三圣街，作为"全省国学机关"⑥。

---

① 民国初期，受到中央的派系斗争影响，四川地方军政长官变换频繁。国学学校办学期间，四川出现的军政长官名号有：大汉军政府都督（1911 年 11 月—1912 年 2 月）；四川军政府都督（1912 年 2 月—1914 年 6 月）；四川将军；四川督军（1916 年 7 月—1918 年 2 月）；四川靖国军总司令（1918 年 2 月—1920 年 9 月）；四川督军（1920 年 10 月—1921 年 12 月）；川军总司令（1921 年 6 月—1922 年 10 月）；四川善后督办（1923 年 7 月—1924 年 5 月）；四川督理（1924 年 5 月—1925 年 2 月）；四川督办（1925 年 2 月—1926 年 10 月）；四川行政公署民政长（1912 年 7 月—1914 年 5 月）；四川省巡按使公署巡按使（1914 年 5 月—1916 年 7 月）；四川省长公署省长（1916 年 7 月—1927 年）。据四川文史研究馆编《四川军阀史料》（1—4 辑），四川人民出版社 1981 年版；谢本书、冯祖贻《西南军阀史》，贵州人民出版社 1991 年整理。
② 《四川军政府示》，1912 年 2 月 2 日，成都《大汉国民报》1912 年 2 月 2 日，载曾业英、周斌主编《尹昌衡集》第一卷，社会科学文献出版社 2011 年版，第 63 页。
③ 匡珊吉、杨光彦主编：《四川军阀史》，四川人民出版社 1991 年版，第 59 页。
④ 《大汉四川军政府各部通饬、通告》，1912 年 2 月，载隗瀛涛、赵清主编《四川辛亥革命史料》（上），四川人民出版社 1981 年版，第 610 页。
⑤ 同上书，第 611—613 页。
⑥ 《四川国学院民国元年下半年概算表》，时间不详，四川大学档案馆藏，卷号：38。

国学院聘请吴之英为国学院院正,楼黎然、曾学传、廖平、曾瀛、李尧勋、谢无量、杨赞襄、释圆乘等人为专任教师。吴之英特意为新成立的四川国学院写了一副对联,上联是"斯道也将亡,难得四壁图书,尚谭周孔",下联是"后来者可畏,何惜一池芹藻,不亚渊云"①。从这副对联的内容可以看出,吴之英对国学院寄予厚望。他希望国学院同人能学习周公和孔子的遗训,让儒家的孔孟之道在国学院的教学中得以传承和发扬。

国学院成立后,院正吴之英、院副刘师培、谢无量多次给四川军政府上报审批文件,审批事项涉及学生学籍清册、地基房舍等内容。四川军政府要求国学院把学生的学籍清册,学校建设的平面图送到军政府备案。② 随后吴之英、刘师培、曾学传又联名上书军政府,将学校土地调查表和官产清理情况详细呈送。③ 作为公立性质的国学院,在学校建设和办学经费来源上均由军政府全额拨款,同时,学校又受军政府的控制。国学院的财产报告书,反映学校成立初总资产情况:

表 2-1　　　　　　　　财政部调查官有并公有财产报告书

所有者		官有	公有	备考
省道县		四川省华阳县(川西道)		
种类		国学院附设国学学校		
坐落		城南前清存古学堂续置		
面积	间数	七十二间		
	总面积	八万四千一百九十五平方尺		
价值	原价	一万九千二百六十八元		
	时价	一万九千三百二十八元		

---

① 吴之英:《国学院楹联》,《吴之英诗文集》,四川大学出版社 2008 年版,第 121 页。
② 《关于要求四川省民政长补送国学学校旧班新班学生学籍清册附简章及平面图的咨文》1913 年 4 月 8 日,四川大学档案馆藏,卷号:1。
③ 《关于向四川省民政长计呈送国学院既附设国学学校建筑物周查表,土地调查表的咨文》,1913 年 10 月 2 日,卷号:1。

续表

所有者		官有	公有	备考
收益	有无收益	无		
	收益方法	无		
	每年次数	无		
	主要用途	国学院国学学校基址		
	其他用途	无		
经营	建筑年数	前清道光年暨宣统元年		

资料来源：四川国学院：《财政部调查官有并公有财产报告表》，1913 年 10 月 2 日，四川大学档案馆藏，卷号：1。

从表中所反映出国学院简要财产明细来看，学校面积八万四千一百九十五平方尺，换算成现在通行的房屋面积标准，大概有九千三百五十五平方米。作为一所以国学教育为主专门学校，这样的校园面积还是基本够用。学校财产价值上，时价比原价高出 60 元，表明学校在财产上是属于保值的。

四川国学院成立初期制定了一份简要章程，这个简章是与后来存古学堂与国学院合并后颁布的新章程相对而言，因此，这个章程可以称作国学院旧章程。旧章程总纲和办学宗旨对国学学校办学性质规定："国学院基于省议会议决，国学院与国学馆合并，仍定名为国学院；本院即就国学馆原有地址房舍设置，不别租赁"①。"本院以研究国学、发扬国粹、沟通古今、切于实际为宗旨"②。旧章程指出国学院与国学馆合并是基于四川省议会的决议，这也表明学校公立办学性质。国学馆是四川存古学堂在民初改名后的校名。国学院以"研究国学、发扬国粹"为宗旨，表明这个时候有关"国学"、"国粹"的概念，已经得到四川学界认同。尽管国学院在章程中并没有具体定义什么是国学、什么是国粹，但已把对国学、国粹的研究和发扬作为自身办学宗旨，这与存古学堂时期的教育相比，已经有明显的不同。

---

① 国学馆后来出于节约经费的考虑，将国学专修科并入四川国学院，得到了四川军政府的批准。《关于国学馆改名为国学专修科并入四川国学院的报告》，1912 年 11 月 1 日，四川大学档案馆藏，卷号：6。

② 《国学院章程》，总纲宗旨，时间不详，四川大学档案馆藏，卷号：4。

在国学院管理人员的数额、职位和日常教学管理具体权限上,章程均做出较为详细规定。章程对学校管理人员职责划分规定较为明确,有助于学校教学活动的开展,具体内容:"本院设院正一人,主持全院事务;设院副二人,襄助院正主持全院事务;设院员人,襄助院正、院副办理全院事务;设名誉评议员人,评定本院各项事宜;① 设庶务长一人,商秉院正、院副办理庶务事件;设会计长一人,商秉院正、院副办理会计事件;设文牍一人,商秉院正、院副办理来往文件电报等事;设司事五人,负责管理图书收支,管理印书发行,助理庶务,助理会计,购买;设书记若干人,由院正、院副、院员视事务繁简酌量分配办理;院正、院副、院员,由民政长延聘。名誉评议员由院正、院副延聘。庶务长、会计长由民政长任用。文牍由院正、院副任用。司事由庶务长、会计长商承,院正、院副分别任用。书记由院正、院副、院员考选;本章程如有未尽事宜,得由院正、院副、院员公同提议增改"② 。从人员构成上看,国学院的管理人员和办事人员有院正、院副、院员、名誉评议员、庶务长、会计长、文牍、司事、书记,每个职位相应的工作职责均有相应规定。

学校各职位的聘用方面,院正、院副、院员是由四川民政长聘用,庶务长、会计长也是由四川民政长聘用,名誉评议员、文牍、司事、书记,则由院长、院副考察任用。从中可以看出,学校受到四川地方政权牢牢控制。院正、院副作为学校主要管理者由民政长聘用是符合国学院公立办学性质的,但庶务长和会计长也由民政长任用,而不是由院正、院副考察任用,却与民国教育部规定专门学校的人事聘用制度不符。③ 这两个职位所承担事宜关系到国学院日常教学秩序和办学经费管理,属于学校生存发展的关键部门。另外,学校在人事的安排上如果还有未尽事宜,需要得到院正、院副、院员共同的提议才能进行增改,增改后是否能够得以实施仍需要民政长的复核批准,可见地方政权控制学校人事安

---

① 院员和名誉评议员的人数原档案空缺,特此说明。

② 《国学院章程》,人事职能,四川大学档案馆藏,卷号:4。

③ 《教育部直辖专门以上学校教员任用暂行规程》,部饬第六十一号,1914年7月6日,载《教育公报》1914年第二册。

排各个环节。

在办学经费来源和使用上，旧章程中专门设经费一章进行解释说明，"经常临时经费，每年由会计长先期制成，预算案经院正院副核定，送由民政长咨交省议会议决；收支经费，每年经过会计年度后，由会计长制成决算案，经院正、院副核定，送由民政长咨交省议会查核；按月应用经费，由会计长按照预算案应领之数备具文领。经院正、院副签盖印章，咨请民政长饬财政司核发；按月收支经费，由会计长于月终造具报销表册，经院正院副签盖印章，分咨民政长、财政司查核；各项收支簿据，均由院正、院副规定施行，并由院正、院副随时检查；除额支款项由会计长查照预算案支付外，其活支款项须经院正、院副公同核定，始能支付，但仍不得逾预算定额；额定每月各项薪水、工资均按月于来月初一日一律支给"①。在经费方面，章程明确学校经费由省政府全额拨付。经费的申报和管理是极为严格的，各项经费开支都要由会计长明确做账，经过院正、院副审核盖章确认之后再呈报给省议会和省财政司，所呈报经费事宜要对学校各项经费开支均做出详细说明。这一系列措施有利于学校经费开支账目清晰，一定程度上避免经费挪用以及中饱私囊情况发生，但也加强地方政权在办学经费上对学校控制。由于连年战乱和人事频繁变动，国学院规定每月初一结算教职员工薪水的制度也变得难以完全兑现，学校在办学上面临经费窘境。

民国初期，各地存古学堂因不符合教育部政令陆续被禁止继续办理，② 这迅速波及四川存古学堂。1912 年 2 月，四川存古学堂更名四川国学馆，③ 11 月，四川国学馆合并进四川国学院，成为国学院下属分支国学馆。国学馆的一切事宜由国学院统一办理，国学馆原有教科部成为四川

---

① 《国学院章程》，1912 年，四川大学档案馆藏，卷号：4。

② 《教育部专门司专函饬令存古学堂即行停办》（1913 年 6 月），《清学部档案》，第一历史档案馆藏，目录号：195，案卷号：139。

③ 《四川国学馆民元二月十日至三月三十一日四柱清册》，时间不详，四川大学档案馆藏，卷号：56。

国学院附设国学专修科。① 国学院成立后,校方立即向四川都督府、省内各中学、各书局等发函文启用新的关防。② 原存古学堂监督谢无量和刘师培任新组建的四川国学院副院长。原来存古学堂在读一百名学生转入国学馆学习,成为国学院的学生,国学院同时向社会新招收学生五十余人。

在完成和原存古学堂合并后,四川国学院迁至原存古学堂校址,位于成都市城南簧门街四先生祠。国学院在给省府的报告以及在招生宣传、学校规章制度的制定中都将学校创办时间从 1912 年提前至 1910 年,即清宣统二年,这是存古学堂创办的年份,国学院试图以这种方式表明自己是存古学堂的延伸。学校在办学思想和办学制度方面,的确和存古学堂有着一脉相承的内在关联。国学院一切课程兼采存古学堂和国学馆两项章程变通办理,章程中强调国学院的教学宗旨是以尊孔读经为主,崇尚道德以期学生养成高尚的学风。傅斯年就认为:"所谓国学院,也恐怕是一个改良的存古学堂。"③ 四川国学院的教学就是把原存古学堂模式几乎完整继承下来。

1913 年初,存古学堂并进四川国学院后,国学院颁布新章程。与旧章程内容相比较,新章程内容则更为详细,涵盖学校课程设置、学校职员、学生招收、试验考试、学校校规校纪等诸多方面。在课程设置上,新章程规定:"本校学生均专习一经,自行认定后,不得改习。新班先习说文,新旧班兼习《白虎通义》、《五经异义》。凡钞书、点书、写劄记均以本经为主"④。国学院延续着存古学堂的教学内容,仍以《白虎通义》、《五经异义》等经典为教学主要内容。在具体授课时候,国学院把学生分为新班和旧班进行不同教学,"前存古学堂经学、史学、词章各班学生于

---

① 《关于国学馆改名为国学专修科并入四川国学院的报告》,1912 年 11 月 1 日,四川大学档案馆藏,卷号:6。

② 参见《关于国学院起用新关防的通知》,1912 年 8 月 5 日,卷号:4;《关于咨请都督府颁发关防的请示》,1912 年 7 月 28 日,卷号:4;《关于启用关防给都督府的报告》,1912 年 8 月 3 日,卷号:4;《关于启用关防告各局、所书》,1912 年 8 月 3 日,卷号:4;《关于启用关防给各局、所的通知》,1912 年 8 月 8 日,卷号:4。

③ 傅斯年:《历史语言研究所工作之旨趣》,《傅斯年全集》第三卷,湖南教育出版社 2003 年版,第 9 页。

④ 《四川国学院附设国学学校章程》,课程规定,1913 年 4 月,四川大学档案馆藏,卷号:1。

讲授主课外，凡他课讲授时，均得互往旁听，新班学生同；理科、算学、舆地、教育、法学概定为普通兼习科，由各科教员合新、旧两班教授，每周合计以十四小时为限；中国历史、算学、医学及金石、篆隶、画绘，均定随意科，如愿习者在五人以上，即开班讲授；新班学生习经外，每月作文二次，讲授文法二次，作为必要科"①。旧班学生是从原存古学堂在读的一百名学生转学而来。国学院又向社会招收五十名新生，作为新班学生。这一百五十名学生所受教育起点不尽相同，校方根据学生实际情况进行分班教学。存古学堂转入学生因已研习了一段时间经典，教学进度比新招收学生快，如果和新招收学生保持一样教学进度，势必造成教学时间浪费。国学院以区分新旧两班的方式分别进行教学，体现学校因材施教的教学原则。

从存古学堂转来学生毕业时也面临困境，国学院教师认为这批学生"造诣在普通中学学生上，与高等师范学生同，咨请教育部准许其按照高等科三年毕业"②。但这个提议遭到教育部反对，教育部批示转入国学院的学生只能以中等学级毕业。国学院教师商议后又进行变通，希望这批学生以"国学专门学级"③毕业，这个级别要高于中等毕业，接近高等学级。学校教师为这批转入的存古学堂学生在毕业级别的定级上煞费苦心，这样做一方面是希望学生能有好出路，另一方面也希望能提升四川国学院的办学级别。

章程中明确规定国学院学生在读期间要专习一经，具体习哪一部经书可凭学生的兴趣和在老师指导下选定，但一旦学生自行选定后就要认真研读，中途是不能改习其他经书的。学校在学生习经上的举措意在要求学生选定一部经书后就要花工夫认真研读，而不是朝三暮四的浅尝辄止。此举是从汉儒习经之法中受到启示，所谓"汉儒人专一经，诸生亦各治一书。毋贪多，毋不经意"④。但这项举措曾被解读为是"封建保守

① 《四川国学院附设国学学校章程》，课程规定，四川大学档案馆藏，卷号：1。
② 相关内容具体见《国学院咨送前清存古学堂旧班学生试验成绩总分表、专经名目表文》，1913年5月，四川大学档案馆藏，卷号：26。
③ 《国学院关于停办存古学堂一事的报告》，1913年6月，四川大学档案馆藏，卷号：7。
④ 钱基博：《近百年湖南学风》，中国人民大学出版社2004年版，第63页。

的反映,是一种僵化的教学"①。这显然是一种误读。与存古学堂时期相比,国学院课程设置范围也大为拓展,除了把经学认定为必修主科外,还分设普通兼习科和随意科两类课程。普通兼习科包括理科、算学、舆地、教育、法学,由各科教员统一新、旧两班学生进行教授,课时大概是每周十四小时左右。随意科包括中国历史、算学、医学及金石、篆隶、画绘等课程,但这些课程并不是一定会开设,章程规定选课学生在五人以上,这些课才能开班。另外,新班学生每个月还要作文二次,讲授文法二次,作文和文法讲授科被列为新班必要科。我们注意到学校已经开始实行选修课制度,这与民国学制演变有关,反映出国学院为了延续传统教育而主动适应民国新学制要求。

在教职员聘用上,新章程突出院正、院副在学校教学管理的职权,具体内容:"本校一切事务均由国学院院正、院副主持;各科教员,除算学、法学另行延聘外,其余各科均由院正、院副、各院员分门讲授;本校设管理员一人,掌理齐务;本校设稽察一人,管理学生出入及请假等事;理学教员帮办管理事务;凡与本校教务、齐务不相涉之事,均由国学院庶务长办理。缮写印刷讲义,专设写生二人。讲堂、斋室专设齐夫四人"②。院正、院副负责学校的一切事务,同时担任学校主要课程的讲授,突出了院正、院副的职责的权限。学校设稽察一职管理学生的日常生活和请假事宜,这是学校对校风整顿的具体措施。鉴于晚清书院、存古学堂校风颓废而备受学界的诟病,国学院以制度的形式规范学生的行为,体现出校方对学校教学风气的重视。

新章程对学生日常规范和纪律条款的制定,体现校方整顿学校风气的具体措施,"试验时不得夹带;学生出校须向管理请假登记。如非通学,不得无故出校;学生因病及他故不能应课及查课不到者,均须先行说明事由,请假登记;每日冬春以午前七钟起,午后十钟寝息。夏秋以午前五钟起,午后九钟寝息;以上各项,如有违误,均分别记过扣分。学生取阅图书,均须在阅书室阅看。其取书还书,均以收条为凭,不得

---

① 四川大学校史编写组:《四川大学史稿》,四川大学出版社1985年版,第42页。
② 《四川国学院附设国学学校章程》,职员,四川大学档案馆藏,卷号:1。

携回斋舍"①。新章程颁布的学规条例，严格约束学生日常行为规范，例如考试不能夹带抄袭，取阅图书只能在阅览室看，不能带回宿舍。学校对学生的作息时间规定更为严格，一年的作息时间分为冬春和夏秋两个时间段，学生每天起床和睡觉的时间均作了详细规定，在执行过程中有了参照标准。

与以往的学堂章程不同，国学院章程对学生向学校提意见也做出相应规定，"学生如有建白，均自具说帖，书名盖章，由学长代陈，不得动辄用全体名义意存要挟"②。这条规定颇有新意，学校不反对学生提意见，但要求学生提意见必须履行相应程序，要有说帖、盖章等规范，最重要的是本人不能够直接向学校反映，而是通过学长代为转呈，并禁止动辄以全体名义来要挟学校。在传统时代，学生在学校接受教育，尊重老师、尊重学长是天经地义的事情。教师在学校有崇高地位，所谓天地君亲师，人伦纲常不可侵犯，即使老师体罚学生也理所应当。可见，虽然学校的新章程给学生提意见设置许多限制，但已是明显进步。③ 学校一定程度上允许学生发泄不满情绪，这是国学院建立近代学校管理制度的一种尝试。

通过对比新旧两个章程可以看出，国学院旧章程从宏观上对学校规章制度有概括总揽规定，旧章程内容主要是对学校性质、应办事宜、行政人员构成、经费拨付等方面做出界定。新章程主要是从学校课程设置、学生课业考核、学习经典做出具体要求，以及学生日常行为规范等方面做出规定。新旧两个章程内容上并不矛盾，各自侧重点不同，是互相补充的。新章程颁布并不会使旧章程成为废纸，合在一起才构成一个完成的国学院章程。学校虽在初创阶段，但各项规章制度制定较为完善。学校章程制定的内容可操作性和可执行性较强，学校教学和管理各方面都做到有规可查、有章可循，保证了学校的正常运作。

---

① 《四川国学院附设国学学校章程》，学规，四川大学档案馆藏，卷号：1。

② 同上。

③ 不过，这条规定并没有被学生严格执行。由于学校经费日益支绌，学生的学贷费和生活费无法保证，引发学生强烈不满，以全班名义罢课抗议的事件频发，学校只能匆忙应对。学生之举显然违反这条规定，但校方对此也无可奈何。参见《恳请校长咨请省署速准贷费》，1924 年 6 月，四川大学档案馆藏，卷号：31。

二 学校初创时师资与新旧班不同生源

四川国学院的大部分教师是存古学堂与国学院合并后转入任教的,他们的教学内容和教学方式延续着原存古学堂的教学模式。① 从籍贯上看,国学院的教师大多是四川籍。国学院创办之初共有教职员工六十五人,师资规模还是较为雄厚。②

按照国学院章程,学校在行政上主要设有院正、院副、院员三个级别。在具体的教学和国学研究上,学校对教师设定的职位分为课程教员和承担与国学研究有关的专门职位。在课程教员的师资力量上,根据学校所开设的课程安排,国学院聘请了相应的课程教师,这些课程包括国学专修科、史学、理学、舆地、外史、算学、法学、教育心理学。从课程设置看,除了传统经史课程外,算学、法学、外史、教育心理学等西学课程也引入学校教学。

国学专修科教员吴之英、廖平、刘师培,史学教员杨赞襄,理学教员曾学传,舆地教员曾瀛,外史教员舒脩序,算学教员蒲助孜,法学教员傅振举,教育心理教员李尧勋。③ 在国学院档案有关师资的介绍中只有教师姓名、教学职位、籍贯、任职时间记载,并没有教师的学历背景介绍,但从教师名单看,吴之英、廖平、刘师培、谢无量都是当时在学界具有影响力的学者,曾学传、楼藜然、李尧勋、杨赞襄等人在川省学界也颇有名声。当时四川传统学术根基较好的学人很多人都任教过国学院,川省的著名学者到校任教有助于学校成为一所在全国有影响力的国学专门学校。

学校根据教师在教学之余所承担的与国学教育研究有关事务,设置了督理藏书、钞书员,图书管理员,杂志校对、缮写讲义、表册、金石

---

① 民国初期,四川传统教育机构的学生很多也是由清末士人脱胎而来。其中小学以童生为主,中高等则生员居多。参见桑兵《晚清学堂学生与社会变迁》,广西师范大学出版社 2007 年版,第 147 页。

② 具体教师名单参见《咨送财政司国学馆并入我院后现员名册及人员一览册》,1912 年 10 月 26 日,四川大学档案馆藏,卷号:35。

③ 同上。

文物、文函牍、遗书的书记，采访员，讲演会干事，存古书局干事等职位。① 这些职位的设定为学校的国学教育研究有很大的帮助。同时，学校设有名誉评议员职位，由周翔、陆慎言、龚煦春、龚道耕、祝介、黄云鹏、钟正楸、贺孝齐、吴季昌、王昌麟、林思进、崔映棠、邓昶、曾道、周炳煜等十五人担任。② 国学院章程规定评议员的职责主要是评定学校各项教学事务，这是清末书院、学堂所没有的新设职位。

国学院学生入学后被分为旧班和新班，学校在章程中规定："前存古学堂学生作为旧班，国学馆考取学生作为新班。旧班学生按照存古学堂旧章规定培养，仍与高等学校相等。嗣后收录学生另以专章定之"③。学校以新班、旧班的方式区别对待原存古学堂转入的学生和社会上新招收的学生。

由于现有资料的缺乏，关于国学院新班学生情况我们现在所能了解的并不详细。在招生上，国学院共招收新班学生三十五人，他们须通过国学院的入学考试才能入校就读。国学院将新班学生分为甲班、乙班进行教学。与旧班学生年龄比，新班学生普遍较小，年龄最大者二十七岁，最小者十六岁，平均年龄在二十岁左右，④ 与如今高中毕业生年龄相仿。蒙文通考入国学院后编入新班甲班求学，他入校的年龄是十九岁。国学院公布的新班学生情况上仅有姓名、年龄、籍贯三项，有关学生的其他情况档案记载并不详细。因此，本书对新班学生的生源情况只能做一个大致的勾勒。⑤

按照学校章程规定，从原存古学堂转入的学生编入国学院旧班。旧班按照原存古学堂的分班模式将学生分为经学、史学、词章三班，国学院档案有关旧班学生的记载较多。追溯考察他们就读存古学堂时各地劝学所推荐和学生自我推荐情况，有助于我们分析旧班生源的构成。这些

① 《咨送财政司国学馆并入我院后现员名册及人员一览册》，四川大学档案馆藏，卷号：35。

② 《国学院章程》，人事职能，四川大学档案馆藏，卷号：4。

③ 《四川国学院附设国学学校章程》，学生，1913年4月，四川大学档案馆藏，卷号：1。

④ 《四川国学学校民国二年上学期新班第二学期学生姓名、年贯表》，1913年4月，四川大学档案馆藏，卷号：1。

⑤ 同上。

学生来源的途径除学堂公开张贴告示、公布招生具体计划和考试内容,学生报名参考的常规方式外,各县劝学所对本地学生的推荐,甚至学生毛遂自荐情况也较普遍。① 云阳县劝学所对本地生源的推荐描述:"本邑监生任襄龙,年二十四岁,有志向学,甘愿自费"②。劝学所在衡量学生的学业和品行后认定该生情况与简章内容基本相符,遂决定对他推荐入学。该生表示可以自费求学,一方面反映他有志向学,另一方面也表明他的经济条件尚可。当然,推荐仅是地方劝学所介绍学生情况的一种方式,并不代表被推荐就可以直接入学。被推荐的学生同样需通过考试才能被录取,只不过有地方劝学所推荐,在同等情况下能更容易入校就读。

学生自我推荐情况也很多,王炎先等数十名学生联合自我推荐希望能进存古学堂就读。他们讲:"仰见国粹将亡,钻研无地,纂礼来学,自行束脩,存古人聚,从讲道何有畔町,想今日请益受经必无窒碍。"③ 刘宗汉等数十名学生打算报考存古学堂的推荐书也讲:"经史词章,实关国粹保存。今学堂开办,规模广大,推选得人,士类倾心咸思来学。但官额有限,常叹无多。每县一人尚未敷足。生等妄冀为斯文留种,不惮千里从师傥,愿备赀附住。"④ 近代保存国粹思潮对四川学界产生一定影响,已经逐渐深入学子心中。学生在自我推荐的时候都表明不希望看到国学没落,表达对传统学术发展困境的担忧。他们宁愿自费前来学堂就读,希望成为传统学术的继承者。

近代四川的交通不便,学生要赴省城参加考试是否能够按时到达都

---

① 国学校档案中有关学生自我推荐情况主要有:《恳请准予投考存古学堂》,1911年7月;《恳请准予投考存古学堂》,1911年7月;《劝学所遵照选送吴忠惠等入堂就学》,1911年7月;《禀恳收录入存古学堂》,1911年7月;《介绍简州文生赵光扬、彭夔阳入存古学堂就学》,时间不详;《介绍叙州府屏山人许正新入存古学堂就学》,时间不详;《禀请考存古学堂》,1911年7月;《禀请考存古学堂》,1911年7月;《保送儒生应考存古学堂》,时间不详;《资州监生李茵补试读存古学堂》,1911年8月;《禀请准予入校旁听》,1911年8月;《各县申送学生报考本校》,1909年7月—1913年3月,四川大学档案馆藏,卷号:36。

② 《申送学生任襄龙投考存古学堂》,1911年5月,四川大学档案馆藏,卷:36。

③ 《关于王炎先等数十名学生愿自备学费前往存古学堂读书的自愿书》,1911年6月,四川大学档案馆藏,卷号:36。

④ 《关于刘宗汉等数十名学生愿自备学费前往存古学堂读书的自愿书》,1911年7月,四川大学档案馆藏,卷号:36。

成问题，因而，学生出现因交通不便错过考试日期的现象也屡见不鲜。地方劝学所也为学生进行情况说明，希望能给延误考试的学生补考机会。四川提督使使司在给学堂照会告知两名未能按时前来赴考学生情况，"该生学有门径，志趣不凡，伏乞示期补考"①。名山县考生吴光汉由于交通不便延误考试日期，禀明情况希望能有重新考试机会，"缘生距省未局路阻山河。秋仲雨霆泥泞尤甚，竭蹶到来已逾考期，殷殷向学，具有热诚。求道衢尊倾怀门雪，术待蛾勤候先鹄立。愧比晏殊，请题再试，欣逢韩子增价一经，尚蒙收录，欢忭与俱"②。该生对自己没能按期前来考试的原因描述夸张如同一次探险，对自己一心向学，希望学校能给一次补考机会的心情描述让人忍俊不禁，但从其描述中足见该生有一定的学术根底。部分考生报考时还有呈报自己家庭成员的情况，一名叫吕振的学生这样汇报其年貌三代履历，"吕振，现年四十六岁，于光绪十五年，学宪高科考入学，曾祖达善，祖玉珂，父荚瑢"③。这名四十六岁的学生依然报考存古学堂，可见对学生入学年龄上是没有限制的。学校考虑到四川很多偏远地区的学生由于路途不便的实际情况，"本堂续考覆试诸生间有路远天雨，未获到堂与覆。着限于二日内随到随考，以示体恤"④。学校将考试日期宽延到两天，只要在这两天内能够赶到的考生可以随到随考，体现出学校对考生的关怀。

有些学生不仅错过考试日期，而且还并未携带监照，类似现在考试准考证，如果要返家去拿更是不太可能。一个名映棠的考生就遇到这样情况，"到省已过考试之期，无从补考。生映棠初到省城，不甚熟，无从觅人介绍，只得禀恳备文申送投考。再昨见学堂牌示于二十三日先验监照，生等监照均未携至省城，生见牌示后，当即专人回县取照。惟省城离县路隔七百余里，往返须十余日。验照之期实赶不及，并恳申明情由

---

① 《威远县监生袁载昂、欧阳藻因道远未赶上考期咨照存古学堂予以人补考》，1911 年 5 月 28 日，四川大学档案馆藏，卷号：36。

② 《名山县监生吴光汉禀请补考存古学堂》，1911 年 8 月，四川大学档案馆藏，卷号：36。

③ 《申送文生吕振投考存古学堂读书及读生年貌三代履历清单》，1911 年 6 月，四川大学档案馆藏，卷号：36。

④ 《牌示因由未来堂复试者限期再到堂考》，1910 年 7 月，四川大学档案馆藏，卷号：37。

保送。不出十日,监照即可送到"①。谢无量对此批示:"该生所恳系实情,希将该生先行查验收考。"② 谢无量希望学校同意该生先行考试,他的监照十日内将会送来。这种老师对学生的关怀,对人才的爱惜之情可谓溢于言表。

存古学堂经过严格的考试选拔,公布了最后一届录取新生名单,并对学生报到日期上做出宽限,规定"原限于正月三十日截止,嗣以路途遥远,展限于本月初十日截止。依据报到者均已陆续来堂上课,其并未请假,逾限不到者,应予照章除名,所有应补名额,统候下学期招班足数"③。为体谅路途遥远学生的现实困境,学校将报到日期从正月三十日宽延到二月初十,整整推迟了十天时间。对于被正式录取的学生,学校要求"所有正取各生,务于七月初一以前诣该堂庶务处报名,并照章缴本学期学膳费拾元,听候示期入堂开学。并在七月初一初二两日,随带相片来堂填写保证书"④。学校要求入学新生随身携带照片,这是近代四川学堂的新现象。可见清末时期四川照相业已较为普及,学生报名需要提供自己相片以便存档案。

学校公布的正式录取名单,学生一共五十人:分别是王德谦、吴炳忠、张家琳、王锦谟、蔡文权、杜世忠、萧定国、赵光扬、雍梁材、刘宗荣、李毓昭、李蜚声、李世镛、陈明志、任履端、刘光连、魏仪封、李果、段大勋、龙炳煊、刘为栋、唐世雍、吴光骘、金铭勋、李东材、任鹏洲、周若水、唐尧赓、杨贤大、胡鸿胪、李际春、何耀祖、萧梁、姚学崇、张修孝、陈楚桢、刘承汉、吴忠惠、张良安、邱锡杰、周翰、张云程、钟之瓒、刘士英、詹循臣、刘方中、马世熙、叶政举、许丕新。⑤ 当然,四川存古学堂招收录取的这五十名学生,后来也都成为四川国学院旧班的学生。

---

① 《照知存古学堂咨送杜映棠等补考你校》,1910年7月,四川大学档案馆藏,卷号:36。
② 同上。
③ 《关于延期报到未到者予以除名的通知》,1911年2月,四川大学档案馆藏,卷号:37。
④ 《咨照存古学堂牌示正取生缴费入学日期及牌示》,1910年6月,四川大学档案馆藏,卷号:37。
⑤ 《酌取五十名学生学堂复试,牌示公布名单》,1910年7月,四川大学档案馆藏,卷号:37。

存古学堂制定过学生违反纪律的惩罚措施，"如有不遵约束及应试验而不试验者，不准补行试验。照章扣算分数降班，其主持罢课或干涉他人上课试验者，均予照章斥退，务谕诸生，各宜安静求学"①。国学院对存古学堂的规章制度继承下来，并更严格执行。国学院规章严格规定，学生就读期间应全身心学习。从存古学堂转入国学院旧班的部分学生或许从毕业后的生计考虑，倾向投考技艺性更强的实用型专门学校。这些学生瞒着老师以假托请假方式去报考私立临时法权养成所。他们有些人不仅被这些学校录取，而且去上课也有一个多月，严重违背国学院相关规章制度。这种求学心不诚见异思迁的行为，自然不被国学院所容。国学院对此严惩不贷，决定将违反校规的学生除名并予以公示，"学部定章，未毕业不准另就他事。如有故犯禁令者，应即咨照撤退，并追缴在学堂时一切费用。立法至为严密，学生应为何恪守勿背。兹查有本校学生胡时宪等求学不诚，见异思迁，托故请假潜往私立临时法权养成所投考录取，上课业已月余，显然违背部章等志向学。不守学堂章程禁令者，令其退学。所有后开各学生照例概予除名，从宽免其咨照撤退追缴学费，以示格外体恤"②。一次性被除名学生人数达到二十人，这对国学院的正常教学影响很大。其中，江穗菜是在宣统二年取入存古学堂，他刚入学便遇亲人离世，不得已返家料理家务，又遇各种意外未按时返校。③ 按照学校规定，他当时就应该被开除学籍，存古学堂对他已经宽容一次，而这次他未完成学业又投考他校，再度违反校规，国学院校方对此不再宽容，将他开除以正校纪。同时，校方也不再追缴被开除学生所应缴纳的费用，可谓仕之义尽。④

从学生不断流失，纷纷投报他校的情况看，国学教育毕竟不适应民

---

① 《牌示提学使司对学生几项惩罚的规定》，1910 年 11 月，四川大学档案馆藏，卷号：37。

② 除名学生名单是：胡时宪、叶大英、李鸿举、詹循臣、陈嘉猷、唐方锡、皮应熊、刘峻、邓纯经、杨盛华、何耀祖、唐世雍、李庄、彭燮阳、江穗菜、倪良弼、唐棣秋、王溶华、殷大勋、赵荃，参见《牌示除名胡时宪等生及该生等姓名》，1912 年 6 月，四川大学档案馆藏，卷号：37。

③ 《照知存古学堂，你校高县增生江穗菜禀请不要将他除名》，1911 年 3 月，四川大学档案馆藏，卷号：36。

④ 对原存古学堂转入的学生，四川国学院是不收取学费的。但新招收的学生，每学期要缴学费五元，参见《国学馆章程》，1912 年，四川大学档案馆藏，卷号：6。

国时期社会发展的新需要。① 国学院教师力图保存国粹，将传统经典教授给学生使传统学术有人继承，而部分学生从实际出发更倾向学习实用性强的学问以便谋生之需，教师的愿望和学生的现实处境产生了分途。国学院创办初衷是为了传承传统文化，培养良好传统学术功底学生，但现实处境却是学生就业出路不容乐观，一些学生入学后不安心学业。在现实面前，国学院面临尴尬处境：一方面不断有学生违反校规校纪，报考其他技艺型较强学校就读；另一方面国学院为扭转清末四川学堂学风颓废局面，校方很重视校规、校纪的执行，对违纪学生坚决开除。然而，由于开除违纪学生所占的比例较大，使国学院学生不断流失，给学校正常教学秩序带来负面影响。

三　教学日常中尊孔与容纳西学并行

国学院在日常教学形式中非常注重师生的课堂讨论。1914 年 3 月 3 日，国学院公布春、夏季学期学生上课研究讨论课题的题目名单，一共三十二个题目，分为春季和夏季两个学期讨论。

其中，春季学期讨论课题题目有十一个，分别是：第一，《列子》尊孔诟儒分类钞；第二，《庄子》尊孔诟儒分类钞；第三，《墨子》尊经诟儒分类钞；第四，《灵枢疾病》每门分类钞；第五，《素问疾病》每门分类表；第六，《论衡》疑经攻孔驳义；第七，《史通》疑经攻孔驳义；第八，经学不厌精攻孔疑经驳；第九，章太炎攻孔疑经驳；第十，辑春秋以前中人以上程度与今欧美风气习俗相同；第十一，立孔教为国学议。② 从这些题目内容来看，除《灵枢疾病》、《素问疾病》的讨论属于中医理论范畴外，其余题目主要是对从古至今有关著作中非孔言说进行批判，范围涉及从《列子》、《庄子》、《墨子》、王充《论衡》、刘知几《史通》到近代章太炎对孔子经学非难观点。校方要求学生对这些非孔言论逐一

---

① 在国学院的办学中，政治权力的考量与近代国学教育衰落的大趋势发生冲突，学校教学中体现出复杂纠葛的面相。参见郭书愚《清季中央政府对保存国粹学堂的态度演变》，《清史研究》2013 年第 2 期；姚琳、彭泽平《清季兴学潮中的"西部镜像"：清末四川新式教育兴起的历史考察》，《西南大学学报》2009 年第 3 期。

② 《国学学校季课题目》，《国学荟编》1914 年第一期，国家图书馆古籍馆藏影印本。

进行批驳。对于历代对儒家孔子和经学传统进行批评质疑的言论，国学学校师生都十分反感。国学院在课堂上要求师生对从古至今一切怀疑和反对孔子学说以及反对经学的言说都加以驳斥，此举凸显出学校师生坚定维护孔子地位以及经学权威的保守态度。

值得注意的是，第十个题目要求"辑春秋以前中人以上程度与今欧美风气习俗相同"，讨论范围主要从左国诸子事迹中选取。出题者意在指出春秋以前士人的社会风俗与如今欧美的风气一样。经学家言必称"三代"，认为那是中国最美好、最淳朴的年代。通过这样的比较形式来证明中国自古风俗并不愚昧落后，彰显国学学校师生为自身文化找回民族自信心的态度，也反映出在中西文化竞争中他们内心的一种纠结取向。

清末民初之际，康有为曾提倡将孔教设为国教。他认识到宗教信仰的精神力量，"无教之国，极为野蛮；无教之人，近于禽兽"[1]。在他看来要找到中国人所能共同信仰的国教，无疑孔教最为合适。辛亥革命后，社会道德秩序面临的危机也使孔教维系人心的作用重新被提及，陈焕章等孔教扶轮会成员也鼓吹孔教立国。[2] 然而，反对孔教立国者亦不少，梁启超就指出："孔子人也，先圣也，先师也，非天也，非鬼也，非神也。"[3] 既然孔子非神，就不应被作为神一样崇拜。国学学校师生在课堂讨论时对"孔教立国"的言说做了专门注解，以表明他们对此的不同态度。他们认为"孔教包天人兼大小，不应以国字囿之。中国于孔学服习二千余年，国教为外国法，诸请立国教者，皆属空词乏论，未有草案及组织范围之细则。驳者动以外国争教为恫吓之词，孔教与海外性情资格迥不相同。《周礼》有十二教明文，海邦各教，不能消灭，然皆在大同之中，孔经宗旨已出外教范围，以孔统系各教，因时随地而易，十二教与孔经固并行不悖。国教之请原傲外人彼国来，本国无须立国教"[4]。国学学校师生对立孔教为国教持反对态度，认为孔教不应仅归在国学范畴。中国人尊崇

---

① 康有为：《孟子微》，中华书局 1987 年版，第 157 页。

② 《孔教会请愿书》，《孔教会杂志》第一卷第六号。

③ 梁启超：《保教非所以尊孔论》，《饮冰室合集》（文集九），中华书局 1989 年版，第 52 页。

④ 《国学学校季课题目》，《国学荟编》1914 年第一期。

孔子学说,数千年已深入人心,这与外国宗教有本质区别,不能单以国教为其立名。学校师生认为立孔教为国教意味着对孔子学说削弱,国教狭隘了对孔子学说的认知,孔教不能与西方宗教模式相提并论,而是更高的一种精神境界。

国学院讨论有关尊孔题目时,在题目后面还附有注解。学校教师在注解中援引《周礼·地官》,阐释孔子儒家学说对百姓的教化功用,具体体现在十二个方面,即"一曰以祀礼教敬,则民不苟;二曰以阳礼教让,则民不争;三曰以阴礼教亲民,则民不怨;四曰以乐礼教和,则民不乖;五曰以仪辨等,则民不越;六曰以誓教恤,则民不怠;九曰以度教节,则民知足;十曰以世事教能,则民不失职;十有一曰以贤制爵,则民慎德;十有二曰以庸制禄,则民兴功"①。这十二种教化作用可以概括出孔子学说的巨大社会功能,可见学校教师对孔子学说的尊崇实际上比之康有为是有过而无不及。教师虽然反对立孔教会的主张,但与孔教扶轮会关系较为密切,双方交往比较频繁。② 这种交往表明虽然对立孔教为国教双方持有不同态度,但在尊孔问题上双方的表态却是一致的。③

有关师生课堂上讨论内容,学校的具体要求是"各具题解发挥补足,刊入《尊孔集说》"④。校方希望师生发挥自己独到见解,以增添对孔子言说的新认识。课堂讨论后还会将师生的言说集结整理,刊行于学校出版的《尊孔集说》。国学院将师生尊孔言论编订成学术论集,从而希望这些话题能在学界引发讨论,并以此扩大学校宣扬孔子言说的影响力。

国学学校夏季课程讨论题目,一共有二十二个,分别是:第一,五运六气民病考;第二,诸子医国说;第三,尚书千支五运六气考;第四,春秋以前字母遗迹考;第五,辑容斋五笔驳古器款识;第六,孔子以前金石文字考;第七,史记扁鹊仓公传释;第八,引灵素五解篇附经下为

---

① 《国学学校季课题目》,《国学荟编》1914 年第一期。
② 《恳请四川国学院支持我会参观你院图书》,1921 年 11 月,四川大学档案馆藏,卷号:17。
③ 有学者认为孔教会虽然主张"立孔教为国教",但并不表示他们就是支持袁世凯推行帝制。参见黄克武《民国初年孔教问题之争论》,《国立台湾师范大学历史学报》1981 年第 12 期。
④ 《国学学校季课题目》,《国学荟编》1914 年第一期。

解钞；第九，周礼注疏以律吕调阴阳考；第十，分野州国皆翻译非春秋师说考；第十一，灵素经说考；第十二，灵素分科篇目，分为数种：天学、帝学、全体、卫生、政治、疾病针灸；第十三，纬书经说类钞；第十四，辑古书藏府异同说；第十五，旧医异于外肾后乃代以命门考；第十六，督任衡为京师十二经为十二牧说；第十七，伤寒金匮脉法三部九侯钞；第十八，九针十二原即九州十二牧说；第十九，辑上古至隋全文医术医学说；第二十，辑全唐文医书序及医学说；第二十一，辑纬书字说；第二十二，辑纬书北斗七星散为各物考。① 从这些内容可以看出，夏季课程题目多涉及中医学理论和星象玄怪内容，这与廖平在经学第四变以后的学术转向以及他对中医理论和八卦星象研究兴趣息息相关。

　　综合考量国学院春、夏季两学期一共三十三个课程讨论题目，可以看出尊孔读经是学校日常教学的重要内容，特别是春季课目有九个题目都是宣扬尊孔读经，这也是顺应袁世凯当政后在全国范围内提倡"尊孔复古"的政策。学校教师一方面对康有为立孔教为国教的主张，虽不完全支持但依然为其推波助澜；另一方面对从古至今的非孔者，如王充、章太炎等人的观点进行驳斥。在课堂讨论时，学校师生批判非孔者的观点，极力维护孔子神圣地位，具有保守落后的学术色彩。不过这些题目内容所涉及范围基本属于传统经典，同时也是近代蜀学研究主要范畴。尤其是有关中医的讨论，这在当时国学教育机构中较为少见，传统中医理论尽管充斥一些迷信思想，但也不乏实用医学知识。学校师生在讨论时把中医理论也纳入到国学范畴，拓宽了对国学内涵的认知。这些讨论题目体现学校在保存民族文化，促进蜀学发展等方面的特殊贡献。从这些题目内容的讨论一方面要看到国学院具有保守落后特征，另一方面也要肯定学校保存传统文化的成绩。

　　在课程考试方面，学校每学期公布一次学生的考试成绩，条目非常详细，学生学业情况一目了然。② 在学校日常测试上，校方鉴于从存古学

---

① 《国学学校季课题目》，《国学荟编》1914 年第一期。

② 国学院旧班学生的成绩表，参见《国学院附设国学学校旧班学生历年成绩总分表》，1913 年 5 月初十日，四川大学档案馆藏，卷号：26。

堂转入的学生的学术根基和学习进度普遍较佳,因此,学校决定他们可以免试,但免考学生名单需要经过校方商议,并报教育部门审核后才能执行。① 学校关于学生免试情况提交省教育部门申请,"惟专门以上学校得免学期试验,应由校长及教员会议酌定应免与否,呈请教育官厅核定。学生不得藉端要求等因,当由本院延集各科教员公同会议。惟新班学生学级本非高等授课,亦未分班,仍应按照所授各科分门考试,以觇成绩等语。查国学学校旧班本与高等专门同级,且分科讲授,成绩素优,兹由教员公议免考"②。国学院从学生实际学业水平角度衡量,决定对旧班学生免试,新班学生仍将考试测验。此举也减轻了教师阅卷的负担,体现学校评价学生采取较为灵活的措施。

学校对学生试验积分的安排也做出相应规定,"本校学期试验、临时试验均与各学校同。普通各科均得命题试验;生积分一为每月积分,一为学期积分。旧班三年毕业,新班毕业章程另行拟定"③。对学生学业水平评价,学校制定了相应考试制度,实行试验积分毕业方式。国学校规定本校学期试验、临时试验均与其他各类学校相同。凡是开设的普通各科都要在完成一定学时后出题考试。学生积分有两种方式:一种是每月积分,一种是学期积分。学生综合评定标准将每月学期各积分的综合进行平均,同时加入临时积分平均及普通各科积分平均,得出的积分来综合评价这名学生学业优拙。这样的评价方式在当时学校教育中应该算较为科学有效,当然也存在不足之处,部分学生存在偏科严重现象,在个别学科的成绩极好,其他学科则不感兴趣,甚至根本不参加考试测评。例如蒙文通经史科成绩极好,其余学科却并未参加考试,因此综合排名并不佳。④ 类似情况的学生最后得出综合评定分数不高,并不

---

① 《关于旧班免去学期考试的批文》,1913年1月,四川大学档案馆藏,卷号:26。
② 《关于学生免试的咨文两件》,1912年12月14日,四川大学档案馆藏,卷号:25。
③ 《四川国学院附设国学学校章程》,试验积分毕业,1913年4月,四川大学档案馆藏,卷号:1。
④ 关于蒙文通的成绩单后文对此有详细论述。国学学校校长:《呈送民国元年第一学期学生试验积分表、操行分数表。民国元年上下学期试验积分表,操行分数表及各表册》,1914年8月,四川大学档案馆藏,卷号:27。

能反映这个学生综合素质究竟如何，这种现象在中国的中等教育之中导致的弊端也一直延续至今。

1913 年，在保存下来一份完整的国学院学期考试题中可以看出学校考试内容十分庞杂，不仅涉及经学、史学、词章、理学等学校主课内容，还包括地理学、法学、实验心理学、算学等通识性教育内容。①

经学分别在《尚书》、《毛诗》、《礼经》、《周礼》、《礼记》、《公羊》、《穀梁》、《左传》、《论语》、《孟子》中出题，目的在于考查学生读经释经能力，题型与如今文史考试的分析和论述题大致相同。具体题目有"《尚书》问：刘歆称，《太誓》后得博士集而读之。据伏生《尚书》大传，则《周传》佚文有武王祭毕升舟及丙午逮师诸节，是伏生所传之经，非无《泰誓》。顾与二十八篇之数，复不相合，试诠其故；《毛诗》问：《笙诗》六篇，《毛诗》存其序。齐、鲁、韩三家是否亦存其目？抑以三百五篇为备，试各述所知以对；《礼经》问：古今文异同备载。郑注有字异而音义亦殊者，有字殊而音义弗异者，试各举以对；《周礼》问：《小司徒》井牧田野，有九夫为井，之父遂人掌治野，则云十夫为沟，二制不同，释者各滋异说，宜以何解为允？《礼记》问：《曲礼》下篇及《檀弓》下篇，多属春秋师说，试各举以对；《公羊》问：《传》有伯讨之文，又有下无方伯之文，伯与方伯是否有殊？试述所知以对；《谷梁》问：范例谓《春秋》上下无王者，凡一百有八，桓无王者，见不奉王法。除公无王者为不书，正月不得书王，以传例证之，其说允否？《左传》问：五十凡例之说，刣自杜征南，以为周公礼经，汉儒之例，则以凡与不凡，无新旧之别。二说不同，孰得孰失？《论语》问：《子罕篇》达巷党人，《史记》作达巷党人童子，《汉书》孟康注项橐，其说允否？《孟子》问：孟子言性善，董子以性禾善米为喻，异同安在"？②

经学是考试的主要内容，所占比例很大，与国学院课程设置经学保持独大紧密相关。这也是延续着存古学堂的经学教育，国学院不仅是

---

① 《院附设国学学校经学史学词章三科，学生毕业试验各科题目清册》，1913 年 9 月 19 日，四川大学档案馆藏，卷号：25。

② 同上。

"主礼制学派在四川的基地,也是近代传统学术在四川传承的重镇"①。民国初年,国学院经过多次易名,学校的教学模式也几经嬗变,但在经学学习上,学校始终以"研习经文,必须从《白虎通义》、《五经异义》入手"②。很明显,这是国学院在教学上对原存古学堂的教学模式一以贯之的继承。从试题内容便可看出学校处处彰显存古学堂教学的影子,经学是学校课程的核心内容。

经学尽管是国学院的核心课程,而近代经学地位一落千丈的尴尬却是现实。经学的地位长期在诸子学之上,学人可以批评诸子却不敢批评经学。梁启超就曾感慨:"呜呼!吾不敢议孔子,却不能不罪荀卿焉。"③ 因此,面对近代经学地位不断边缘化,使士人感到紧张与愤怒。曹元弼就认为:"矜奇立异之徒,厌读书而喜盗名,遂至于离经叛道,非圣无法。"④ 他不肯承认是经学本身出了问题,而是将之归罪于欺世盗名者的趋新立异,这种看法本身就充满谬误。当近代西方学科体系进入中国后,更加剧经学地位边缘化。蒙文通就指出:"清末学校改制后,过去的经学科分裂为数科,《易》入哲学,《诗》入文学,《尚书》、《春秋》入史学之类。"⑤ 西方学科体系引入使经学产生分化,哲学、文学、史学将经学内容的划分,让原来体系宏伟庞大的经学被现代学科体系所瓦解,最终消失于无形。近年来,学界对近代经学教育有一些新看法,有人认为"经学承担对各种旧知识维护和延续的责任,也承担着使新的知识、思想与信仰得到理解并获得合法性责任"⑥。近代中国,经学地位迅速没落,笼罩在经学上的神圣光环也逐渐消退,但作为对中国传统知识的维护和延续,经学依然承担着合法性责任。虽然国学院教师对经学的研究有附和袁世凯尊孔复古政策的消极面,但总体来说,国学院教师也担负起传承

---

　① 郭书愚对此有过讨论,参见郭书愚《官绅合作与学脉传承:民初四川国学研究和教学机构的嬗替进程(1912—1914)》,《四川大学学报》2011年第5期。
　② 《国学馆简章》,时间不详,四川大学档案馆藏,卷号:3。
　③ 梁启超:《论中国学术思想变迁之大势》,《饮冰室合集》(文集七),中华书局1989年版,第56页。
　④ 曹元弼:《古文尚书郑氏注笺释》,续修四库全书53册,据复旦大学藏稿本影印。
　⑤ 蒙文通:《论经学遗稿三篇》,《蒙文通文集》第三卷,巴蜀书社1995年版,第150页。
　⑥ 葛兆光:《中国思想史》第二卷,复旦大学出版社2007年版,第477页。

经学的责任，积极因素还是大于消极因素。

史学试验题分别从《史记》、《汉书》、《后梁书》、《晋书》、《宋史》、《明史》中选取，基本上覆盖了古代主要历史事件。题目的时间跨度很长，出题者注重对学生通史能力的考查。具体题目："《史记》列孔子于世家说，《史记·列传》第四十八之目。何以不称韩安国？《外戚·世家》冠诸王上，《汉书·外戚列传》则抑在西域。《后梁书·刘之遴传》又谓：鄱阳王范，得班固真本。外戚次第纪，后盍推求兰台义例。问：刘向称董仲舒、王佐之才，虽伊吕无以加。刘歆以为未及游夏，其说孰得？读《晋书·八王传》：孟昶、孟怀玉为从昆弟。何无忌、刘敬宣则中表兄弟也。昶死于迁都之议，怀玉死于广固之师，无忌死于卢循之寇，敬宣死于司马道赐之刺，皆在义熙中。而《宋书》于昶、无忌特称晋臣，怀玉、敬宣别入。《宋传》其意安在"？[1] 词章部分的题目主要就历史上一些文人雅士的交游为题，出题人拟定好题目后让学生做文章以考察学生的文学功底和文笔水平。具体题目："栈道赋；拟应休王连与侍郎曹长思书；拟沈休文《宋书·恩倖传》论；拟谢叔源游西池；拟沈休文宿东园。"[2] 理学题部分，主要是考查学生对于朱子学说的一些自己的认识，目的是希望学生能有自己的见解，而不是人云亦云。具体题目如下"问：克己复礼，宋儒诂己为私欲。其说当否？问：朱子晚年学术与早年、中年有无异同"？[3] 值得注意的是，理学在国学院课程设置上变化很大。理学地位大幅下降，由清末存古学堂的"主课"下降到与算学、舆地等选修课并列的"普通兼习科"。在课堂教学上，理学课程由各科教员"合新旧两班教授"，反映出学校教师不再那么看重理学的作用。

地理、法学、心理学、算学属于学校开设的"副科"，学生学习这些学科只需要有一个通识性了解便可。在测试中，这部分试题的内容难度以及所占分值都不高。出题内容相对也较为灵活，有助于学生有自我能

---

① 《院附设国学学校经学史学词章三科，学生毕业试验各科题目清册》，史学部分，1913年9月19日，四川大学档案馆藏，卷号：25。

② 同上书，词章部分。

③ 同上书，理学部分。

力发挥的空间。具体试题:"问:卢梭《社会契约说》中国因素,诸子问与相符。试举其证;孔子立教,以智、仁、勇为达德,即普通教育。德行、言语、政事、文学即专门教育。试即孔子培养人格及构成国家之主义而阐明之;希腊、罗马以教育为文饰,限于自由民。中世纪,耶稣重平等主义,破除阶级。然束缚于宗教,不能思想自由。问:泰西学校以德育、智育、体育并崇。中国古代亦崇体育,试举见于群经者为证"①。在试验教育心理试题中还出现了让学生阐述"以中世纪耶稣重平等主义,却束缚于宗教不能思想自由。近世纪科学发明,重实利,崇人道,教育愈备的角度,试证中国文胜变质宜取法西学"② 这样一类中西比较的试题。这些涉及西方文化常识内容出现在试题中,表明学校对西方文化在一定程度上的接纳。

　　值得注意的是,试题中出现对希腊罗马自由平等观念的诠释,某种程度上表明民国建立后,自由与民主的观念的确开始逐渐深入人心。不过,试题中尽管出现西方人文科学中有关阶级、平等、自由、科学等新词汇,③ 但对这些反映西方文化和制度词汇的含义,出题者显然是不认同的。这反映出近代国人具有的对西方文化制度不甘心落后的心态,即"你有的,我原来也有。我原来有的与你有的相近似。你做得到,我也做得到"④。出题者认为这些词汇之间是一种矛盾关系,并不能促进社会进步与国家发展。题目最后向学生提问"证以中国文胜变质宜取法西学者,何在"?这才是出题者真正的用心,也是"中学为体、西学为用"思想在学校教育中的继续和延伸。因此,有学者指出:"这一时期的国学,无论从主张、章程、题目看,抱残守缺的一面更为凸

---

　　① 《院附设国学学校经学史学词章三科,学生毕业试验各科题目清册》,地理、法学、算学、实验心理学部分,1913 年 9 月 19 日,四川大学档案馆藏,卷号:25。
　　② 同上。
　　③ 冯天瑜在专门对这些词义在近代的转化有详细考证,参见冯天瑜《新语探源:中西日文化互动与近代汉字术语生成》,中华书局 2004 年版,第 525—526 页。
　　④ 在王汎森最近的新作中,他重点讨论了近代国人这样一种中西比附的西方标准心态。参见王汎森《执拗的低音:一些历史思考方式的反思》,生活·读书·新知三联书店 2014 年版,第 17 页。

显，但也吸收西学。"①

试卷设定了各部分试题分值所占比例，总分是一百分。其中，经学部分占了六十分。史学、词章、理学三个部分一共占三十分。地理学、法学、教育心理学、算学占十分，这部分试题学生无须全部作答，选择两个部分作答即可。选做题、百分制都是近代以来教育评价的新方法，在国学院时期，学校已经采用这种考试评价方法，足见其"与时俱进"的意味。同时，西方自然和人文科学所占的比例也有所提高，这部分学校的选修课内容纳入考试之中已经是很大进步。学生要完成这样一份答卷，需要具备良好学问根底。从出题范围所涉及学科看，国学院除了考察学生的经史功底外，还包括对西学知识的掌握。尽管出题者目的是"以西学证明中学"②，但也初步培养了学生融会贯通中西文化的能力。

四 政治权力对学校日常事务的介入

民国初期，中央并未实现对地方的真正统一，甚至中央的权力结构也并不稳定。这时期中国政治的格局是"南北大小军阀逐渐形成割据局面，中央政府逐渐失去对地方的控制力"③。受中央政府和地方实力派博弈的影响，四川军政长官也不断变换人选。各种势力明争暗斗与拉帮结派，甚至直接发生武装冲突，此时四川的政局呈现出纷乱的景象。

在对待国学教育的态度上，由于四川军政长官大多受过传统教育熏陶，具有良好的旧学根底，他们出于学术与政治方面的考量，对国学院创办和发展都较为关心。四川军政都督尹昌衡从小就对传统文化耳濡目染，1897年，尹昌衡曾进入尊经书院学习中国传统文化。④ 同样，包括张培爵、胡景伊、杨庶堪等四川军政长官也都不同程度接受传统教育，他

① 桑兵：《晚清民国的国学研究》，北京师范大学出版社 2014 年版，第 11 页。
② 这与国粹派的主张有一脉相承，参见《国粹学报发刊辞》，《国粹学报》（三），广陵书社 2006 年版，第 4 页。
③ 罗志田：《"有道伐无道"的形成：北伐前夕南方的军事整合及南北攻守易势》，《中国社会科学》2003 年第 5 期。
④ 娄献阁、朱信泉主编、中国社会科学院近代史研究所编：《民国人物传》第十卷《尹昌衡》，中华书局 2000 年版，第 42—44 页。

们对传统学术的延续与传承都较为重视，^①这是传统学术在近代四川能够发展的幸运之处。四川地方政治权力对国学院的影响几乎是伴随学校发展过程始终，由四川军政府一手建立起来的国学院，在办学各方面都与地方政权紧密相关。从1912年到1913年这一年内，校方呈报给四川军政府关于学校建设、招生、师资人员调配、学务工作的各种汇报以及军政府对此的各种批示看，地方政治权力对学校教学活动的介入很深。^②

四川军政府成立伊始就发布渴求人才的告示告知省内各学堂，但凡能为政府出谋划策以拯救危局的贤士，军政府都倍加礼遇。"大汉初兴，需才孔急。本军政府成立以来，不惜揭力探求，虚怀延访，无如贤达之才，戒守干禄，高尚之流义，不苟进不有推荐之方，遑济艰危之局。尚其各举所知，依法介绍，勿隐勿滥。本军政府有厚望焉"^③。此告示体现出四川军政府对人才的渴求。四川军政府成立初在政治上还肩负着反满的责任，故以"大汉"为政权名称。在民国政府完成全国形式上统一后，地方政府的名称自然要和民国政治制度保持一致，军政府也正式更名为四川都督府并发布通令告示全川"前值光复伊始，对于满清而言，故权用大汉名义。现在民国统一，已定为中华民国，不用大汉二字，本军政府现亦改为中华民国四川都督府"^④。大汉军政府改名四川都督府后不久就照会国学院，催促国学院核销本年度收支各款以便做账及预算新学年的财政拨付，"本年各预算惟贵司一处尚未造报。务于文到五日内，漏夜赶造齐咨报过司，以便稽核。现据省议会开会之期仅有月余，表册到司尚须逐一审覆。如再迟延，预算如尚未办成，谁任其咎"^⑤？足见省府

---

①　参见李新、孙思白主编、中国社会科学院近代史研究所编《民国人物传》第一卷《张培爵》，中华书局1978年版；朱信泉、娄献阁主编、中国社会科学院近代史研究所编《民国人物传》第十二卷《杨庶堪》，中华书局2005年版；熊尚厚、严如平主编、中国社会科学院近代史研究所编《民国人物传》第十一卷《胡景伊》，中华书局2002年版。

②　在国学学校的档案中，省政机关的综合性文件内容极为丰富，政治权力对于学校各方面的控制和影响是显而易见的。参见《省政机关综合性来文》，1919年7月—1926年9月，四川大学档案馆藏，卷号：20。

③　《送来推荐人材章程一本的通知》，时间不详，四川大学档案馆藏，卷号：17。

④　《军政府改为中华民国四川都督府的通知》，1912年1月，四川大学档案馆藏，卷号：17。

⑤　《催国学院呈请核销元年二月十八日至三月底收支各款》，1912年5月，四川大学档案馆藏，卷号：17。

对学校日常经费拨付的高度重视。

国学院的人事变动也较为频繁，不断有人离职也不断有新人加入。学校任何的人事变动都需要上报都督府，由四川都督本人亲自考核审批。张培爵接替尹昌衡担任四川都督时亲自审批关于国学院的多项人事任命，在国学院档案中均有详细记录。其中，都督府多次任命国学院会计人选就体现出这一点。1912 年 8 月 14 日，四川都督府任命谭符揆任国学院会计，"前委国学院会计曾学孔因事辞职，现另委谭符揆到院办理收支事宜"①。不过仅过半月，即 8 月 30 日，都督府又任命彭治平为学校会计，"前委国学院会计谭符揆因事辞职，现另委彭治平为会计长办理院内一切会计事宜"②。不到一个月时间，国学院两名会计相继辞职离任。会计长负责学校的财务经费管理，也负责跟都督府进行学校经费申报，职责重大。在原来会计长离职后，张培爵立即任命新人接替以确保国学院会计长一职不致空悬。国学院院员和编辑员职位的人事变动，张培爵也根据学校申报有关材料进行人事安排。他任命张萝渔、黎尹聪为国学院院员，"查国学院院员一席，兹有张君萝渔，黎君尹聪堪以胜任"③。叶先甲、林思进被任命为国学院编辑员，"查国学院编辑员一席，兹有叶先甲、林思进君堪以胜任"④。学校人事安排均由都督府职掌，国学院在人事任免上受都督府严格控制。

国学院学生是否遵守规章制度，都督府也十分重视。四川军务处总长曾承业向四川都督府呈报，国学院有部分学生穿着川军的军服招摇过市，学生此举混淆与军人区别，甚至冒充军人进入茶馆等场所，造成一定社会混乱。为此，四川都督府向国学院照会严禁学生穿着军服以免混淆，以别区分，"据总务科单报，严禁穿着军服而免混淆以别区分。前来

---

① 《咨照国学院委任谭符揆到你校办理收支事》，1912 年 8 月 14 日，四川大学档案馆藏，卷号：34。

② 《咨照国学院另委彭治平到你校任会计长》，1912 年 8 月 30 日，四川大学档案馆藏，卷号：34。

③ 《咨照国学院现关聘张萝渔、黎尹聪为你院院员》，1912 年 11 月 2 日，四川大学档案馆藏，卷号：34。

④ 《咨照国学院，现关聘叶先甲、林思进为院编辑员》，1912 年 11 月 7 日，四川大学档案馆藏，卷号：34。

当经本都督批呈,悉仰候咨商民政长分别通令遵照,缴除批印"①。可见学生的日常行为规范,都督府也是严格掌控,学生一旦有违反规定的举动,都督府都将责成学校进行严加管制。

民国政府还规定了一些纪念日,有民国纪念日、孔子诞日、地方纪念日、本校纪念日。②与民国纪念日相对应,四川将脱离清廷统治的日期设为"光复节"③。在1912年第一个"光复节"到来之际,四川教育司长沈宗元照会包括国学院在内的四川各学校,川省政府宣布四川旧历七月十五定为川省光复纪念期,十月初七定为全川光复纪念期。纪念日到来时,四川将举行一系列庆祝仪式,届时各学校应派人参加庆典活动。"民国纪念日期业经中央公布,惟吾川可作纪念之事实日期亦有数端,颇关重要,未便付诸阙如。一为旧历七月十五,宜定为川省发难纪念期;一为旧历十月初二,宜定为川省光复纪念期;一为旧历十月初七,宜定为全川光复纪念期。现已改行阳历,自民国元年起,以后七月十五纪念日,即永改为阳历八月二十七日;十月初二纪念日,永改为阳历十一月十日;十月初七纪念日,永改为阳历十一月十五日。届期各官厅暨军民人等,均一律举行纪念典礼"④。国学院纪念"光复节"的活动具有象征意义,国学院尽管以研究传统学术为宗旨,在办学上沿袭存古学堂教学模式,但国学院表明将遵照民国所颁布的各项光复纪念决定,在政治上坚定支持民国制度。民初政治风云变幻,学校为延续办学也顺应不断变换的复杂政局。

1913年10月,袁世凯被国会选举为中华民国大总统,四川行政长官几乎都换成袁世凯的亲信。袁世凯当选民国大总统,川省各级官员自然极为重视。四川政府照会各学校要求举行袁世凯就任大总统的庆祝典

---

① 《咨请你校教育学生严禁穿著军服以免混淆军人及呈文》,1912年11月,四川大学档案馆藏,卷号:21。
② 《教育部公布学校学年学期及休业日期规程》,载《教育部编纂处月刊》1912年第二卷第二册。
③ 张廷休:《近代革命纪念日》,上海民智书局1928年版,第10页。
④ 《四川旧历七月十五宜定为川省光复纪念期,十月初七宜定为全川光复纪念期,希届时举行纪念》,1912年11月,四川大学档案馆藏,卷号:17。

礼，"民国正式大总统选定，省城各界举行庆祝典礼。凡在省城各学校，均定于本月二十五号放假一日，以昭盛举"①。省府要求省城各学校放假一天对袁世凯当选以示庆祝，足见川省军政长官与袁世凯的亲密关系。国学院教师为袁世凯尊孔复古政策进行大肆鼓吹，除了他们自身尊孔外也有重要的政治考量。袁世凯当选大总统后，国学院就清理官产一事向大总统和国务总理递交呈文，这在国学院所呈报的文件中直接向"中央"汇报的文件，较为少见。呈文内容主要涉及学校土地征用和官产使用分配情况，这是维系学校生存的基本条件，"窃维官有财产，系属税外之财源，足充临时之财用，已为学说所共认。各国所实行令者，财政困难达于极点，官产零乱散诸各方，遗利弃财，实为可惜。处理收益，更无可缓。顾官有财产种类繁多，而以土地、建筑物两者为大宗。即此两者散在各处，为数若干，现状何似。部中历来案卷阙然无者，考焉弗详。故欲处理收益，必先以清查之，计划之密，事务之繁，非有专司，恐难集事。故较特派委员尤有便利之处。惟遇有特别事情时，始行由部特派委员办理。此本部委托各行政机关办理清查事宜之用意也"②。国学院希望调查官产情况，清理国学院的财产以扩大学校收入的来源，但校方又不敢擅作主张，只能向中央政府提出申请，希望中央能派人协助清理。

因袁世凯继任民国大总统，不是袁世凯亲信的张培爵去职，四川都督府长官换成袁的心腹胡景伊。从 1913 年起，国学院人事安排方面的审批转由胡景伊负责，包括国学院院副和院员的任命。国学院给胡景伊的报告中对新聘任的院副和院员情况进行说明，以求获得批复，"案呈民政长，现已聘请曾笃齐君担任国学院院副，周紫庭君担任院员"③。尽管四川军政人物不断更迭，但对国学院各项事宜的审批并没有中断。他们对国学院发展相对而言还是较为关心。国学院向胡景伊呈报有关期

---

① 《关于大总统当选庆祝典礼的通知》，1913 年 10 月，四川大学档案馆藏，卷号：21。

② 《关于清理官产的呈文》，时间不详，四川大学档案馆藏，卷号：17。

③ 《咨照国学院现关聘曾笃齐为你院院副，周紫庭担任院员》，1913 年 4 月，四川大学档案馆藏，卷号：34。

末考试情况,四川都督府在回函中讲:"考核学生成绩,以学期试验为重。本年上届学期,曾经前兼署民政长胡函请贵校照旧举行考试在案。现下学期将毕届时仍应举行试验,以资考核,并将办理学期考试情形,暨各生成绩于本年终报署备查。是为至要。"① 都督府认为考核学生学业成绩应该是以考试试验为主,并要求下学期继续考试试验,以检测学生学业水平。

国学院将学生成绩汇总上报以备都督府查验,一方面体现都督府对国学院学生课业的重视,另一方面也表明国学院日常教学各环节都受都督府严格控制。无论是学校的课程设置还是期末考试内容的选定,都督府都对学校呈报的情况进行相应干预。胡景伊主政时期,四川都督府成员基本是袁世凯亲信,政府控制干预学校教学日常,使学校在教学上与袁世凯尊孔复古主张相符合,② 国学院校内也凝聚一批主张尊孔的读书人。政府的政治主张与学校教学相结合,使国学院逐渐成为四川学界尊孔复古的桥头堡。

第二节　国学学校在艰难曲折中的办学

一　游离于部章之外的易名周折

在四川国学院建立初,国学学校是作为一个独立教学机构附设在国学院下。校方在呈报给四川军政府函文中对学校有关情况做具体说明,"本校设于四川省城南前清存古学堂旧址,现与国学院合并,一切仍旧;学生定额一百名,分经、史、词章三科。旧班由前清宣统二年入校,即作为第五学期。新班分甲、乙二班,甲班元年下学期入校,乙班二年上学期入校;房舍占地八万四千一百九十五平,方尺余地六万七千四百九十一平。方尺计讲堂二间,自修室、寝室二十四间,浴室六间,食堂一间,教员室七间,职员室五间,司事室九间,仆役室七间,阅报室一间,会客室二间,藏书室二间,储藏室一间,厨室二间,厕所七间,与国学

---

① 《函知你校仍照旧举行考试》,1913年12月,四川大学档案馆藏,卷号:21。

② 《有关各历书改洪宪号的通知》,1916年1月,四川大学档案馆藏,卷号:18。

院并在一处；本校附设国学院，常年经费即由国学院一并报销。"① 在这份函中可以了解到，国学学校完全是从存古学堂延续下来的。到了民国时期，存古学堂更名为国学学校，与四川国学院合并办学。学校的校园占地面积不算小，跟现在普通中学的校园面积相当。学校拥有寝室、浴室、食堂、阅报室、会客室、厨房等，硬件配套设置一应俱全，这跟书院、学堂时期的教学条件相比较而言，国学学校办学条件已经明显改善。

国学学校的发展历程是较为曲折的，在短短的十六年间，学校内部机构的设置经历了好几次的重组，学校的名称也经历了多次易名，易名原因是国学学校办学的自始至终都与教育部相关法令相违背。1912 年 10 月，教育部颁布《专门学校令》，一共列出了十类专门学校，包括法政专门学校、医学专门学校、药学专门学校、农业专门学校、工业专门学校、商业专门学校、美术专门学校、音乐专门学校、商船专门学校、外国语专门学校，② 并规定"各地方应设学校外，确有余款，依本令之规定设立专门学校，为公立专门学校。凡私人或私法人筹集经费，依本令之规定设立专门学校，为私立专门学校。公立、私立专门学校之设立、变更、废止，均须呈报教育总长，得其认可。专门学校学生入学之资格，须在中学校毕业或经试验有同等学力者。凡公立、私立学校不合本令所规定者，不得称为专门学校。"③ 这十类专门学校，无论是公立还是私立，没有一类是以传统学术教育为主的专门学校。教育部令并且强调如果办学不符合教育部规定便不能称为专门学校。④ 很明显，教育部不认可前清存古学堂在民国教育中继续存在，这就为四川官方和学界希望延续存古学堂教育模式增加了很大的难度。

不过，学校教师没有放弃努力，在向四川军政府提交的报告中，他

① 《四川国学院附设国学学校旧班新班学生学籍表既国学学校简章及平面图表册》，1913 年 4 月，四川大学档案馆藏，卷号：1。

② 《教育部公布专门学校令》1912 年 10 月 22 日，部令第 16 号，载《教育杂志》1913 年第四卷第十号。

③ 同上。

④ 《教育部：通咨各省专门学校一律正名某省公立某某专门学校报部备核文》，载《教育新法令》1912 年第四册。

们指出:"现在民国初立,专门人才需用孔急,此项国立学校固应早日设立。惟国家税与地方税尚未划清,分别殊无标准,且中央对于各省如何设置,尤应通盘筹划。目前经费奇绌,深恐一时设备势难蓑珍完密。前以各省军兴,专门学校率多停课。本部成立以后,曾经电请转饬已经开学者力予维持,未经开学者迅筹上课在案。现大局已定,本部制定各种专门学校规程,亦经先后公布,自应遵照办理。即依专门学校令第二条规定,正名为某某专门学校,并系以某省公立等字样,以归一律。"① 经学校全体教师公议后,由四川省当局批准,"附设国学专修科"再次更名为"国学学校",四川国学院正式定名为四川国学院附设国学学校。学校经过一系列的易名,就与教育部要求专门学校名称一律为"某省公立某某专门学校"的规定十分接近,避免国学院被教育部取缔的危险。四川官方和学界联手共同努力,通过更改校名的方式让学校得以保存,然而易名后的国学院依然和教育部政令相违背,学校的办学前景并不乐观。

尽管国学院与教育部规定相违背,但胡景伊考虑到学校在读经尊孔上具有特殊意义,要求保留国学院继续教学。② 1914 年 3 月,由于四川政局不稳,连年战乱,四川地方政府的财政收支也日趋紧张。四川省行政公署为节省开支决定缩减国学院的办学经费,遂要求废除国学院,仅保留之前只是附设于国学院下的国学学校,以便能够把有限的财政资金集中起来全力办好国学学校。随即四川国学院名称被废止,学校更名"四川国学学校"。③ 原来国学院的师资和学生全部归并到新成立的国学学校之中,学校基本的人员构成较国学院时期没有太大变动。从 1912 年到 1914 年的两年时间,学校校名先后经历了国学馆到国学院附设国学专修科,再与原存古学堂合并后改称国学院附设国学学校,最终定名为公立国学专门学校的折腾过程。校名如此频繁的变更,一方面与办学经费紧张,以及政局动荡不稳所造成的影响有关,另一方面也体现四川地方政

① 《国学院咨请改名呈文及民政府批示》,1912 年 11 月,四川大学档案馆藏,卷号:7。
② 熊尚厚、严如平主编、中国社会科学院近代史研究所编:《民国人物传》第十一卷《胡景伊》,中华书局 2002 年版,第 213—216 页。
③ 《四川国学学校中华民国元年起至四年止历年调查沿革表》,时间不详,四川大学档案馆藏,卷号:1。

府与国学学校教师付出的努力，试图在民国新教育体制外，保存传统学术教育机构。官方和学校竭尽全力使国学院避免遭到停办厄运，使原存古学堂的教学模式在民国时期通过国学学校形式不间断地办理下去。国学学校的保存和办学培养了从事中学国文教学的师资力量，也培养了从事经史研究的专门人才。

1918 年 6 月，教育部召开全国范围内专门学校校长会议，会议就全国公立专门学校的学制改革进行讨论。会后颁布了学制改革办法，学制改革主要涉及重新制定学科的名称、教师薪资、课程设置等内容。[①] 其中，对传统学科名称的更改具有近代学术转型的意义，教育部要求"将旧式学堂经学、史学、词章之名，改为符合现代西方学科设置的名称。在新的学科系统中便不再有经学这门学科。经学被拆分进入了哲学、文学、历史学之中"[②]。1918 年 9 月，经四川省长公署的批准，四川国学学校参照教育部定章改原来的经学、史学、词章三科为哲学、历史、国文科。[③] 学校校名也定名为"四川省公立国学专门学校"，[④] 这是学校对外的正式全称。不过，当时的四川学界仍然习惯用称呼学校为国学学校。

后来组成公立四川大学的六所专门学校，四川国学学校是科类和校名"变更最晚的专门学校"[⑤]。但如前文所述，民国教育部所公布的专门学校门类并没有国学专门学校，国学学校的存在本身就是在四川政府和学界共同努力下经过变更校名，尽量让学校办学符合教育部章程。因此，国学学校尽管是专门学校，但它又与教育部规定的专门学校特征有所不同，体现出一种复杂纠结的过程。在以后具体的办学中，这种纠结就体现的日益明显。[⑥] 科类名称更改较晚，反映学校教师守旧不愿顺应形势去主动更改学科设置。当然，民初这样一种学制的更改也暴露出一定的问题，王国维就

---

① 《专门以上学校校长会议预行讨论问题》，1918 年 6 月，载《教育公报》1918 年第十期。

② 中国第二历史档案馆：《中国民国史档案资料汇编》第三卷《教育》，江苏古籍出版社1991 年版，第 115 页。

③ 《四川省长公署公函》，1918 年 12 月 31 日，四川大学档案馆藏，卷号：7。

④ 《关于改组国学专门学校的报告》，1918 年 12 月，四川大学档案馆藏，卷号：7。

⑤ 《四川大学史稿》，四川大学出版社 1985 年版，第 40 页。

⑥ 《国学院咨请改名呈文及民政府批示》，1912 年 11 月，四川大学档案馆藏，卷号：7。

曾感叹:"今舍其哲学而徒研究其文学,欲其完全解释,安可得也?"[1] 国学学校教师对学科设置的抵制,也反映出近代国学研究存在的学科藩篱局限困境。

国学学校要求学生入学须有国学根底,不少学生有前清举人、贡生、监生等功名,这也是存古学堂时期招生传统的延续。刘师培指出学校最终定名国学学校是因为:"复兴旧宇,俾终厥学。由是众谋佥同,定名国学学校。矩则所沿,颇有改易,叙经致业,相承无改"[2]。与国学院时期比,国学学校的校规有所变动,但在教学上国学学校与国学院一脉相承。近代四川,国学学校逐渐成为保守思想的基地,同时国学学校也是四川乃至全国的国学研究中心之一。四川国学学校这个正式校名,此后就没有再变更过。清末民初,四川地方政府在成都创办了不少专门性质的学校,"辛亥后,四川成立不少专门学校。但有的因为不符合章程,有的因为教学内容空乏,后来停办的也很多"[3]。最后,在成都只有国学专门学校、工业专门学校、法政专门学校、外国语专门学校、商业专门学堂、农业专门学校等六所专门学校继续办学。[4] 国学学校之所以能得以保存,一方面是四川学界为延续传统教育不惜违背教育部章程的不懈努力,另一方面是尊孔复古的政治需要,也是四川地方权力和中央统治博弈的复杂结果。这六所专门学校在办学性质上除了国学学校以外,都是以实用技艺类为主的学校。无论从顺应时代发展,还是从学生就业的角度上看,国学学校都是最不占优势的,学校能继续维持下去便显得更为不易。

二 学校在国学教育上的继承与变通

1914 年,国学学校在汇报国学学校成立一周年的概况时,分别就教师情况、学生情况、学校教学进展、学校未来发展计划方面做了详细报

---

① 王国维:《奏定经学科大学文学科章程书后》,《王国维全集》第十四卷,浙江教育出版社 2009 年版,第 37 页。

② 刘师培:《国学学校同学录序》,《刘申叔遗书》(下),江苏古籍出版社 1997 年版,第 1793 页。

③ 皆木:《四川教育的今昔观》,《四川教育评论月刊》1936 年第二期。

④ 同上。

告。在学校职员的情况方面，"校长刘师培以国学院院副兼任，于民国元年十月到校。民国二年七月请假回籍。本年三月，学校改组，定位国学学校。全年经费七千二百元。校长，省行政公署延聘廖平接充。齐务长罗元黼，以存古书局督理校刻员兼任，于民国元年四月到校。本年三月，学校改组，复由校长廖平延聘至今。庶务张子梁，以国学院庶务兼任，民国元年十月到校。本年三月，学校改组，子梁辞任，由校长廖平延聘算学教员吴开甲兼任。学监黄镕季，邦后本年三月由校长廖平延聘并兼任经学教员"①。在国学院刚成立时，作为国学院院副的刘师培也同时兼任附设国学学校校长。刘师培在四川停留时间仅一年左右，国学院该组成国学学校时，他已经离川北上，国学学校校长便由廖平接任。与国学院办学时期不同，国学学校校长在一定程度上具有任命学校行政职位人员权力。

从毕业生情况看，国学学校学生人数并不多，"民国二年，毕业学生二名，留级补试学生一名。民国三年，招插班生三十八名。民国三年，斥退学生刘彝、赖锐、杨廷烈三名，以纠众违抗校规等事"②。学校全年办学经费较国学院时期大为缩减，毕业生人数和新招学生人数也有所减少，但学校对学生违反校规的处理依然严格，违纪学生被予以坚决斥退，这是延续国学院从严治校的政策。

学校希望"将来经费能再扩充，拟增修讲堂一所及学生寝室若干处。学生无论新旧班，从本年起均作为预科二年，毕业再升入正三年，照章仍合计五年毕业"③。国学学校学制是三年，比原存古学堂七年学制大为缩减。但为保证教学质量，校方希望在经费充足的情况下增加学校的教室、寝室硬件投入。学校在学制上实行两年预科阶段，国学学校无论新班还是旧班学生，都需经两年预科和三年正式学制教育。学生总共要花费五年时间才能完成学业，保证了学校的教学进度和教学质量的完成。

---

① 《四川国学学校中华民国二年八月到三年七月周年概况报告书》，职员，1914 年 11 月 6 日，四川大学档案馆藏，卷号：1。

② 《四川国学学校中华民国二年八月到三年七月周年概况报告书》，学生，四川大学档案馆藏，卷号：1。

③ 《四川国学学校中华民国二年八月到三年七月周年概况报告书》，未来之计划，四川大学档案馆藏，卷号：1。

　　国学学校师生主要特点是"学生和教师数量较少。学生入学讲求功名资历。学校的课程设置与学生学习方式是以尊孔读经为核心"①。国学学校任课教师先后有黄镕、戴孟恂、陈文恒、宋育仁、龚镜清、辜予渠、陶鼎金、易铭生、邓宜贤、尹端、盛世英、龚道耕、徐炯、饶焱之、曾海敖、谭焯、余舒、萧仲仑、朱青长、龚圣予等学者。② 他们中不少人在国学学校仅是兼职教师,并未全职在校任教。民国时期,实际上不少专门学校教师也都是以兼职身份到校任教。

　　在招生方式上,国学学校也做了一些变通。在国学院时期,除存古学堂学生自动转入就读外,学校新招收学生必须通过入学考试才能入校就读,而国学学校要求入学者必须有国学根底,具有国学根底的学生只要通过地方官署和省内知名学者介绍,就可以不经考试通过甄别注册方式入校读书③。直到 1918 年前,国学学校的学生构成除小部分来自中学外,主要是年龄在二十到四十岁之间具有举人、贡生、秀才、监生等功名的士人④。这些士人的功名除参加科考取得以外,还与清末时期学堂以功名奖励学生出身有关。1896 年 6 月,孙家鼐在奏折中称:"中国素重科目,不宽予以出身之路,终不能鼓舞人才。"⑤ 他认为给予学堂的学生以功名能够激励学生,鼓舞他们有志学业。杜亚泉则强烈反对此法,认为学堂奖励学生出身乃教育之害,"贻害今日之政治,流毒于将来之社会"⑥。通过学堂奖励出身,原存古学堂的部分学生有了功名,这些人的"国学根底"尚可,他们对保存国粹,传承传统文化自然是支持的。国学学校招收他们入校就读,也有助于提高学校国学研究水平。

　　国学学校对具有国学根底的学生如果有相关机构和学者推荐便可免试入学,这种方式虽体现不拘一格降人才特点,但同时也反映出学校招

---

　　① 《四川国学学校章程》,1914 年 2 月,四川大学档案馆藏,卷号:7。
　　② 《咨送财政司国学馆并入我院后现员名册及人员一览册》,四川大学档案馆藏,卷号:35。
　　③ 《四川国学学校章程》,1914 年 2 月,四川大学档案馆藏,卷号:7。
　　④ 参见《四川国学学校民国二年上学期旧班第十学期学生姓名年贯表》,1913 年 4 月,《本堂沿革表、一览表》,四川大学档案馆藏,卷号:1。
　　⑤ 孙家鼐:《议覆开办京师大学堂折》,陈学恂主编《中国近代教育史教学参考资料》(上),人民教育出版社 1986 年版,第 432 页。
　　⑥ 杜亚泉:《论今日之教育行政》,《东方杂志》1911 年第八卷第二号。

生上的困难。当时中学毕业有国学功底的学生数量不仅较少，大多数年轻学子也因前途考虑，不会报考就业面很窄的国学学校。国学学校为保证生源，更多只能从前清有功名学生中招收新生，这是国学学校不得不面临的现实困境。从 1912 年初到 1915 年底四年间，国学学校在校学生人数分别为 100、86、90、76 人，专任教员人数分别为 11、12、7、6 人。①国学院易名国学学校后，学生数量和专任的教师数量都有所减少。学校教员一般由原国学院的院员担任，他们基本上都是前清遗老或有功名的士人。因此，在政治主张和学术观点阐释上看，学校教师大多属于思想保守派人士。近代四川学术界称国学学校为是一个"封建堡垒"，②主要就是针对这些教师具有前清科举功名身份以及他们保守的学术思想主张。不过，学校教师尽管大多属学术保守人士，他们极力提倡尊孔读经悖逆了时代发展潮流，但他们传统学术功底较为深厚，在传统学术的研究上有独到见解，也在一定程度上促进了民国时期的国学研究进步。

国学学校在课程设置上依然延续国学院时以经史课程为主。为响应教育部学科名称变换，国学学校后来以哲学、文学、历史学的分类，教授原来的经学、史学、词章、理学内容。③学校还规定每周各门课程的授课时间，一定程度上限制教师随意调整授课时间。学生学习经学方式依然按照《国学院章程》的规定，学生入校后必须专攻一种儒家经典，不得随意更改。学生在教师指导下以钞书、点书、写杂记的方式进行学习，教师只负责导读，学生研究、探讨问题"要弘扬本经，以本经为主，不得标新立异"④。学校教师在教学上极为提倡学生在研读经典时"钞书"，这是国学学校独特的教学方法。蒙文通在国学学校求学就是按照这种方法来学习经学，他也对这种方式很认同。所谓抄书一遍其义自

---

① 学校具体的学生名单，可参见《四川国学院附设国学学校民国二年上学期旧班第十期学生姓名年贯表》、《四川国学院附设国学学校民国二年上学期新班第二学期学生姓名年贯表》，1913 年 4 月，四川大学档案馆藏，卷号：1。

② 四川大学校史编写组编：《四川大学史稿》，四川大学出版社 1985 年版，第 41—42 页。

③ 《本校 1910 年—1925 年文科哲学科学生成绩表》，1920 年 9 月，四川大学档案馆藏，卷号：28。

④ 《四川国学学校一览表》，1914 年 4 月，四川大学档案馆藏，卷号：1。

现，抄书不是盲目的单纯抄写文字，抄书的过程也是学生不断思考和领悟的过程。这种教学模式对蒙文通的教育理念有终生影响，他后来指导自己的侄子蒙季甫、儿子蒙默研习经典时也使用此方法教导他们对经书的理解和思考。蒙季甫后来回忆，蒙文通曾要求他将清代进士秦蕙田所著《五礼通考》、《礼书通故》两书中"同一问题，所据不同经文和各家异说，分别条列出"①，蒙季甫一边研读这两部书一边抄写书中内容，"前后花去两年多时间，抄写了四大本"②。钞书的过程加深了蒙季甫对这两部书的理解，也使他学会用比较的方法来思考问题。国学学校教师用钞书的"笨办法"加深学生对传统经典的理解，促使他们在学业上的进步。

国学学校的辅修课以自然科学课程，但课程数量较国学院时有所减少，仅保留教育和算学两门。法学、地理学、心理学选修课则被取消，取消原因大概与经费所限以及学生数量减少有关。③ 学校在学生课业种类和时间安排做了细化，规定了各科每周教授的小时数，其中"经学十三小时，史学四小时，词章六小时，理学一小时，教育一小时，算学二小时。本年三月至七月，各科每周教授时数，经学十四小时，史学二小时，国文四小时，习字一小时，算学四小时"④。在教育部学制改革前，国学学校的课程设置主要有经学、史学、国文、周秦诸子、宋代理学、地理、伦理、教育，其中以经学、史学为主干课程。国学学校章程虽曰实行新学制度，实际上，学校在教学中依然承袭大量过去尊经书院、存古学堂的遗风。⑤ 这种在教学内容和教学模式上既趋新又保守的矛盾关系，也贯穿于国学学校办学的始终。

吴虞后来在给《中国文学院文科七班毕业同学录》作序时，回忆起

---

① 蒙季甫:《文通先兄论经学》,《蒙文通学记》,生活·读书·新知三联书店 2006 年版,第 61 页。

② 同上书,第 62 页。

③ 《四川国学学校章程》,1914 年 2 月,四川大学档案馆藏,卷号:7。

④ 《四川国学学校中华民国二年八月到三年七月周年概况报告书》,学业,四川大学档案馆藏,卷号:1。

⑤ 《四川国学学校章程》,1914 年 2 月,四川大学档案馆藏,卷号:7。

了当年国学学校所谓盛况时讲："国学专校，创自民国。其时吴伯朅师、廖季平前辈、刘申叔、谢无量诸公，聚于一堂。大师作范，群士响风。蜀才之盛，著于一时。予自去岁，讲论于斯。睹学士之多才，幸斯文之未坠。兹逢毕业，共其欣感。高逸独行，拔乎颓俗。包举九流，毋拘于一曲；目营四海，自奋乎百世"①。当时四川学界的名宿吴之英、廖平、谢无量以及因政治原因来到四川的刘师培，他们都同时在国学学校任教。因此，吴虞感慨国学学校在师资上凝聚了四川不少著名学者，有大师云集的辉煌景象。国学学校的师资在吴虞看来已经能够代表当时四川学界较强的实力，的确，吴虞的观察大致不差，国学学校师生在打通四川学术与全国学界的交流以及在创办专业学术刊物，整理金石古籍等诸多方面做出不少成绩，扩大了学校在全国的学术影响力。

三　国学学校办学经费的困境

国学学校的办学经费是由四川省财政司拨付，学校的一切开销都需要向省财政司报送相关材料。国学学校成立初就向财政司呈报学校人员名录和核算情况以便财政司备案，并按照学校申报名录拨付学校教职员工资，"以国学校概算案，既由省会议决咨覆，克日迳送财政司汇总，核以凭转咨等由，当经敝院具造核减确实"②。学校的教职员工均须造册上报四川财政司，这是拨付学校办学经学和教师工资的依据。但四川政府财政困难，使国学学校的办学经费也受到影响。③从国学学校建立之初公布的财务情况可见，学务公所拨款额度每月由国学院将全年款额一并领回。具体办学经费状况见下表：

---

① 中国革命博物馆整理，荣孟源审校：《吴虞日记》下册，四川人民出版社 1984 年版，第594—595 页。

② 《咨送财政司国学馆并入我院后现员名册及人员一览册》，四川大学档案馆藏，卷号：35。

③ 具体见《关于你院新委之院员、编辑员薪俸发放的通知》，1912 年 11 月 30 日，四川大学档案馆藏，卷号：34。

表 2-2　　　　　　　　　四川国学学校办学经费状况

款名	缘起	沿革	利弊	收入原则	收款供何项开支	未报均以光绪三十四年以前为断
学务公所拨款	自宣统二年,前学宪赵详清,前督宪赵香容开讲,所需经费概由学务公所拨给	每年学生有加多,已领经费即当不敷用,临时再请学宪补助,每年招考学生一百名,年纳学费二十元		每月由本堂具详请领全年,共领金券五千三百零八两五钱二分八厘	款由学务公所拨来供本堂教员上薪缮及一切油炭塞星杂用,除炬补学生膳费外专	每年收款均经选择,详请学宪审部
薪水火食杂费	由学务公所拨款,征收学生膳费二项开支。宣统二年开始,每名学生应征收学膳费八元。现住堂学生一百名,薪水伙食杂用等费开支,银一万八千十八两四九钱三厘	本堂自开创时已招学生一百名,现拟添招新生一百名,仍征收学费二十元	学生间有因事不交学费,虽收齐所收学费当以住费,学生报名扣算	所收学膳费,全年约收石四千元	由学务公所收款者三名,口口口务监学教员月薪	每年支款均经选择,详请学究审部

资料来源:四川国学院:《关于拟办四川省城官立存古学堂收款详细说明质问表》,1912 年 9 月,四川大学档案馆藏,卷号:1。

从上表可见,学校共领金券五千三百零八两五钱二分八厘。薪水火食杂费一项是由学务公所拨款,征收学生膳费二项开支。从 1910 年开始,每名学生应征收学膳费八元。现住堂学生一百名,薪水伙食杂用等费开支共计银一万八千十八两四九钱三厘。虽然学生每学年要缴纳学费二十元,但在统计表中也看到部分学生因各种原因并未足额缴纳,甚至有的学生分文未缴学费。

在国学学校办学时期,"本校经费定为全年七千二百元,按月摊支六百元。学生学费,每名每半年缴费五元。"[①] 从这个标准看,无论从政府拨付款额还是学生缴纳学费,都相较国学院时期大幅缩水。四川地方政府从节省财政收入角度考虑将国学院废止,仅保存国学学校。由于办学经费缩减,国学学校教师数量相应减少,学生规模也有所减少,这在一定程度上影响学校的发展。民国教育部对专门学校教职工薪俸有明文规

---

① 《四川国学学校中华民国二年八月到三年七月周年概况报告书》,1914 年 11 月 6 日,四川大学档案馆藏,卷号:1。

定："校长三百元，教务主任二百伍十元，学监主任一百六十元，庶务主任一百二十元，一级学监八十元，二级学监七十元，三级学监六十元"①。而国学学校教职工收支为："校长廖平，薪俸一百七十元；庶务长吴开甲，薪俸三十元；学监黄镕，薪俸五十元"②。这与教育部规定的专门学校管理者收入比明显要少得多。清末时期，四川法政学堂教员的收入"教习每月薪金一百两，译员每月薪金六十两，庶务员兼书记每月薪金四十两，会计员每月薪金三十两"③。而到了1913年，国学学校教员收入为"吴之英，经学教员，一百七十元；廖平，经学教员，一百七十元；曾瀛，史学教员，一百元；刘师培，经学、词章教员，二百八十元；曾学传，理学教员，一百零八元"④。从这两所学校教师收入对比看，民国时期国学学校教员收入反不及清末四川法政学堂普通职员收入多，这阻碍了学校正常运转和教师教学积极性。同时，学校还不断发生教师工资被拖欠以及出现教师工资缩水和学生正常补助迟迟不能拨付等情况，从而导致学生罢课抗议，严重影响学校的正常教学秩序，这让校方感到十分窘迫。

在财政日益窘迫情况下，四川教育司照会省内各校校长，要求校长自愿减少十分之四薪金，以减轻民间负担。"吾蜀自满清以来，民生渐已凋敝，加以去岁十月十八之变，益觉公私交困，不口名言。办事者之权利轻一分，民间之负担即轻一分；办事者之权利重一分，民间之负担亦重一分。师校校长旧受百金，今请减十分之四，只受六十金。自顾已丰，并非过矫"⑤。从都督府的照会中看，民生凋敝使政府财政困难固然是现实的处

---

① 《教育部直辖专门以上学校职员薪俸暂行规程》，1914 年 7 月 6 日部令第 60 号，载《教育公报》1914 年第三期。

② 《民国二年下期及三年第二、三期管教各员一览表》，1914 年 5 月 16 日，四川大学档案馆藏，卷号：35。

③ 《四川学报》，第十三册，章程，四川学务处图书课 1906 年发行，国家图书馆古籍馆藏影印本。

④ 《民国二年下期及三年第二、三期管教各员一览表》，1914 年 5 月 16 日，四川大学档案馆藏，卷号：35。

⑤ 《照会各校师校校长自愿减十分之四金以减轻民间负担》，1921 年 4 月，四川大学档案馆藏，卷号：17。

境,而"办事者之权利轻一分,民间之负担即轻一分;办事者之权利重一分,民间之负担亦重一分"的理由似乎也有说服力。但实际上,财政困难并非因校长收入过高引发,以降低校长收入方式来缓解百姓负担,这本身就是地方军阀政府的托辞。学校校长承担教学和管理责任重大,在学界的私人交游活动较频繁,开支也不低,此次减薪额度几乎占到校长收入一半,如此大幅度削减校长薪资导致他们产生一些不满情绪,妨碍了他们教学和管理学校的积极性。对于学校普通教员的薪资,政府也以财政困难为由不断地克扣和压低他们工资收入,"国基初奠,财政困难,教育经费诸多核减,犹时虞不足。不得不力求撙节,以维持大局。本司筹思再四拟定各学校校长、教务长、监学兼任本校教员者,每周如在四钟以下,可暂免支薪。如在四钟以上可按照该校普通教员钟点薪额支十分之四。若超越此薪额,财本司恕不报销。贵校执事,热心教育,当能共谅时艰"[1]。从四川教育司颁布的条例来看,普通教员一周的课时总量超过了四个小时也只能得到平时薪资额度的十分之四,连一半都不到,更为甚者,如果一周课时总量没有达到四个小时,教员连一分钱薪水都得不到。可想而知,在国学学校办学时期,关于教师薪资拖欠和肆意克扣情况已十分严重。[2]

正如前文讨论国学学校课程的设置除经史课程之外,学校还开设诸如算学、法学、理学、心理学等辅修课程以拓展学生的视野,以提高学生的综合素质。不过,这类课程课时普遍很少,一周也就一个课时到两个课时的样子。如今按照政府所制定课时标准和薪资的关系,讲授这类课程的教师可能一个月就没有任何课时费,仅有一点基础性工资。教育部对专门学校职员的薪俸有明文规定,"专门学校的兼任教员,每小时仅支付两到四元"[3]。因此,这明显违背了部章规定,给教师的正常生活

---

① 《关于校长、教务长、监学任本校教员者每周在四钟以下暂免支薪、四种以上可支普通教员的十分之四的薪水的通知》,1921 年 4 月,四川大学档案馆藏,卷号:17。

② 关于国学学校拖欠教师的工资详细情况,参见《积欠职教员薪数目表(七年前宋校长任内)》,时间不详,四川大学档案馆藏,卷号:35。

③ 《教育部直辖专门以上学校职员薪俸暂行规程》,1914 年 7 月 6 日部令第 60 号,载《教育公报》1914 年第三期。

造成困难。学校有鉴于此后来也削减很多辅修课程，这对学校教育有负面影响。

学校办学经费的困难也相应导致学校招生困难。骆成骧就任国学学校校长后就要求省署放宽招生限制，避免学校生源紧张。"本校校长非如此办理，无以对川人，即无以对省长，并无以对自己。如必束缚，驰骤奴役而棣使之，则何必办学乎？应请仍照旧制招生为便，如以中学毕业生过少，应请贵公署通饬各县保送。前来投考应考人多，收录自广，绝对限制，绝对不行"①。可见，国学院更名为国学学校后，办学规模和招生规模虽然缩小，却没有使学校的办学经费获得宽松。国学学校办学时期较国学院时期而言经费反而更加紧张，使学校的发展变得举步维艰。

四　动荡政局下国学学校的艰难维持

民国建立后，国家完成了形式上统一，但并不意味着政局已然稳定。不同派别军阀为争夺四川军政大权而冲突不断，也使近代四川局势极为混乱，极大影响国学学校正常教学。政局波动使一些学生不安心在校学习，正值血气方刚青年学子对政治也格外关注。1919 年 11 月 13 日，四川省开例行议会，议员们尚在集合室内，突然身着学生制服者共百余人自称是四川各专门学校学生代表蜂拥而至。时任四川省长的杨庶堪以省长公署名义饬令各学校严禁学生扰乱议会，"议会乃立法机关，不容暴力胡闹，以假学生名义兹事，要求各学校严查此情况，从严法办"②。学生对议员进行谩骂阻挠，其中不乏有国学学校学生参与其中。

1921 年，全国掀起了联省自治运动，四川省也宣布独立，不再接受中央管辖。到 1928 年，尽管南京国民政府统治中国大部分省份，但四川仍处于自治状态。军阀势力完全控制四川军政大权，刘湘、刘文辉、邓

---

①　《咨请开放招生及收录中学毕业生一览表》，1924 年 12 月 13 日，四川大学档案馆藏，卷号：31。

②　四川省长公署：《饬令声称学生扰乱议会一事》，1919 年 11 月，四川大学档案馆藏，卷号：21。

锡侯、田颂尧、杨森这五个最有势力的军阀,轮流控制四川军政大权。①军阀之间的纷争使四川政局的动荡,国学学校的师生也深陷其中,使得学生的学业受到极大影响。

国学学校学生就读期间,日常费用开支是他们更为关注的现实问题。清末学堂是对学生不收取学费的,而且学生求学还有生活补助。民国新学校创办后,学生的学费和生活费都要自理,"从前读书无所谓学费。书院膏火,还可补贴家用。如今学生一律收取学费,还有膳宿费,有购书费,开支甚至超过学费"②。不少家境较差的学生感到压力很大,因经费问题而导致罢课事件在国学学校时有发生。其中,哲四班学生举行罢课,以班长刘怀水、叶平的名义恳请校长骆成骧请省署立即拨付贷费便是此例。

学生在公开信中讲到"自预科毕生,迄今数月矣,请发贷费,屡被批驳。生等前举代表向教育科请求,亦无正式答复。窃以专门学校学生,凡属寒畯,无有不给贷费者。即本校开办以来,各班学生亦无不准贷费之事,何独于哲学四班而独异乎?谓程度不足欤。生等既蒙取录,又经试验及格,且去年遵省署严加淘汰之令,原取百零六人,今以仅存七十六人内,又降班五人,试验认真,蔑以加矣,谓资格不符部令欤。本校乃系四川省立,原不列部颁学校系统中。所有校章,概系教育科所定,亦未适用部章也。廖前校长即根据此项章程招生,所收中学毕业生与同等学力生,实未拘定成数。教育科均准发给贷费,亦毫无异词。今校长虽易人,而章程未改也。校长据此以招生,生等据此以入校。既不殊于以前各班,何得歧而二之乎?按私立学校经教育行政长官之许可,犹得贷费。本校系省属公立,省议会承认,岂毫不如私立学校?又况业已得领贷费数年,今日忽遭驳斥,诚百思不得其解。深望当局鉴此苦衷,以维持国学之心,为培植人才是务,速准给贷费"③。学生对省署停发贷费

① Kapp, Szechwan and the Chinese Republic: Provincial Militarism and Central Power, 1911—1938, chap. 3
② 何刚德:《客座偶谈》卷二,上海古籍出版社1983年版,第10页。
③ 《恳请校长咨请省署速准贷费》,1924年6月,四川大学档案馆藏,卷号:31。

感到极为不满,认为这严重影响到他们正常生活和学习,尤其是对家庭条件并不好的学生更是如此。国学学校以前并没有出现过类似情况,学校其他学科的学生也都按时收到了贷费,唯独哲学科学生没有贷费,学生认为这是不公平的歧视行为,故而要求校长出面直接向省属反映情况并立即拨付贷费,以维持学生正常的学习生活。

在看到学生发展的公开信后,骆成骧很快就把学生的意见转达给省署。他在咨文中说明具体情况,希望省署立即拨付学生贷费,"本校哲学科第四班学生刘怀水、叶平等呈称等情。该生等入校已经年余,早已册报省署有察,而省署对于各县视学请领贷费文中辄以未据。该校册报批驳使本校学生既失其资格,本校证书亦失其效力。本校长以成都专门七校,既与各校不同。本校前后八班,又与各班不同。事同法异,未敢承认,遂将公事搁起至今。请贵省长将本校哲学科第四班学生及本年预科学生照各专门学生通例,一律准给贷费"①。在骆成骧校长的努力下,学生的要求很快就得到省署批复,贷费也随即拨付下来。骆成骧校长得知此事后立即给省署回电:"本校前因哲学科第四班及本年预科学生贷费事,咨达公署。昨准覆函,到校一律准给贷费,并许归入大学办理。细读函文,非独对于现在学生仁至义尽,即对于本校办理特别困难情形,亦皆洞见隐微,累年症结,一朝解除。本校校长亦窃欣幸"②。电文中"累年症结,一朝解除"之语形象说明骆成骧面临办学经费困境,学校难以维持时内心的煎熬和痛苦。但这场风波的暂时平息并不意味着学校从逆境走出来,这仅仅是暂时缓解一次因经费引发的冲突,而办学经费紧张的根本问题并没有得到有效解决。作为校长的骆成骧心里也极为清楚,国学学校最终会因经费问题被迫停止办学。

骆成骧在向省署询问学校来年是否能够照旧招生的咨文中坦言学校办学经费的困难,使学校正常教学活动已经难以为继,"国校所费,至少所关至重。部章见许,固佳。部章不许,省署何妨自定。报载教育部权力对于京师各校尚不能指挥如意,何能束缚万里之四川耶?使此校而所

---

① 《咨省行署请饬准给哲四及预科贷费》,1924年7月22日,四川大学档案馆藏,卷号:31。
② 《咨省行署能否照旧招生一案》,1924年9月19日,四川大学档案馆藏,卷号:31。

费太多，为惜费而裁犹可。前阅收支处列表，不但比各专校为最低额，即中小校尚有优于本校者。虽年定万七千余元，而七折五扣，近来领不及半。本校方将咨请公署，添加建筑常年诸费，与法校比例乃并根柢而去之，使此校而全无关系，裁之复何足惜。列强竞争无不互相仿效，亦无不各以国学为本"①。他认为既然四川已经自治，那省署应独立制定学校经费的使用政策，况且，省署每年拨付给学校经费最终拿到手的不及一半，从而导致学校办学举步维艰。骆成骧在考虑学校未来办学规划时也回忆自己曾经的办学经历："鄙人在京、在省创办大学、小学，当时尚无专部，无不自定章程。及张文襄公入京奉命革制，召集东西留学，手自指挥改定于汲汲提倡新学之中，寓斤斤保持旧学之意。中国新旧学交关之际，海内推为学界第一伟人。民国初创，蔡元培部长新下洋船，便司华铎国语犹未回复，国学何暇追思，遂不惜削株掘根，一纲而尽之。当时宣言决办分省大学校及推广国民学校，鄙人闻而笑之曰：大哉！部长谈何容易。乃部长之踪迹已空，而学校之影响不著。惟留此摧残国学之功毒痛四海，能不谓为资智之过乎？"②骆成骧回忆清末民初时自己在多地的办学经历，目的是想表明一个道理：国学学校在教学上应该遵照学校制定章程办学，采取灵活的办学方式，而不是一味听命于中央政府。

国学学校在招生、就业方面的困境，也限制了学校的办学规模。骆成骧指出："本校查寻旧案，唯得杨沧白省长改为专门学校公文一纸，其祥无可稽考闻，系教育科仿照大学文哲两科草定课程，此系民国八年。事在帝国时，原建国学院系尊经化身附设存古学堂，嗣复并入国学院，是本校自始至今皆独立于部章之外，何必自去而决议取销也？使国学人物概系腐败无用，则诸公幕僚中尽是留洋学生乎？亦或有国学旧人乎？"③民国时期，国学学校的办学越来越边缘化，国学教育在民国中央政府看来也系无用，研究国学的学者也凋零不堪，反而是留洋归来的学生在民

---

① 《咨省行署能否照旧招生一案》，1924 年 9 月 19 日，四川大学档案馆藏，卷号：31。
② 同上。
③ 同上。

国政府部门中受到追捧。骆成骧对此感慨："于千百新学校之中，存一旧学校何伤？何碍？为国文录教员数人，为诸公添秘书数人，岂无小小补益乎？鄙人非深于国学者，尝住尊经十年，偶闻诸先生余论，亦闻阅翻译书籍及听讲宪民诸法，乃知中外原无二理，东人之早通中文，固不待言。西人近亦渐有专嗜者，恐此后百年，将求国学于东西邻。何如使本校为一线之延，亦足以解嘲乎？此则私人之宗旨，愿以请质于执事者也。公留意革察鄙言，不然停止招生，废此一校，自是省公署大权。校长受聘而来，名为宾友，实等雇佣纳屦，而外何所顾惜。"① 在咨文中，骆成骧一方面详述学校办学困难，另一方面表明国学学校作为以传统学术为教育宗旨存在的必要性。国学学校培养学生对国家而言是有必要的，并非一无是处。民国政府部门任职人员也不可能全是留学生，具有传统学术修养的学生任职政府部门，其实对政府的工作也有帮助。骆成骧认为西方各国对自身的学问都极为重视，如果我们不保存自身学术传统，以后国人学习中国传统文化岂不还要赴海外留学？② 骆成骧最后直接指出如果省署确实认为国学学校已不适宜办下去，可以立即停止招生。他的语气间明显带有一种"赌气"成分，而这种悖论现象在中国近现代教育史上也持续了很长时期。

四川省署接到骆成骧咨文后，还是认为国学学校应该继续办下去。省署批复"贵校招收新生，优先取录中学毕业学生。其有中文优长确有根柢者，亦得从权取录，以资造就。惟不得过多，俾免教者、学者两感困难"③。省署虽同意学校继续办下去，但要求学校必须控制招生数量以择优录取。省署此举仅是从财政经费角度考虑，"现在财力殊难，兼顾应暂从缓议。至经常费准加拨二千六百四十元，连前共为二万元，其加拨之款并饬收支处从十四年一月起，加入原领经费内照拨，以资办理职员

---

① 《咨省行署能否照旧招生一案》，1924 年 9 月 19 日，四川大学档案馆藏，卷号：31。

② 具有讽刺意味的是，骆成骧预言中国学生以后要学习中国文化，还得出洋留学的怪象不久就出现了，陈寅恪在《北大学院己巳级史学系毕业生赠言》诗中写道："群趋东邻受国史，神州士夫羞欲死。田巴鲁仲两无成，要待诸君洗斯耻"。参见《陈寅恪诗集》，清华大学出版社1993 年版，第 18 页。

③ 《函复招生新生办法》，1925 年 2 月 6 日，四川大学档案馆藏，卷号：31。

薪脩。来书列数稍多，请仍照旧开支"①。面对省署一方面要求学校继续
办下去，另一方面继续缩减学校正常开支，骆成骧最终忍无可忍，这位
清末四川状元任职校长不到三年便决定辞职。不过，骆成骧在写给省署
的辞职文书中并没有之前那种"赌气"性质的语言，反而变得温和很多，
"成骧承前省长刘公聘主国校，自以学业无似，万不敢继吴、宋、廖诸先
生后尘，校中风潮方盛，当道嗣又再辞不获准。逾两年以六十衰年，耳
目心思日加耗减，万难胜此重任。祈公另请高明，俾校事不致颓废，成
骧亦减轻责任，即为幸矣"②。实际上，用这样温和的大成来表达自己的
看法，却更反映出骆成骧一种绝望的心情。

第三节　学校治校的新举措与最后归宿

一　校风整顿与学生成绩考核的措施

1915年，时任四川将军陈宧对省内各学校经费紊乱，肆意移作他用
做出批示，要求严厉禁止此类不端行为，"各地方固有学款半充他项行政
之用，固由财政紊乱，竭蹷两税不分，改遭侵夺，界限既淆，自易摇动。
历奉大总统训令，兢兢以兴学为念，惟兴学之难，第一即在经费，不知
此项学款，经若干年之筹画蓄积而成，一旦率意挪移，更从何处得此巨
款。现当地方教育急起直追之时，新款尚宜力筹，旧款岂可移用"③。陈
宧指出世界竞争必须以教育普及为要，希冀兴学办教育。但在教育经费
的开支上实在困难重重，不少学校还将旧有学款移作他用，更加剧了学
校经费的支绌。因此，整顿学校经费紊乱问题成为陈宧就任四川将军后
在教育领域一项重要任务。与此同时，四川都督府也对国学学校的学风
进行了整顿。

国学学校在办学过程中学风和校风均出现不少问题，这与学校办学
初衷有相违背。学校存在违规招生，使一些同等学力者进入学校就读，

① 《拨经费批文》，1924年12月1日，四川大学档案馆藏，卷号：31。
② 《函省行署辞主任国校事》，1924年9月，四川大学档案馆藏，卷号：31。
③ 《有关一切国学校勿移作他用的通知》，1915年7月，四川大学档案馆藏，卷号：18。

不少学生学术水平根本达不到入学基本条件,严重影响学校教学水平,也对政府拨付经费造成严重浪费。四川政府有鉴于此,要求国学学校招生时对同等学力学生进行严加考核,并规定考核试卷要送上级公署备查,以杜绝滥招学生对学校风气和政府财政的双重不利影响。① 同时,省府还规定学校招生数量不得超过同年中学毕业生人数十分之二,"本年行将届满,暑假期内自应续招新生。惟从前各项专门学校招生,往往藉同等学力一诘多所迁就,致令程度不齐之学生受同等之教育,事谙功半,实效难期。若不予以限制,流弊何可胜言。应从本年起,嗣后各项专门各校招生,务须一律从严所录。各生同等学力者,不得逾中学毕业生十分之二"②。巡按使公署严格限制学校招收同等学力学生数量,一方面保证学校教学质量,另一方面由于经费日趋紧张,政府也不得不干预学校的招生政策。

在办学过程中,国学学校的校风也逐渐呈现不少问题,部分学生因各种理由请假并且请假时间很长,有些学生故意延长请假时间以缩短在学校学习时间。这种不良风气在学校学生中有蔓延趋势,可见学校对学生的日常行为规范存在管理松散的弊端。③ 有鉴于此,陈宧以四川巡按使公署名义向学校发函要求"学生休假,有故意延后数日或数十日,甚至有在百日以上者,对学生学业影响甚大,也不能完成学校教学计划。对此应严厉惩罚,为体恤学生,原逾三日不准入学改为七日以上便不准入学,以整顿学风"④。在学生请假延迟归校问题的明文规定上,体现公署对学生的负责态度。函文将原来规定超过三日便不许入学,改为超过七日以上便不许入学,一方面最大程度体谅学生请假未按时入学,另一方面巡按使公署以政令的形式函告学校以表明整顿学生故意拖延假期,荒废学业的坚定态度。这对整肃国学学校校风、学风有一定的积极

---

① 《有关严录新生及同等学力学生的通告》,1915年6月,四川大学档案馆藏,卷号:18。

② 《有关严收新生,不得逾中学毕业生十分之二招录的公函》,1915年6月,四川大学档案馆藏,卷号:18。

③ 《案准议员提议维持风化的命令及维持风化案》,1918年12月,四川大学档案馆藏,卷号:19。

④ 《有关请假逾期七日以上者不准入学的函》,1915年6月,四川大学档案馆藏,卷号:18。

意义。

除了通过政令方式函告学校对学风校风的整顿外,四川巡按使还亲自委派相关人员到学校实地进行教学秩序和学校风气考察。通过巡视员入校进行实地评估指出学校存在的缺点,这对整顿学校风气有直接督促作用。值得一提的是,四川是民国时期较早实行对学校校风监察制度的省份,这显示省府对学校风气改善的重视。直到1920年底,教育部成立学校视察委员会并颁布视察委员会规程,教育部此时才逐渐形成对专门学校进行视察的制度。①

巡按使派员在学校巡查时分别从全校总的缺点、教师课程教授上的缺点、学校管理上存在缺点三个方面进行详细的罗列:"甲．关于全校之缺点:各校大半欠缺精神;学风多属不良;乙．关于教授上之缺点:教授钟点未尽遵照部章;教程预算不得实行;未能贯彻教育宗旨;不用审定课本;教员多自由旷课;教员优给分数;轻视国文清通甚多;学生字迹恶劣甚多;丙．关于管理上之缺点:管理未尽认真;延长休假日期;簿册设备不全,方式亦不一致;无自习钟点"②。关于学校办学存在总的问题主要集中在没有积极向上的精神,学风不佳。在学校教师课程教授的问题则罗列十分细致,巡视组指出不少教师上课不按照钟点,迟到早退现象明显,教程进度也不按照教育部门规定对课本内容不加审定,甚至还出现教师旷课情况。在教学上,巡视组严厉指出国学学校教师对国文较为轻视,连基本课程都不加重视,凸显学风日益败坏风气。巡查意见甚至连学生作业字迹潦草也被列入巡查发现校风、学风不佳的例证之中。值得注意的是,在管理上,除之前所发现学生肆意延长假期不按时归校上学外,学校没有做出学生上自习的时间安排也归在缺点范围之列。

总体而言,从巡按使公署对学校教学工作巡查反映的问题看,巡查

---

① 《教育部公布专门以上学校视察委员会规程》,1920年12月31日,载《教育杂志》1921年第十三卷第二号。

② 《关于按视察员指出之缺点切实改正的通知及关于全校之缺点》,1915年4月,四川大学档案馆藏,卷号:18。

工作十分认真仔细,学校存在的缺点也是显而易见,表明政府希望学校认真整顿校风校纪的一贯态度。巡按使刘莹泽要求学校进行整顿,"兹特将调查所及各校通弊逐款陈列,饬仰该校即便查照所指各项缺点,切实改良,力图整顿"①。不过,尽管学校存在的问题被揭示出来,但从后来国学学校发展情况看,学校整顿效果并不明显,学校基本没有达到巡按使公署期望的整顿目标。

关于学校招生和学生履历表、成绩表是否符合教育部有关规章,四川巡按使公署对此也极为重视。1917 年,四川省长公署再次派出专员对四川各专门学校进行巡视。省长公署发给四川各学校有关派员来视察教员学生履历表、学生成绩表是否遵部章执行通知,"察核各校近年报告书及教员学生履历表、学生成绩表等确能遵守部章,切实办理者,因循敷衍、名实不能相副者,亦尚时有。专门以上学校,为造就高等人才之所,其关系既属重大,则督察自宜周详"②。一些专门学校在学校情况报告书和教师学生履历表、成绩表上,层出不穷的存在敷衍省公署现象。以培养国家所需求专门人才的学校却在管理和学风上日益败坏,这对人才培养产生负面影响,因而引起了川省公署高度重视。可见,民国初期,四川专门学校弄虚作假,校风败坏程度已较为严重。

社会环境存在的负面因素也对学校学生的日常习惯影响很大。四川政务厅教育科就曾给国学学校发函要求"学生一体著用制服佩戴徽章及禁止出入戏园餐馆"③,而国学学校担心学生染上聚众赌博不良习气,就与成都当时的不良社会风气有关。聚众赌博之事在当时的成都极为普遍,在国学学校上报给四川省署咨文中,校方就希望省署查禁学校周边聚赌。咨文讲到"本校环境系贵区管辖地域,校内规则素严,特恐沾染恶习,不能不先事预防,亦闻附近居民常有聚赌情事,难免不有流氓溷

---

① 《关于按视察员指出之缺点切实改正的通知及关于全校之缺点》,1915 年 4 月,四川大学档案馆藏,卷号:18。

② 《本部派员来视察教员学生履历表,学生成绩表是否遵部章执行的通知》,1917 年 4 月,四川大学档案馆藏,卷号:18。

③ 《函知你校饬令学生一律著用制服、佩戴校章、严禁出入戏院,餐馆》,1914 年 12 月,四川大学档案馆藏,卷号:21。

迹假冒学生名义,藉以渔利,特此函请贵区派警巡查,如有假冒本校学生名义招摇聚赌情事发生,请即通知本校,由管理员认识,果系学生,即当由本校带回,依照校规惩处,以杜流弊而维公安"①。国学学校周边不仅时常有人聚众赌博,而且还有人假冒学校学生从中渔利,不排除有学校学生参与其中。学校校方要求省署对此严查,以整顿学校周边聚赌不良习气。

1924 年,杨森就任四川军事长官后对国学学校的学风依然重视。他以陆军司令部名义发布的命令中称:"学校管理日驰,学风日松。严格管理以整学风而端士习。除分令外,合亟令御兹校长即便遵照,对于各该生等,务须勤加淬厉。俾有发扬蹈厉之精神,无放纵浮夸之劣俗。即将来之楷模,作目前之矜式。本军长有厚望焉。"② 重视学校的校风,重振学校的精神面貌,几乎是四川历任行政长官的"厚望",但政府反而越是重视,学校的风气实际上就越趋恶化。这种悖论不仅与学校自身存在诸多问题有关,更与处于乱世的整个社会大环境相关。

关于学生学业成绩的考核,同样是学校和政府都较为关心的事情。学生的学业成绩好坏也与学生未来前途和就业密切相关,政府、学校、学生三方对学业成绩都倍加重视。每学年结束时,省长公署政务厅教育科就致函国学学校要求学校呈报考试试卷。省署对学生毕业考试成绩的审定也十分严格,"省长发下核定贵校哲学科学生毕业试卷十九本,相应函送贵校"③。学生每学期考试成绩都会详细造册登记呈报省署备案,足见省署重视程度。④ 省长公署关于学校旧班学生如何考核也给出详细解决

① 《函请外南分署严查聚赌》,1926 年 11 月,四川大学档案馆藏,卷号:20。
② 《关于严管学生整顿学风的命令》,1924 年 3 月,四川大学档案馆藏,卷号:20。
③ 《函送哲学科学生毕业试卷的通知》,1920 年 1 月 26 日,四川大学档案馆藏,卷号:26。
④ 从国学校档案看,学校每一学期都会对学生成绩详细记录,并装订成册上报省府备案。在卷号 28 四川公立国学专门学校档案中,《本校 1910 年—1925 年文科哲学科学生成绩表》,1910 年 9 月—1920 年 5 月仅存目录就有:《国学院试验卷》;《民国九年下期哲学科第一学年积分表》;《民国九年文学科第三学期积分表》;《民国九年上期文学科第一学年积分表》;《民国九年哲学科第一学期积分表》;《十一年下哲三班第一学年积分表》;《文二班第二年哲三班第一学期积分表》;《文二哲三学期积分表》;《各班学期学年积分表》;《十年上期文学科第一期积分表》;《十年上期第二学年积分》;《哲学科第三学期积分表》,足见学校对学生成绩考核的重视。

办法,"查学生黄启光、柳绍元、杨岳宗三名,当以该生等原在乙班,又受课期间均短少在一年以上,应俟扣满学年再举行毕业试验等语,函复在案。此次来表,迄未更正,复加入四年入校之乙班生赵济刚、柏爵东、邹继鲁、徐溥等四人,又查乙班窦在琼一名,前以三学期未到。本年另考入新班的均应分别剔出,改入应归班次,俾免混淆"①。关于学生缺席的课程情况,省府公署不仅了如指掌,并给出相应处理办法。为保证教学质量,省署要求不能减少学生接受教育的课时。

四川省长公署发文要求国学学校对学生毕业表和考试成绩,存在不符令的部分进行完善,"甲班学生毕业成绩各表暨教员履历表册,查所送该班学生毕业表与学生学业成绩考查规程不符,希即详细查明送署"②。公署严格按照规程来办理学生毕业表和成绩考察规程。照章办事,对规范学校日常管理有积极作用。其中,学生的学年成绩评定办法"本学年每学科之试验成绩,参合平时成绩判定分数,为每学科之学年成绩;本学年各学科之学年成绩总分数以学科数除之及平均数为总学科之学年成绩"③。学年成绩有两种评定办法:一是学生的期末成绩并参考平时成绩给定学年成绩;二是期末总成绩除以考试科目数得出学年成绩,这两种办法采用哪种由各学校自己选择。通过对比而言,第一种方法更能综合判定学生的学年成绩情况。学生毕业成绩评定法同样有两种:第一,最后学年每学科试验成绩参合平时成绩判定分数,为本学年每学科成绩分数,又与前各学年每学科成绩分数相加,以学年分数除之,为各学科毕业成绩分数。第二,各学科毕业成绩之总分数,以学科数除之的平均数为毕业总平均数。④ 毕业成绩的评定方法和学年成绩方法几乎相同。综合各学年的成绩给学生做出一个综合的评定,能够较为全面反映学生学业的情况。

---

① 《关于学生考核的通知》,1918年12月31日,四川大学档案馆藏,卷号:26。
② 《关于学生毕业表与考试成绩不符令其更缮的通知及成绩详定法》,1919年8月11日,四川大学档案馆藏,卷号:26。
③ 同上。
④ 同上。

表2－3　　　　　民国元年学生综合分数

姓名	熊绍曌	李醇	刘彝	赖锐	向承周	李培之	刘光裕	刘天霖	张光新	王安炳	杨永浚	曾庆庚	杨庆翔	赵元德	张远烈	杨廷烈	杜维新	王安平
经学	一百	九八	八五	一百	八九	九一	九三	七七	九二	八一	一百	九十	九五	六五	六五	七十	六七	九四
理学	九九	一百	九六	九九	九九	九五	九五	九十	八一	九四	七十	七五	七十	七十	八六	四十	七五	七五
词章	一百	一百	一百	九九	九四	八三	八十	八六	九一	九五	一百	七十	五十	六十	八十	八五	六十	四十
算学	九九	九八	九六	七五	九十	九九	九九	九九	七八	七十	七十	九九	九九	九八	六十	九十	八十	七十
合计	三九八	三九六	三七七	三七三	三七二	三六八	三六七	三五二	三四二	三四零	三四零	三三四	三一四	二九三	二九一	二八五	二八二	二七九
平均	九九·五	九九	九四·二五	九三·二五	九三	九二	九一·七五	八八	八五·五	八五	八五	八三·五	七八·五	七三·二五	七二·七五	七一·二五	七十·五	六九·七五

资料来源：国学学校档案馆藏《呈送民国元年第一学期学生试验积分表、操行分数表及民国元年上下学期试验积分表、操行分数表及各表册》，1914年8月，四川大学档案馆藏，卷号：27。

从表2-3学生综合分数表可以看出，学校在学生成绩分数上已经采用百分制，而不是传统意义上的五分制，已经具有近代学校成绩评价的意义。学生成绩表是按照学生考试总分数高低以及平均成绩高低进行排名，学生学业的优良情况便一目了然。

学校将没有考完全部课程学生的成绩单独排列。其中，蒙文通"经学满分，理学和词章科缺考，算学九十八分"①。四科考试他缺考两门，平均成绩算下来就较低。至于他为何没有参考理学和词章两科，没有相关档案材料记载。从他已经考过两门来看，成绩还是很优秀的，缺考的理学和词章也是他的强项，如果参考大概分数也不会低，缺考应该是另有他因。有意思的是，在学校对学生操行分数评定上，蒙文通仅得70分。全班共30名学生，操行分数最高者为80分，蒙文通操行分数在班上并列第12名，排名属于中等，并不见佳。②从操行评定可看出，蒙文通在校期间或缺课较多，或在日常规范上并不严格遵守学校规章。从蒙文通后来对国学学校回忆来看，他是学校思想极为活跃的学生之一，或因如此，他对学校日常规范一类可能也并不是特别在意。

二 学校以多种途径为毕业生寻出路

作为一所教授传统学术为宗旨的专门学校，国学学校自民初创办后，尽管在官方维系下基本能够维持办学，但在国学教育毕竟越来越不符合时代需要，在社会需求越来越窄小的窘境面前，国学学校学生毕业后的就业成为学校忧虑问题。学校创办后不久，吴之英，刘师培，曾学传等校方领导就联名向四川民政长致函，他们希望四川民政长转饬四川各县所属学校以便能够量材聘用国学学校旧班的毕业生，"旧班学生期满毕业，该校由存古学堂、国学馆递嬗而来，此项学生在前清末造，又系举、贡、廪、附暨中学毕业考入类，皆具有根柢，早征实际盘深。办理以来，分科专肆学级，实同于高等造诣，远超乎中学历年成绩，似属优异，拟

---

① 《呈送民国元年第一学期学生试验积分表、操行分数表及民国元年上下学期试验积分表，操行分数表及各表册》，四川大学档案馆藏，卷号：27。
② 同上。

请量才器使,以收作人之效,并恳转饬各具所属各学校国文教员,有需才之处,均祈酌予聘用"①。这类似于现在就业推荐信的函件表明校方对毕业生就业问题极为关注。校方希望借助政府的行政权力将毕业生情况发送到四川下面各县学校参考,由各县中学根据学校实际需要择优录用毕业生,此举也解决了下面县中学和省城专门学校在用人信息上不对称的问题,为学校毕业生拓宽了就业的渠道。

国学学校学生的毕业证书需要经过四川省行政长官加盖印章,以示学校公立性质。建校之初,吴之英就给四川行政长官公函敦促省行政长官加紧盖章并及时返送回学校,以便学生能够按时毕业,"惟查各校专门毕业凭照,均由省行政长官加盖印信,以昭郑重。本校系属国学专门,应照办理,为此将毕业凭照分送前来"②。"加盖印信,以昭郑重"之语,表明学校对毕业证书规范性的看重。同时,校方强调学校属于国学专门是提醒省署有关学校的性质,要求在毕业证书上对此注明。国学学校虽不属于教育部规定的专门学校范围内,但四川政界和学界又努力将学校拉入专门学校之内。因此,在毕业证书上表明专门学校的性质也为学生求职提供便利。

学校给四川民政长函文中对 1913 年度学校毕业生的情况作了较详细汇报,"本院分设国学学校,所有旧班学生均系前清宣统二年由存古学堂考入,肄业额定一百名,中更事变,其能达毕业者已不及三分之二。计自前清宣统二年七月起,截止本年六月止,扣足三年前奉教育部令,作为中等班毕业,于七月内举行毕业试验,分科严密考试,次第完竣。照章以三学年平均积分计得:甲等毕业生二十五名;乙等毕业生十八名;丙等毕业生十二名;丁等修业生一名,共计五十六名"③。从存古学堂转入的一百名学生,因各种原因按时毕业者不及三分之二。学校通过严密考试,按照考核成绩将毕业生评价分为甲、乙、丙、丁四个等级,一共

---

① 《咨请民政长转饬各县所属量材聘用我校毕业生》,1913 年 8 月 12 日,四川大学档案馆藏,卷号:26。

② 《关于毕业证加盖印章的咨文》,1913 年 8 月 12 日,四川大学档案馆藏,卷号:26。

③ 《关于毕业生情况的咨文》,1913 年 9 月 19 日,四川大学档案馆藏,卷号:26。

有毕业生五十六名。还有一些学生因未达到学校毕业要求，不能毕业，"再学生王锦谟、周梁鼎、姚学崇等三名，此次毕业未与试验，或因母丧或因病假，或缺学期均应当留级，于本学年考试时再补行毕业考试"①。这三名学生因各种原因不能够按时毕业，需要留级补考，通过后才能毕业。学校对毕业生的情况和成绩造册较为详细，学校严格毕业生标准不仅让四川教育部门感到满意，也希望受到社会认可，对毕业生去求职亦有帮助。

国学学校学生毕业时除选择求职找工作外，还可以投考全国著名大学继续深造。当时，著名高等学府北京大学和清华大学在全国范围公布招收新生简章以及考试范围，四川省长杨庶堪以四川省署名义将北京大学招生简章转发给四川省内各专门学校参考，"北京大学咨行本校本科及预科，现定于年暑假期内，在北京本校及上海两处招取新生。报名时间均自六月十五日起至七月十日截止。试验期间均由七月二十日起至七月三十日止。饬知所辖各高等学校及各中学校，以便志愿投考"②。当时，北京大学招生并不是以省为单位拨付名额，而是全国统一招生，考试地点一般也是选在北京、上海等较发达城市。③ 因此，若计划报考北大的川籍学生则必须前往北京或上海参加考试，一切费用也由自己承担，这使经济条件不佳的学生面临很大困难。况且，所费的路费和考试费尚在其次，当时北京大学学费也极为昂贵，一般家庭很难承受。因此，省内各专门学校参加北京大学招生考试的人数很少，更不用说能顺利考取的学生数量更是少之又少。

清华大学在考试内容上偏重人文学科和自然学科综合考察，而四川的各专门学校在课程内容设置上主要偏重文史类，学生去参加考试不占优势。四川教育厅代理厅长万克明转发 1926 年清华大学招生考试范围，就可以看出国学学校学生存在的这种短板，"本年七月，北京上海武昌等

---

① 《关于毕业生情况的咨文》，1913 年 9 月 19 日，四川大学档案馆藏，卷号：26。

② 《关于北大招考本科及预科的训令及招考简章》，1919 年 5 月，四川大学档案馆藏，卷号：20。

③ 具体见《北京大学预科招生广告》、《北京大学招生简章》，于 1920 年颁布，王学珍、郭建荣主编：《北京大学史料》第二卷上，北京大学出版社 2000 年版，第 863、869 页。

地，招考二百名，各省程度相等学生均可报考"①。清华大学对考生报考的条件，没有特别限制，只要学业程度相等即可。考试题目分为必考和选考两类，"必考：国文、英文、初级历史地理、初级代数平面几何。选考其中三科：平面三角；解析几何；高中物理学；高中化学；高中生物学；选考其中两科：经济学；世界史；中国文学史；政治学"②。从考试科目设置上看，理工科的内容占据相当部分，尽管包含了国文、历史等传统学科，但更加注重对英文和自然学科的考试。这与国学学校的教育内容完全不符合，学生去报考很难有什么竞争优势。

尽管在学生就业和未来发展选择上，学校和四川行政署给毕业生提供很多"就业信息"和"就业门径"，但实际上对国学学校的学生而言，报考大学这条路几乎是不太可能实现的。外省大学报考条件限制过多过难，也凸显了四川没有一所省内大学的局限，这也成为国学学校教师内心的忧虑。因此，民初创办一所四川省内的大学为川省中等学校学生毕业后进一步深造创造条件，成为摆在四川政府与学界面前的当务之急。同时，在近代大学现代学科体系下，如何延续传统国学教育也成为国学学校教师努力的方向。饶有意味的是，在国学学校任教的教师如廖平、刘师培、吴虞以及学生蒙文通等人后来均有在北京大学任教授业的经历，这同样是国学学校教师在学术研究上对全国学界的贡献。

三 近代大学兴起与国学学校归宿

国学学校处于从清末书院、学堂到近代大学转化的过渡阶段。国学学校既是书院、学堂教育模式的延续，最终又并入现代大学的专业院系，纳入到大学教育研究体系之中。在中国近代教育史上创办现代大学是学界极重视之事，一个国家有无大学逐渐成为衡量这个国家能否培养优秀人才，推动国家进步与发展的标准。胡适认为："至神州之大，无一大

---

① 《关于清华学校招生报考的训令及招考规程、大学部课程大纲、考试科目》，1926年5月，四川大学档案馆藏，卷号：20。

② 同上。

学，乃真祖国莫大之辱。"[1] 没有一所现代意义上的大学，已经成为近代学人在中西文化交融中的焦虑。如果没有大学培养适应时代发展的人才，对中国自身文化传承和发展也不利。民初学制改革规定全国只办三所大学，其余各省高等学校一律停办。"改办大学预科，附设于大学本部，不得独立"[2]。早在国学学校建立初，就有学者认为国学学校在专业设置和课程教授上应该符合近代大学要求，为以后国学学校能并入大学做准备。叶秉诚在给宋育仁信中讲："国学学校为大学之一部，今日若能提高程度，实行大学学科之规定，则可为将来四川大学之分科。不独学校地长存，而国学乃有进步之可望。"[3] 他认为国学学校如果最终能够成为大学一部分，国学教育便能够长足发展，这也是国学学校最好归宿。叶秉诚的看法的确具有长远眼光。

四川士绅对在四川创办大学积极性很高。1912 年 10 月，四川高等学校校长周翔以四川教育会长名义上书张培爵，要求将四川高等学校改建为四川大学。[4] 1916 年，还是四川省城高等学堂校长的骆成骧给四川省议会函文就对在四川创办大学提出了自己的看法："缘川省人民居全国五分之一，中校六十余所，非专设大学不足以资容纳而广造就。民国元年，全国拟建五大学，附设预科，而川省不在建学之区。民国二年上学期，成骧适司校事，与各绅耆、校长公函省署转请部饬，省助筹建大学未得许可。本年，复与各绅耆、校长函达省长，经公署会议交省议会。成骧以顾问资格亲所闻见，此后未入公署，静候省会议决而茫无消息。始以校长资格函问省长，嗣得政务李厅长奉命来校云大学之事，省长极愿筹办，成骧以省长命令，非校长所敢违。"[5] 骆成骧指出民国初年四川人口已经占到全国人口五分之一，四川却没有一所现代大学，这对四川学术

---

① 胡适：《致〈甲寅〉编者》，1915 年 7 月，收入《胡适书信集》（上），北京大学出版社 1996 年版，第 61 页。

② 参见《教育公报》1916 年第十二期。

③ 叶秉诚遗著，李源澄整理：《复宋芸子论国学学校书》，《重光》第 2 期，收入桑兵编《国学的历史》，北京图书馆出版社 2010 年版，第 555 页。

④ 《周翔给四川民政府辞职的报告》，1912 年 8 月 26 日，四川大学档案馆藏，卷号：22。

⑤ 《函四川省议会为筹建大学》，1916 年 11 月 20 日，四川大学档案馆藏，卷号：12。

发展以及四川学子进一步深造产生极大障碍。民国政府在全国拟建的五所大学也没有一所建在四川,有鉴于此,骆成骧多次上报省署请建大学,但也杳无音讯。

骆成骧指出:"若以绅士资格言之,则近日川人希望大学之心甚殷。若以顾问资格言之,则省长既有兴学之盛意,不宜更变,以动观听,仍请将原案早交议会为要,大会主张川省自行筹办大学。"① 在函文中,他表达出四川士绅要求在四川创办大学的急切心情。值得注意的是,骆成骧描述四川省城高等学堂沿革说:"此校旧为尊经改办高校,新旧学界多出其中。"② 他提出对"新""旧"学界的看法,这在当时四川学界较为少见,说明骆成骧心中对学术研究的划分已经有新学界与旧学界的区别。尽管骆成骧对在四川建大学的殷切心情在函文中溢于言表,但进展并不如他所愿那般顺利,他建大学的提议一度被省署搁置了下来。后来,骆成骧出任国学学校校长后,四川军政长官希望他出面督办四川的大学。当吴虞得知这个消息后,在日记里还对此揶揄:"言四川刘湘,筹办大学,请骆成骧襄办,筹备一切,甚可怪。状元尚能显圣耶?"③ 吴虞认为骆成骧督办四川的大学是根本不可能实现的事,一方面在地方军阀主导下创办大学,完全是空想,另一方面骆成骧是清代状元,是孔家旧学的代表人物,由清代状元去创办一所现代大学,在吴虞看来这本身就是十分可笑的怪事。

民国初期,中等学校学生毕业后想进入大学的途径并不多,除少数学生报考外省公立大学深造以及选择出洋留学外,更多学子只能选择报考本省大学。如果本省并没有大学,相当数量的学生就很难实现上大学梦想。这对人口众多,学术传统又较为浓厚的四川而言,更凸显学生求学深造的瓶颈。因此,创办一所现代大学不断被四川士绅提上日程,四川各方人士也不断努力希望能促成省议会通过创办大学的提案。骆成骧

---

① 《函四川省议会为筹建大学》,四川大学档案馆藏,卷号:12。
② 同上。
③ 中国革命博物馆整理,荣孟源审校:《吴虞日记》下册,四川人民出版社1984年版,第34页。

也始终没有放弃在四川建大学的理想，到了 1924 年，他又再度将议案提交给省署，"公之深意，犹有不能不请示者，则停止招生，归入大学二语是也。四川大学经鄙人随同各绅耆、各校长建议，省公署提交省议会全体赞成，并决定常年经费四十万元。嗣因行政长官屡次更易，遂无人过问。刘甫公执政时，曾嘱鄙人筹办大学。甫公旋即下野，鄙人亦驰负担。刘禹公执政时，开新学制会议，鄙人亦见招，列席为大学案审查员。或专办大学，或以各专校延长时期为分科大学。两议均经通过，禹公旋亦辞任，此案又为废纸。鄙人于戊戌年，随同孙相国开办北京大学，年内成立。辛丑年，岑芸帅请办山西大学，虽未赴约，无不立见施行，未有如民国来之再三筹议，终归无效者也"①骆成骧在清末中状元后就赴全国各地任职，他不仅参与当时京师大学堂的创办，还被邀请参加山西大学创办，这些大学也迅速地创办起来。而到了民国时期，他虽然多次筹议在四川创办大学，但始终未见川省公署付诸行动。

后来，骆成骧得知省署又再度提议建大学消息后，依然对此急切关怀。他一连发问："今见贵省长提倡大学，不胜为全川学子幸，但不识为完全大学欤？抑为分科大学欤？如为四川完全大学，建于何地？成于何时？如就本校延长期间升为文科大学，如何办理？皆当请为明白示知以定学生心志，使共担然，遵道而行也。帝国号称专制，尚许从权办理。民国以来，统一省份于军政、财政、铨政，即教育行政一端变通者，亦复不少区区。"②从学校是完全大学还是分科大学，建于何地，建于何时，学校升格如何办理等一系列问题，骆成骧都急切要求省署给出明确答复。省署之所以迟迟未能批复创办大学，也跟当时政治制度有关系，中央和地方两级政权在具体事务呈办上发生矛盾，中央和地方两者之间固有制度弊病使在四川创办大学一事不断被推迟。骆成骧认为尽管清政府腐败无能但创办大学热情还很高，而到了民国，他却为在四川创办一所大学而不断被四川几任行政长官推三阻四，创办大学计划也始终未能实行。这位清末状元不得不感慨民国虽号称民主共和国家，

① 《咨省行署能否照旧招生一案》，1924 年 9 月 19 日，四川大学档案馆藏，卷号：31。
② 同上。

竟不如清末帝制封建国家办事效率高,话语间反映出他那无可奈何的心境。

此时作为四川国学校校长的骆成骧,心思并不仅是如何办好国学学校,还希望"四川能建立一所现代大学"①。在四川创建一所现代大学,在他看来远比国学学校未来发展重要得多。反过来讲,他也是为国学学校未来发展做考虑。他认识到只有并入现代大学,国学学校才能够获得更好发展,这是国学学校的最佳归宿。"传统时代,儒家讲学不必限于书院和私塾。今天儒学似乎只能存身并依附在大学制度中"②。国学教育到了近代必须依附于大学制度是时代发展必然途径,也是学术分科体系的必然要求。

1913年初,教育部公布《大学规程》对大学学科门类设置做了原则性规定,不再以经史之学为基础,取消经学科,分为文科、理科、法科、商科、医科、农科、工科,文科分为哲学、文学、历史学、地理学四科。③ 随后,国学学校在学科设置上也作出变动。叶秉诚在给宋育仁的书信中认为国学学校应该开设三大类专业,分别是中国哲学类、中国史地类、中国文学类。这三大类专业设置又分别涵盖"经学、诸子学、宋元明理学、中国哲学史、宗教学、心理学、伦理学、论理学、西洋哲学概论、认识论、美术学、生物学、人类学、语言学概论归中国哲学类;史学研究法、中国史、东洋史、西洋史、历史地理学、经济学、法制学、文化史、外交史、宗教史、美术史、中国地理、世界地理、海洋学、博物学、统计学、人类学、地文学、地质学、测量绘画学归中国史地类;文学研究法、文字学、训诂学、词章学、中国文学史、西洋文学史、中国史、言语学概论、哲学概论、美术学概论、心理学概论、世界史、教育学、语体文教授法归中国文学类"④。叶秉诚所罗列课程内容很

---

① 《函省长公署请维持大学的呈文批文》,1924年3月,四川大学档案馆藏,卷号:20。
② 余英时:《现代儒学论》,上海人民出版社2010年版,第188页。
③ 《教育部公布大学令》,中国第二历史档案馆编:《中华民国史档案资料汇编》第三辑《教育》,江苏古籍出版社1991年版,第108页。
④ 《复宋芸子论国学学校书》,载《重光》第2期,收入桑兵编《国学的历史》,北京图书馆出版社2010年版,第555页。

详细，将传统学术与西学相融合进行课程设置。不过，这种学科分类有一定问题，像人类学、美术史的分类重合，并且他将西学内容主观纳入到这三大类中，却不一定不符合三大类特征。现存国学学校档案并没有记录学校具体分设哪些专业，但从哲学系学生罢课情况看，学校至少设置了文学系和哲学系，反映出校方在学科设置上已经开始与现代大学的院系接轨。

1928年，教育部将成都农业、工业、法政、外国语、国学这五类专门学校改设为大学的学院，国学学校遂合并进四川大学。民初，大学的办学分为"国立、省立、私立"① 三种类型。当时四川大学尚未国立化，其名称叫作公立四川大学。根据教育部的指令，原来四川的各专门学校一律改设为院。国学学校遵照部令正式改设成公立四川大学中国文学院，也就是后来国立四川大学中文系前身之一。② 国学学校最终能够并入现代化大学中是传统国学教育得以延续和发展所能选择的最好归宿。

小　结

民国建立后，教育部颁布了公立专门学校名录，然而，国学学校并不在教育部规定的专门学校范围内，为了符合教育部的部章规定，国学学校不断更改校名以此避免学校遭遇停办。四川政界和学界共同努力促使国学学校尽量符合部章要求，但实际上，学校办学却始终游离在部章规定之外。

国学学校的教学模式受存古学堂教育的影响很大，是存古学堂教育的延续和变革。国学学校的师资上，不少人由原存古学堂转入。国学学校的生源除了向社会公开招收以外，原存古学堂学生也转入国学学校继续学业。国学学校的课程设置上经学依然占据主要地位，但也融入了西方现代学科。在教学方式上，国学学校课堂讨论和期末测试都较为注重

---

① 《教育部公布大学令》，中国第二历史档案馆编《中国民国史档案资料汇编》第三辑《教育》，第109页。

② 《四川省长公署公函（民国七年省字第37号）》，1918年12月31日，四川大学档案馆藏，卷号：7。

让学生阐发自己的观点。不过,学生的观点必须以尊孔为原则,孔子学说是国学学校的精神支柱。在课堂讨论时,有关历代批儒批孔的言说,学校师生都要严加批驳。

民初四川政局动荡,军阀纷争不断。国学学校的办学经费也一直捉襟见肘,举步维艰。国学学校与政治权力之间,形成复杂依靠关系。袁世凯当政后,在思想领域提倡尊孔复古,四川军政人物多系袁世凯亲信,国学学校作为四川研究国学的桥头堡,自然要迎合尊孔复古的政治需要。但国学学校也并没有沦为政治的工具,一方面国学学校教师不仅尊孔,还参加孔教会活动,积极筹办孔教扶轮会在四川的分会,另一方面国学学校在国学教育上也做出了一定成绩,促进传统学术的进步,这是不可否认的。

鉴于清末学堂学风败坏,国学学校十分注重校风的整顿。四川行政公署多次派人巡查校风,并提出学校存在问题以及需要整顿的方面,这是以往学堂所没有的新举措。以史鉴今,当前不少高校也在整顿学风,提升办学水平,教育部也定期对高校教学质量进行评估检查。民初,四川政府建立的学校巡查制度,还是值得当今学校改进教育质量学习的。但在近代,国学教育毕竟处于边缘地位,国学学校毕业生面临就业压力,校方也要通过多种途径为学生谋出路。

近代,大学的兴起是中国教育史上的重要事件。大学在培养高层次人才,促进学术研究上发挥巨大作用。民初,四川士绅和学界为在川创办省属大学也不断付出努力,经历了诸多曲折。同时,四川国学学校也只有并入现代大学之中,才能延续国学教育的发展,这也是国学学校在近代学制演变与学科划分的大潮流之下所能选择的最好归宿。

第三章　趋新与守旧：不同学术观点交织下的师生世相

在国学学校的日常教学之余，老师们还就经学的不同诠释进行争论，这些不同的学术观点相互交织在学校课堂上，对学生产生重要影响。辛亥后，刘师培入蜀任教国学学校，他的学术观点在四川学界颇有震撼影响。早在1904年的时候，刘师培就感叹中国的国粹之不存，他指出："由是观之，则今日之中国，岂有国粹之存耶！"① 因此，刘师培能够任教国学学校也与学校以"保存国粹"为办学宗旨也有一定关系。

入蜀前，刘师培就对廖平的经学观点有所批评，他尖锐抨击："某氏谓今古学宗旨全不相同，呜呼！何其固也！"② 由于学术观点不同，任教国学学校后，刘师培也就难以避免与国学学校教师产生争论。在国学学校，刘师培与廖平的争论焦点主要集中在关于今古文经学的不同诠释。今文经学是国学学校教师宗奉的经学论说，近代蜀学的崛起标志就是今文经学在四川学界地位的确立。廖平是今文经学的大家，他的学生蒙文通认为："今古学之重光，实自廖师，亦即两汉学之明自廖师。廖师实为近代推明今古学之大匠矣。"③ 而主古文经学的刘师培自然会有不同的观点。不过，刘师培与廖平在学术争论过程中，两人也都

---

① 刘师培：《论中国并不保存国粹》，《刘申叔遗书》（下），江苏古籍出版社1997年版，第1669页。

② 刘师培：《汉代古文学辩证》，《刘申叔遗书》（下），江苏古籍出版社1997年版，第1380页。

③ 蒙文通：《井研廖师与汉代今古文学》，原载《学衡》，转载《新中华半月刊》第一卷第十二期，收入《经学抉原》，上海世纪出版集团2006年版，第107页。

受到对方学术观点的一些启示,刘师培后来对今文经学抱以了解之同情,进而主张融会今古文经。同时,为了辨析老师的学术观点正确与否,国学学校的学生也逐渐培养了独立思考的精神。

第一节　辛亥刘师培入蜀后的学术活动

一　入蜀之困与川省学界之助

从 1912 年起,刘师培先后在四川存古学堂、国学学校任教一年左右时间,这也是他人生一段重要学术转型和总结时期。[①] 刘师培到四川任教完全是因缘巧合,与他在政治上的摇摆立场有关。刘师培曾对端方等清朝权贵十分鄙夷,1904 年,他在《与端方书》中严厉警告端方:"玄烨、弘历诸酋尤为失德,诛亡之惨,淫暴之祸,诚所谓折南山之竹书罪无穷,罄东海之波流恶难尽矣。故为尔辈计,莫若归顺汉族。"[②] 他敦促端方早日投降革命,但到 1908 年,在端方的引诱下,刘师培主动投靠端方,两人关系发生逆转让革命党人深感震惊。刘师培反复无常投机心理是他政治立场摇摆不定的重要原因。纵观刘师培一生,学问值得称道,人品和政治立场却不敢恭维。但也有一种看法认为,端方为刘师培提供了良好的做学问环境,他投靠端方"证明其所为并非仅出于单纯政治因素,其中还有为实现学术理想的谋虑"[③]。刘师培与端方、革命党人之间的错综复杂关系,最终使他脱离了革命队伍。

1908 年,刘师培入端方幕府做学问时还把大量精力放在政治谋划上,实际上也影响了他学问的进步。1911 年 5 月,清政府命端方为督办粤汉、川汉铁路大臣,刘师培随端方赴四川。11 月 17 日,端方在四川资州被部

---

① 关于刘师培在四川的经历和学术交往的相关研究,主要有谢桃坊《批评今文经学派:刘师培在四川国学院》,《成都大学学报》2008 年第 2 期;方光华《刘师培评传》,百花洲文艺出版社 2010 年版;李帆《刘师培与中西学术:以其中西交融之学和学术史研究为核心》,北京师范大学出版社 2003 年版。

② 刘师培:《与端方书》(1904 年),原件存中国第一历史档案馆所藏"端方全宗档案"中,收入《国粹与西化:刘师培文选》,上海远东出版社 1996 年版,第 113 页。

③ 李帆:《古今中西交汇处的近代学术》,北京师范大学出版社 2010 年版,第 200 页。

将所杀，刘师培被资州军政分府拘押。在端方被杀后，刘师培的踪迹就成学界关心之事，他的学生刘文典曾请章太炎向尹昌衡打听老师下落，据刘文典回忆："端方被杀后，刘先生下落不明。我怕先生有危险，求章先生打电报给尹昌衡。章先生讲，姚广孝劝明成祖，勿杀方孝孺。杀方孝孺，则读书种子绝矣。申叔若死，我岂能独生？"① 可见章太炎对刘师培学问的钦佩。他以姚广孝劝明成祖的例子说明如果刘师培被杀，中国的读书种子就绝了。在学界学人奔走下，刘师培得以保住性命来到成都暂住。值得一提的是，时任安徽都督府秘书长的陈独秀闻知刘师培被扣留的消息后，他与李光炯等联名致电中华民国临时大总统孙中山希望对刘师培"矜全曲为宽宥，延读书种子之传，俾光汉得以课生著书赎罪"②。实际上，陈独秀致电孙中山时刘师培已经获释，但也体现陈独秀对刘师培学问的敬重之情。

刘师培脱身以后，在四川学界邀请下到四川存古学堂任教并出任学堂的学监。存古学堂与国学院合并后，他出任国学院附设国学学校的校长。有种看法认为时任国学学校院正的吴之英、院副谢无量之所以执意挽留刘师培，目的是让他在学校与廖平相对抗，"蜀名士谢无量邀申叔入主国学校，与著名今文大师廖平角立"③。这种观点是从今古之争的角度认为主古文经学的刘师培与主今文经学的廖平在学校形成"角立"，而实际上却并非如此。吴之英在给刘师培的信中说："盖王骀鼓舌论道之日，正支离攘臂分米之年。不意张生肆挥今文，竞于通校《五经》之刘骃余，同此玄解，美夫造物者之于我拘拘也。足下肯曲此达情，浼之赞助否？"④ 吴之英在信中谈到春秋礼制问题，能引起主古文经学的刘师培共鸣。吴之英借春秋礼制之说是想表达对刘师培到校任教的期盼之情，他希望刘师培能给学校带来新的学术思想。有研究者却将这段话解读为："吴之英借谈礼制问题，表达他对廖平创分今古学说的不以为然，希望刘师培扭

---

① 万仕国：《刘师培年谱》，广陵书社 2003 年版，第 200—201 页。

② 《临时政府公报》1912 年 1 月 30 日第 2 号第 1 版。

③ 冯自由：《记刘光汉事略补述》，收入万仕国《刘师培年谱》，广陵书社 2003 年版，第211 页。

④ 吴之英：《答刘师培书》，《吴之英诗文集》，四川大学出版社 2008 年版，第 268 页。

转学校崇尚今文学风"①。这种说法还是有些偏颇,值得商榷。当时,刘师培作为闻名全国的学者,到四川后自然会受到川省学界重视。吴之英作为国学根底深厚的教育家,希望刘师培进入国学学校任教能给师生带来新的学术观点,这是吴之英爱才、惜才的表现,但要说吴之英此举目的是为了打压廖平,恐怕还是有些不妥。

　　吴之英与廖平尽管在学术观点上有差异,但他对廖平的学问同样又很欣赏。1913 年,吴之英积劳成疾,他给尹昌衡、张培爵递交辞职信,并对刘师培、谢无量、廖平的学问做出很高评价:"院中人才济济,譬入瑶林。最著者谢无量硕学通敏;刘申叔渊雅高文;重以曾笃斋、廖季平,淹该多方,历年历事之数子,佚足绝驭,负重致远。"② 在吴之英看来,廖平的学术才华属于贤能。清末民初之际,廖平在学术上受四川政界、学界一定程度排挤和打压,但他依然负重致远,在学问上有不少建树。吴之英对廖平为人与学问有较为客观地评价:"同进士季平廖平,茂资灏气,浑庬孤灵,锐思深入,辙撤藩篱,袭宧奥,据所有,作主人。叱昔指麾,肆意焉,规切弗止也。渐有成书,恒自宝不轻出,初刊《例言》,为江南、北山、东西学者传诵。"③ 这里的"肆意"是指廖平在学术上不遵家法和学术传统。但从这段话中可以看出,吴之英对廖平的学术持肯定态度,他认为这种性格正是廖平学术思维开阔的体现,也是廖平在学问上取得一番成就与众不同的根本所在。吴之英是一位心胸宽广的学者,无论是刘师培、廖平或是学校其他师生,他都是以爱才惜才之情真诚对待,并没有所谓借助一方去打压另一方的文人相轻之举。

二　在国学学校的教学与学术整理

　　刘师培在教学之余,还有充分时间整理自己过去的学说,这一时期,他对自己的学问做了系统的总结。在日常教学中,他提出了一些学术的

---

①　张凯:《"今""古"之争:四川国学院时期的廖平与刘师培》,《四川大学学报》2009 年第 2 期。

②　吴之英:《辞国学院院正致尹昌衡、张培爵书》,《吴之英诗文集》,四川大学出版社 2008 年版,第 264 页。

③　吴之英:《寄廖平》,《吴之英诗文集》,四川大学出版社 2008 年版,第 68 页。

新观点，并修正自己以往一些学术成见。在国学学校一年多时间的教研活动，可谓是刘师培余生中值得眷念的岁月。章士钊认为："彼以 1903 年至上海加入革命，到 1908 年叛变为端方幕僚，至 1911 年被扣留，其安有暇暑读书？在成都时期为其读书时间。"① 刘师培经过政治上一系列曲折，他的学问进步也受到阻碍，在四川任教时期反而为他提供了专心学问的良好环境。

刘师培与廖平、吴虞、谢无量等川中学人也建立诚挚友谊，尤其和廖平的学术交往中，刘师培开始了解廖平的学说，认为廖平学术"魏晋以来，所未有也"②。他真正体悟到这位今文经学家的学术思想。他们两人经常就学术问题展开讨论，尽管学术分歧十分明显，但刘师培对廖平学问还是感到钦佩。廖平的学术观点也逐渐感染刘师培，使刘师培逐渐更正以往一些成见，并对今文经学表示一定程度认同。关于刘师培与廖平的这段学术交往，学术界还引发了其是否引起"蜀学丕变"的争论，下文将详述。

在国学学校任教期间，刘师培除了处理学校行政事务，进行社会交游外，上课是他的主要任务。在来四川之前，刘师培虽然在学术上颇有建树，但参与政治活动也耗费了大量时间。在国学学校任教，他希望重归学术研究道路，以学术研究为理想和志业。在课堂上，刘师培教授经学和小学课程，主要讲授《春秋左氏传》。随其学习的学生有萧定国、向华国、皮应熊、唐棣农、魏继仁、李燮、李茵、华畲、杨斌、鄢焕章、马玺滋等十一人，基本都是国学学校旧班的学生。学生课后将刘师培的讲义编订成书，编成《春秋左氏传答问》一卷，"璧山刘君刘，犒事纂录，辑为一编，计二十有七条，名曰《春秋左氏传答问》"③。在该书《序》中，学生讲到刘师培上课的经过，"习《春秋左氏传》者计十有一人。讲授之余，课以杂记。有以疑义相质者，亦援据汉师遗说，随方晓

---

① 顾颉刚：《〈刘申叔遗书〉卷帙之富》，《顾颉刚书话》，浙江人民出版社 1998 年版，第 169 页。

② 万仕国：《刘师培年谱》，广陵书社 2003 年版，第 271 页。

③ 同上。

答"①。学生有疑惑请教时,刘师培总是援引汉学的说法为学生解答。

1913 年,时年二十岁的蒙文通就读国学学校,与刘师培结下师生缘。刘师培指导学生研读经典的方法与学校让学生"钞书"不同,他在教学上坚持"读书从识字始",并用此方法为学生讲解《说文解字》。学生后来整理《答四川国学学校诸生问说文书五通》,就是刘师培在课堂上回答学生学习《说文解字》时"产生各种疑惑的综合问答讲义"②。在讲授《说文解字》时,刘师培曾经以"大徐本会意之字,段本据他本改为形声,试条考其得失"③ 为试题让学生作答。蒙文通的答卷有三千多字,对该问题进行详细论述。刘师培批阅了蒙文通的试卷后,在其卷首批写道:"精熟许书,于段、徐得失融会贯通,区辨条例,既昭且明,案语简约,尤合著书之体。"④ 刘师培非常称赞蒙文通的见解,给了九十八分的成绩。他认为蒙文通不仅精熟许慎《说文》的精义,而且还融会贯通了段玉裁的学问。刘师培很少给学生这样高的评价,足见蒙文通较好的学术功底以及刘师培对其才华的爱惜。蒙文通对老师的嘉奖非常欣喜,促使他更加喜欢阅读清代小学家的著作。但廖平对此却有不同看法,他对蒙文通讲:"郝、邵、桂、王之书,枉汝一生有余,何曾解得秦汉人之一二句?读《说文》三月,粗足用可也。"⑤ 廖平教导蒙文通不必花费大量功夫研读清代小学家著作,他认为只需精读《说文》,此生便可足用了,反映出廖平与刘师培学术观点的差异。

廖平和刘师培两位老师对清代小学家的音韵之学看法不同,作为学生的蒙文通尽管对刘师培的鼓励甚为欣喜,但在治学上他还是接受了廖平的建议,"决定不再从事音韵训诂之学"⑥。廖、刘两位老师在课堂上阐述不同的学术观点,对作为学生的蒙文通、李源澄等人在学术道路的选

---

① 万仕国:《刘师培年谱》,广陵书社 2003 年版,第 212 页。

② 钱玄同:《刘申叔遗书·序》,《刘申叔遗书》(上),江苏古籍出版社 1997 年版,第 29 页。

③ 关于蒙文通作答的试卷和刘师培批语的影印件,参见蒙默编《蒙文通学记》,生活·读书·新知三联书店 2006 年版,第 1 页。

④ 李有明:《经史学家蒙文通》,载政协四川省文史资料研究委员会、四川省文史馆编《四川近代文化人物》,四川人民出版社 1989 年版,第 157 页。

⑤ 王承军:《蒙文通先生年谱长编》,中华书局 2012 年版,第 42—43 页。

⑥ 同上书,第 44 页。

择上影响很大。蒙文通听从廖平建议放弃了音韵训诂之学的研究，但刘师培的学术观点依然影响着他。刘师培对传统经典之中有关礼仪制度的观点成为后来学人研究中国古代社会形态的重要参考，蒙文通就从刘师培的分析中受到学术启示。1915 年，蒙文通写《孔氏古文说》的时候就能"从旧史中区别六经"①，他后来写《古史甄微》时更是进一步指出东、北、南三方，古史传说之不同处，提出了"三方古史传说之不同是由于三方思想与传统文化之不同"②的学术观点。蒙文通这些学说的产生，无不是受到老师刘师培观点的启迪。

除讲解《说文解字》、《春秋》、《左传》以外，刘师培也将早年著作《中国历史教科书》在课堂上讲授。这本书是刘师培在历史学上的一部重要著作，反映他对历史学发展的一些基本认识，概括起来主要有三个方面：第一，研究历史的观点并非一成不变；第二，应把民主、民族意识作为史学的价值标准；第三，史学认识的进步需要更新对史料的认知，研究者还需有哲学素养，在哲学中吸收历史研究新方法。③ 刘师培对史学研究的三点看法颇具新意，他不仅强调史观并非一成不变，将近代民族、民主意识引入史学研究之中，同时还突破史学研究的局限，强调要融会贯通其他学科，从其他学科中汲取史学研究养分，体现出一个大学者的思想格局。刘师培的史学观点在学校师生中颇有影响，近代四川学术一个显著特点就是经学传统不强，由经入史成为近代四川学术的持续过渡。蒙文通等人后来从经学转向史学，特别是上古和中古史研究，与受到刘师培《中国历史教科书》的影响不无关系。

在川任教期间，刘师培还对佛教产生浓厚兴趣，他认为在解释个体命运的时候，佛教自有其高明之处④。他开始相信佛教宣扬的因果报应

---

① 蒙文通：《孔氏古文说》，原刊《国学荟编》1915 年第 8 期，《经学抉原》，上海世纪出版集团 2006 年版，第 8 页。

② 蒙文通：《古史甄微》，《蒙文通文集》第五卷，巴蜀书社 1999 年版，第 3 页。

③ 刘师培这些历史学观点分别见其所著《周末学术史序·社会学史序》、《攘书·胡史篇》、《中国历史教科书·凡例》，收入《刘申叔遗书》（上、下），江苏古籍出版社 1997 年版，第 503、630、2177 页。

④ 刘师培：《与圆承法师书》，《四川国学杂志》1912 年第七册。

说,以及生死轮回观。1914 年,他在给圆承法师的信中说:"蜀都于役,获亲玄轸,从容雅论,寔会神衷,每餐法音,千理承响。弟子少耽丘素,长涉九州,契阔艰夷,遭迥哀乐,既睹焦原之惨,备观砥柱之峻。用是仰研玄旨,归信灵极,怀诚抱向,屏除爱著,期存妙典之真,兼拯俗观之惑。"① 刘师培对佛教感兴趣可能也与政治上屡屡碰壁,郁郁不得志的心境有关。刘师培对自己政治前途和"革命"前景的失望,更容易使他转到以求内心平静的佛学研究。同时,刘师培研究佛教学说本身的经典要义,对他的经学阐释也有促进作用。国学学校在教学内容的设置上也将佛学纳入其中,连圆承法师本人也任教于国学学校。② 刘师培结合传统经学的穿凿附会,对宗教学说进行阐发成为他晚年学术思想的一个重要来源。刘师培对佛教的兴趣也影响到学生,蒙文通后来就师从佛学大师欧阳竟无,开阔了他的学术思想和视野。

刘师培在四川期间也从事一些墓志铭、碑铭写作。鉴于刘师培在学界的名声,一些四川地方名流去世后,家人托刘师培写墓志铭。据刘师培在一九一六年编订的《左盦文内篇》中,他罗列了在四川时期以及离开四川后应人所托写的纪念铭文和墓志铭,主要有《清故南部县知县凌君德政碑》、《清四川直隶州知州鲁君功德颂》、《清故四川直隶州知州陈君墓表》、《清故署万县知县程君阙铭》、《清故四川候补知县程君阙铭》、《清故松潘厅同知唐君阙铭》、《清故四川即补道苏君墓碑》、《清故四川峨边厅同知张君碑颂》、《清故四川候补同知吴毓蕃别碑》。③ 刘师培写作这些碑铭一方面是受人之托,另一方面也有从赚钱营生的角度考量。从这些碑铭的主人看,大多是在四川的晚清遗老,可见刘师培并不排斥给清朝遗老撰写碑铭。④

---

① 刘师培:《与圆承法师书》,《四川国学杂志》1912 年第七册。
② 圆承法师僧名为释圆乘,见《咨送财政司国学馆并入我院后现员名册及人员一览册》,1912 年 10 月 26 日,四川大学档案馆藏,卷号:35。
③ 万仕国辑校:《刘申叔遗书补遗》,广陵书社 2008 年版,第 37—38 页。
④ 这恐怕也与刘师培对清遗民的复杂态度有关。刘师培的政治立场始终在革命与守旧之间的摇摆,使他更理解遗老们的政治心态。相关研究参见林志宏《民国乃敌国也:政治文化转型下的清遗民》,中华书局 2014 年版,第 1—2 页。

刘师培在国学学校任教期间，有充分时间静下来去整理自己的学术成果，提出新的学术见解。同时，他也逐渐改变入川前的轻狂焦躁习气，从佛学中寻求内心平静。在四川任教期间，刘师培也反思了与章太炎关系，他对自己落难时章太炎不计前嫌奔走营救还是心存感念之情的。在成都暂住一年后，他携家人前往上海，并与章太炎冰释前嫌，恢复交谊，"申叔殊感枚叔厚谊，复言归于好"①。之后刘师培又赴山西入阎锡山幕下，成为阎锡山的高等顾问，再次投身政治之中。在他此后的余生中，再也没有在四川国学学校任教时那般潜心学术的安静岁月了。

三 教学之余关注政治

刘师培还未到四川前，就对四川的民间疾苦较为关注。1908 年，成都一火柴厂因生产不当造成爆炸事故，刘师培听闻后表示出对四川贫困劳工阶层的同情。他在新闻稿中写道："成都制造黑药火柴厂，因对药不慎，炸毙工人数名，并将房屋烧毁。现已停工，则工人失业者将日众矣。川省各工生计无出，遂聚集数千人，诣局鼓噪。该局遗兵弹压，枪毙数人，众仍聚而不散。"② 除了对事故造成人员伤亡的惋惜外，刘师培更关心因停工造成工人失业的问题，他还表达对四川军政府不顾工人诉求而进行武力镇压的不满。刘师培对政治一贯热心态度，也成为到四川后在教学之余的兴趣所在。

到国学学校任教后，刘师培对四川政局便十分感兴趣，他内心深处对政治的热忱，并没有因受到一系列挫折而减少。1912 年 6 月，时任民国大总统的袁世凯任命四川都督尹昌衡为征藏军总司令，去剿灭西藏反叛势力。刘师培闻讯后分别上书尹昌衡和四川民政长张修爵，明确表示反对西征。他在给尹昌衡的书信中指出："顷者番夷畔戾，凶狡反覆，乘虚寇暴，以忧边圉。是诚国家边虑，不可不察。执事受任方面，职在斧

---

① 曼华：《同盟会时代民报始末记》，载政协全国委员会文史资料研究委员会编《辛亥革命回忆录》（二），中华书局 1962 年版，第 447 页。

② 刘师培：《四川工人之悲苦》，原载《衡报》一九〇八年七月第八号，《刘申叔遗书补遗》，广陵书社 2008 年版，第 1190 页。

钺,功若丘山,尤云未足。为国勤事,广耀武灵,虽合《周易》重门之谊,虚非《春秋》先内之旨。"① 他认为西藏反叛势力存在的确是对国家稳定的威胁,必须引起军政府高度重视。但他进一步又阐释道:"夫战者,圣人所慎。兵者凶器,故载而时动,乃后为威。《尚书传》曰:'好攻伐,轻百姓,则兵不从革,厥罚恒旸。'今也兴百倍之役,发不訾之费,县粮千里,以广封疆。虽有克获,曾弗补害。卒有不虞,当更征发。又夷狄重译,庐落之居,曾无郭邑城隍之守,岁有暴风瘴气之害。士卒疲劳,转相污染,疾疫夭命,物故大半。上逆时气,下伤农业,人用弗康,何以示远?况今荒耗杼柚,将空人饥,流冗寇攘,浸横弥亘,山泽充斥滋甚。"② 这时候,他的语气又发生大转弯,认为战争毕竟是劳民伤财的事情,四川百姓生活在水深火热之中,如果军政府大举兴兵势必造成百姓生活更加艰难的局面。

刘师培还指出如果对西藏征战可能导致四川省内局势不稳定,"如复扰动,虚内给外,使患疫之民相聚为非,党辈连结,必更生患。夫危众举事,仁者弗为;违义要功,智者所耻。近思征伐前后之计,宜有罢兵安人之道,诚能权轻重之数,存万安之福,忍赫斯之怒,抑贲育之勇,收疲民之倦,以恤久役之士,旋军广农,务行德惠,远维李牧守边之术,近准严尤保塞之论,无令幽远,独有遗失,则桓是徕同,西戎即序矣。"③ 在信中,他不断用《周易》、《尚书》、《春秋》等经书要义来表明反战的观点,让人看到他在政治和学术之间的游离。刘师培的政治观体现出古代儒家的民本思想,他从古文经中寻章摘句以表明战争带来的危害,主张与民休息的朴素民本观点。不过,刘师培称叛乱的少数民族为"夷狄",也反映他的"大汉"思想与民族歧视的狭隘认知。

在给四川民政长张修爵的书信中,刘师培建议:"迩闻省署会议,议定遣师出援川边者,师培之愚,窃以为过。康定以西,古号蕃落,大小

① 刘师培:《与四川都督尹昌衡论川边书》,《刘申叔遗书》(下),江苏古籍出版社 1997 年版,第 1739 页。
② 同上。
③ 同上。

欣贡，有恭顺之素。今兹至计，要在安集，开示信诺，通接商贾，俾知顺附和同之利，用就有征无战之业。"① 他从历史上四川与西藏的关系渊源出发，认为战争对双方是无利的，重点应该在沟通商贸往来，增进双方互信。他再次引用古文经典论述道："《书》曰：'西戎即序'，谓各得其序，而西方远戎并就次序也。今之议者弗务文德，欲以草昧经纶之始，上远见季末开边之迹，无资怀远，适益病蜀。蜀地沃野，材干所生。往者安宁，无鸡鸣之警，忘战日久。复修征伐，三军县远，饥疲太半；卒临锋刃，必见败衄。"② 他认为解决之法应该是修文德，通过政治途径解决问题，并且，蜀地物产丰富，和平日久，现在如果劳军远征必然招致失败，如果发动战争也必然导致民不聊生，所谓"《葛生》之诗，所为训作。又所赋发，日竭千金；力役失时，舍委檐事；军有边征之费，民有凋残之损，襁负流散，庶品不安，听闻讴谣，辄为辛楚。下竭则溃，弗可不察。幸垂三省，广度成败，哀黎元之失业，愍下民之劳止，息军养德，以时优育，斯则勾践滋民之术，桓文忠纯之效也"③。刘师培依然借用古文经典话语，为张修爵勾勒出一幅战争导致的悲惨图景。他希望四川民政长官顾念于此，从而放弃发动战争的念头。

民初，尹昌衡西征是因川西藏区土司叛乱对国家统一构成威胁。尹昌衡致电袁世凯讲："藏亡则边地不守，边失则全国皆危。"④ 他并没有因刘师培的反对而放弃西征，他们各自出发点不同。刘师培看到了战争的危害，却没有看到维护国家统一的民族大义。他虽然对政治始终抱有极大热情，但政治主张却显得幼稚。他一生中大多数时间对政治的热忱超越了对学术的兴趣，也是其人生产生各种矛盾的主要根源之一。

① 刘师培：《与四川都督尹昌衡论川边书》，《刘申叔遗书》（下），江苏古籍出版社 1997 年版，第 1739 页。
② 刘师培：《与四川民政长张修爵论川边书》，《刘申叔遗书》（下），江苏古籍出版社 1997 年版，第 1739 页。
③ 同上。
④ 吴丰培辑：《民元藏事电稿》，西藏人民出版社 1983 年版，第 7 页。

第二节　学校师生不同经学观点的交错

一　廖平出任校长与其经学思想的递变

四川国学院重组易名国学学校后,校长一职便虚悬,经过协商,四川巡按公署决定由廖平出任学校校长。四川巡按使司陈廷杰给国学学校发布此项任命:"兹值学年开始,自应照办所有国学学校,本年八月起至明年七月止,校长一职请季平先生担任,以便早为规划,用策进行,月薪一百二十元,仍照向例开支,为此照会廖季平先生"①。有关廖平的职务任命是省署深思熟虑的结果,体现省署希望办好国学学校的急切心情。一九一四年,廖平出任重组后的国学学校校长,并且在学校任经学科教师。

廖平就任校长后,便立即着手任命学校各行政职位的人员。他致电四川巡按使,通报决定任命吴开甲为学校庶务,"本校庶务吴开甲已即日任事,将来按月领取"②。庶务职责是管理学校日常事务,属于学校后勤的"大管家"。不过,在国学学校担任庶务一职的人却由于各种原因不断辞职,廖平不得不一再物色新的人选。吴开甲任职仅一年时间就辞职,继任的段继昌任职不长也提出辞职。因此,四川军政司令官熊克武委任林嘉琛为学校新的庶务,③ 但林嘉琛任职不到半年时间再度辞职,廖平再一次呈报四川公署推荐戴燮钟继任学校庶务。戴燮钟毕业于日本东京弘文师范学校,曾任重庆暨万县中学校教司,廖平认为他办事"稳练周详,堪以重任"④。学校庶务一职不断易人,除庶务本人因各种原因离校外,与学校办学经费日益困难有很大关系。由于学生抗议

---

　　① 《通知廖季平先生本年八月至明年七月由台端担任你校校长》,1914年8月7日,四川大学档案馆藏,卷号:34。

　　② 《备文函知四川巡按使,大署加饬委任吴开甲为国学学校庶务》,1914年8月9日,四川大学档案馆藏,卷号:34。

　　③ 《令国学学校知另委林嘉琛接充庶务一职》,1917年3月,四川大学档案馆藏,卷号:34。

　　④ 《今有戴燮钟堪以继任本校庶务,呈报四川省长公署察核》,1917年10月9日,四川大学档案馆藏,卷号:34。

和罢课事件不断发生，导致为师生后勤提供保障的庶务感到压力倍大，最终不得不辞职离任。

四川署巡按使陈宦在函文中提及廖平任校长后的待遇问题，"月薪为一百四十元，并照会廖平。"① 一百四十元的月薪，虽不能与北京、上海等学校校长待遇比，但与当时四川物价水平以及国学学校的教职员工收入相比，校长收入还是较为丰厚。有了这样的待遇，作为校长的廖平基本可以全身心管理学校日常事务以及潜心从事学术研究。然而，在国学学校校长的位置上，廖平似乎过得并不舒心，他多次表示一届任期结束后就不再连任校长。鉴于廖平在四川学界的名望以及国学学校发展的实际处境，他的请求多次遭到四川巡按使公署驳回。川省长官无论是陈宦还是熊克武，他们都极力希望廖平能留任校长一职。1918年校长换届时，廖平一再推迟就任，政务厅教育科不得不发公文一再催促廖平尽快到校任职，函文语言急切，充满对廖平尽快任职的盼望。② 四川军政司令官熊克武在给廖平的信中称："国学学校为全川国学楷式，夙念先生学术湛深，群流宗镜。相应照请，担任该校校长一职，希即克日莅校正席，所有月脩一百四十元，按月由该校庶务致送。"③ 由于四川军政府的力挺，廖平不得不再次连任校长一职。直到1923年，廖平因个人的身体原因而坚辞，学校校长一职才由骆成骧继任。

廖平在国学学校任教期间，他的学术观点对学校师生影响较大。实际上，廖平自身的学术发展也历经好几个转折，这与四川学界的落后有关。晚清时期，乾嘉汉学虽早已风靡全国，但川省学界仍不知道汉学的发展状况。四川学者与其他地域的学者交流不多，以至有人发出"川人到南人程度，尚须十年之后"的感叹④。阮元编写《皇清经解》，收录数

<hr>

① 《照知廖平仍请台端继续留任》，1915年8月18日，四川大学档案馆藏，卷号：34。
② 《函请你校校长再敦促廖校长办移交手续》，1918年9月3日，四川大学档案馆藏，卷号：34；《函知新任国学校长暂以私章办事并快办接交手续》，1918年9月，四川大学档案馆藏，卷号：34。
③ 《照会廖平先生请担任国学学校校长》，1918年7月19日，四川大学档案馆藏，卷号：34。
④ 中国革命博物馆整理，荣孟源审校：《吴虞日记》上册，四川人民出版社1984年版，第49页。

百种清代学者的著作,却"无一本川籍学者著作,足见川省学界落后程度"①。在学术诠释上,清末四川学界自身也处于矛盾之中,一方面四川学术不仅落后全国发达地区的学术水平,川籍学人还依然故步自封,继续从事已不再那么"先进"的学术研究,另一方面四川学界又创造出一套独特的学术诠释体系,这套学术体系几乎是不受外界影响,独立钻研出来有关经学的解释,这让全国学界无不感到惊讶。这两种互相矛盾的学术发展理路交织在一起,对塑造廖平个人学术的演变路径有很深影响。

廖平早年师从经学大师王闿运,但从一开始就并不盲从师说,他不断地以自己不同见解来纠正老师王闿运学说的谬误。廖平虽然不同意王闿运的一些学说观点,但他个人研习经学的方法却得益于王闿运的言传身教。蒙文通就观察道"廖先生讲经学与王湘绮不同。廖先生说:'先生画水,弟子画火',但是画是从老师那里学的,问题不在画水、画火"②。廖平从王闿运那学到的学术精神远比他学到的学术论说更为重要,正因为独立的学术精神才使廖平在学问上进步。廖平在经学上逐渐衍生出一套独特解释,这与王闿运的经学思想不一样。廖平对王闿运的经学思想不断地加以批评,王闿运的内心尽管不太高兴却也对此十分宽容。他并没有打压廖平的观点,体现了一个大学者的学术风范和气度。

学生辈的蒙文通尽管钦佩廖平的经学诠释能自成系统,但认为廖平还不能称得上是大学者。蒙文通后来教导自己的学生时常说"学问贵成体系"③。他一生都主张学者在研究学问的时候要抓学术大问题,看到问题的主流,不要去做一些枝枝节节,无关紧要的小问题。他始终认为有没有建立一套独立学术理论体系是大学者与否的衡量标准,真正的学者不应成天研究支离破碎的饾饤之学。蒙文通指出:"学问体系如几何学上点、线、面、体。清代学者四分之三以上都是饾饤之学,只能是点。段玉裁的文字学,可以算是线,但还不能成面。欧阳竟无于佛学、廖季平

①　张祥龄:《翰林庶吉士陈君墓志铭》,转引自陈三立《散原精舍文集》,辽宁教育出版社1988年版,第184—185页。

②　蒙默编:《蒙文通学记》,生活·读书·新知三联书店2006年版,第51页。

③　同上书,第3页。

于经学，虽自成系统，纲目了然，但也只限于一面。能在整个学术各方面，都卓然有所建树而构成整体者，则数百年来盖未之见。"① 他认为与清世学者相比，欧阳竟无和廖平的学问已经跳出饾饤之学狭隘，也超越了段玉裁的学问体系，能够自成一套学术系统，但仍然犹嫌不足，他们始终还无法成为一个学术整体。蒙文通指出做一个真正的大学者应该是能够综合各种学问，把它们创建成一个整体，然而，这样的学者数百年来也并未出现。这正是蒙文通对后辈学者的期望，也是他始终坚持"学生的学问，总该超过老师"② 的观点，认为只有这样学术才能有所发展的严谨治学精神。

廖平"经学六变"的第四变到第六变是在四川国学学校任教时候逐渐提出来的。学生刚开始对廖平经学诠释极为钦佩，甚至有学生对"廖平的学说趋于迷信"③。实际上，迷信师说对学生的学术进步有阻碍作用，有一种看法讲："只要我们承认某种理论学说有不能批评的核心，那迟早会沦为迷信。"④ 然而，廖平的经学从第五变开始就已经走向了玄之又玄的极端，到第六变的时候更是已经脱离对经学的学术性解释，变成一种精神上的虚无和妄说。⑤

随着廖平经学的诠释越来越走向虚无，达到走火入魔境地，国学学校老师对廖平学说也产生怀疑。作为学校继任校长的骆成骧与廖平私交甚好，而两人在学术观点上并不相同，骆成骧尤其不认同廖平的经学六变。廖平因年老多病辞去校长职务后，学校教师共同推选的校长继任人选都被廖平逐一否定，他认为只有骆成骧能够胜任校长的职位。然而，

---

① 蒙默编：《蒙文通学记》，生活·读书·新知三联书店 2006 年版，第 4 页。

② 同上书，第 1 页。

③ 周叔平：《拒绝列名筹安会的骆成骧》，《四川文史资料选辑》第二十七辑，四川人民出版社 1982 年版，第 201 页。

④ 金观涛、刘青峰：《兴盛与危机：论中国社会超稳定结构》，法律出版社 2011 年版，第 310 页。

⑤ 廖平的经学六变的分期和变名分别为：第一变名平分今古，时间 1885—1887 年，第二变为尊今抑古，时间 1887—1897 年，第三变是小统大统，1897—1906 年，第四变叫天学人学，时间 1906—1918 年，第五变称作天人大小，时间 1918—1921 年，第六变是以五运六气解《诗》、《易》，时间 1921—1932 年。

骆成骧继任校长后却将廖平的经学观点从学校的教学讨论中剔除掉。骆成骧是一位"趋新"士人,也就不难了解他对廖平那种越来越传统、越来越复古,不切实际的学术观点所持反感之情。① 但此举却引起了国学学校一些学生的不满,当廖平返校办理工作移交手续时候,学生当着廖平的面责难校长骆成骧:"季平先生的学说,骆先生为何道全不可用?"骆成骧答道:"吾与廖先生争,数十年矣,岂自今日始矣?"② 不过,廖平听闻之也不禁大笑,并未因此而懊恼。他们两人的学术观点不同,私人交情却一直甚好。国学学校老师对传统学术的诠释虽不尽相同,但没有谁的学说可以凭借权势、学术地位等外在因素而成为不能质疑的独尊。老师之间的学术争论也并没有伤害私人友谊,这是国学学校具有的优良学风,非常值得后来办学者以借鉴。国学学校的学生不少人后来也不赞同廖平对经学的一些诡异解释,即便是对廖平十分尊敬,受廖平学说影响甚大的蒙文通、李源澄等学生辈,也逐渐对老师将经学虚无化诠释表示不认同的态度。③

国学学校在办学过程中,虽然也换过几任校长,但廖平任校长时间是最长的。廖平做校长时潜心经学,与外界的交往并不太多,以至外界一度以为廖平过上了隐居生活。1915 年,一位日本学者对廖平这样评论:"廖平隐居于四川山区,不愿意出来"④。廖平经学在六变之后,他关于经学升天的思想愈来愈玄怪离奇。

因此,国学学校的师生对廖平在学术上的背离也并不令人感到惊奇。梁启超评论廖平晚年学问时讲:"自卖自学,进退失据,牵合附会,撫拾六经字面上碎文只义,以比附泰西之译语。"⑤ 当廖平在经学阐释上从"尊敬孔子"到"崇拜孔子"再到"神话孔子"的时候,部分国学学校师生的学术观点却与廖平的观点南辕北辙,他们在学术上转向了反尊孔的

---

① 何一民:《骆成骧与戊戌维新运动》,《文史杂志》1987 年第 4 期。
② 周叔平:《拒绝列名筹安会的骆成骧》,《四川文史资料选辑》第二十七辑,四川人民出版社 1982 年版,第 201 页。
③ 蒙文通:《廖季平先生传》,《经学抉原》,上海世纪出版集团 2006 年版,第 200 页。
④ [美]约瑟夫·列文森:《儒教中国及其现代命运》,郑大华译,广西师范大学出版社 2009 年版,第 262 页。
⑤ 梁启超:《论中国学术思想变迁之大势》,《饮冰室合集》(文集七),中华书局 1989 年版,第 101 页。

道路。如作为廖平学生和挚友的吴虞后来转入北大陈独秀门下,成为新文化的鼓吹者。骆成骧对尊孔复辟也十分反感,曾怒斥希望他组建筹安会的人"嗔目叱之,令悚惧退"[①]。廖平在卸任国学学校校长一职后,他在川省所具有的学术圈子也随之迅速瓦解。

二 "今""古"经学诠释的互动

刘师培入川前就对廖平有所了解,他接连写了《汉代古文学辩诬》、《两汉学术发微论》、《汉宋学书异同论》等文章,[②] 他文中详细论述了对两汉学术以及汉宋学术流变的看法,同时他还反驳了廖平的学术观点。其中,《汉代古文学辩诬》是刘师培的一部学术代表作,他在书中系统阐释了汉代经学演变历程。[③] 这些著作的观点集中体现刘师培站在古文经学家立场上,反对廖平、康有为等人提倡的今文经观点。

与刘师培关系密切的章太炎对今文经学就很反感,针对廖平认为今文经学注重师承,古文经学注重训诂的观点,章太炎对此反驳道:"今观廖氏所论,犹谓今文重在师承。恐已于今文,已不能重师承矣。"[④] 他甚至认为"今文学家王闿运、廖平、康有为辈一无足取,今文学家因此大衰了"[⑤]。不过,对廖平个人的学问,章太炎认为"廖季平的经学,荒谬处非常多,独到处也不少"[⑥]。他对廖平的学问是既批评又维护,但批评是主要的。章太炎同样是以古文经学家立场,反对廖平今文经学的观点。[⑦] 刘师培与

---

① 管振维:《骆成骧》,收入任一民主编《四川近现代人物传》第二辑,四川省社会科学院出版社 1986 年版,第 103 页。

② 相关文章具体见《刘申叔遗书》上册,第 529—539、548—562 页;下册,第 1374—1392 页。

③ 刘师培:《汉代古文学辩诬》,《刘申叔遗书》下册,江苏古籍出版社 1997 年版,第 1374、1377、1383 页。

④ 章太炎:《今古文辨义》,《章太炎政论选集》上册,中华书局 1977 年版,第 114 页。

⑤ 章炳麟:《国学概论》,岳麓书社 2010 年版,第 26 页。

⑥ 章太炎:《留学的目的与方法》,《章太炎讲演集》,河北人民出版社 2004 年版,第 23 页。

⑦ 廖平曾在《国粹学报》上发表《公羊春秋补正后序》、《公羊验推补正凡例》、《春秋孔子改制本旨三十问题》三篇文章,发挥了他关于今文经学派的"微言大义"说。章太炎读后甚为反感,直斥廖平"荒谬诬妄"、"全未读书"。参见郑师渠《晚清国粹派:文化思想研究》,北京师范大学出版社 1997 年版,第 20 页。

章太炎看法不同,他虽然对今文经学也抱以成见,但希望寻求一条今古经学融合之路。刘师培的看法主要归纳为三方面:第一,汉以前今古文经差异仅是文字不同,非诠释不同;第二,古文经的内容基本可信;第三,两者在立说上其实有相同之处,西汉的今文家也没有主张废古文经。[①] 刘师培虽是古文经学家,但主张今古文经应该相互交融,不认同把两者看得那么不可调和。他反对廖平抬升今文经地位,排斥古文经的学术观点。对如何融合今古文经,吴之英也有类似看法:"今文虽让古文博,古文不及今文雅。倘能合勘俱可怜,纵然剖别已蹄筌。"[②] 他指出今文与古文经学各有长处,两者如果能合流则能促进经学发展,如果分离则都要受损。

在四川任教期间,刘师培和廖平两人先后成为国学学校的校长。无论在学校日常管理上还是学术切磋方面,两人相互的影响都较深。关于两位老师在经学观点上的不同,学生蒙文通的体会较为深刻。蒙文通在后来的回忆中多次谈到两位业师在学术上的差异以及老师们不同学术观点对自己的影响,"文通于壬子、癸丑间,学经于国学校,时廖、刘两师及名山吴师并在讲习,或崇今,或尊古,或会而通之。持各有故,言各成理。朝夕所闻,无非矛盾。惊骇无已,几历岁年,口诵心维而莫敢发一问。虽无日不疑,而疑终莫解"[③]。"朝夕所闻"、"无非矛盾"、"惊骇无已"形象表现蒙文通对老师在学术诠释上的不同感到迷惑不解,而这样的迷惑却没有使他鼓起勇气向老师提出质疑,最终直到他毕业也没有释疑,留下了些许遗憾。

在国学学校任教之余,刘师培接连撰文与廖平讨论今古文经的阐释。1913 年,廖平写成《孔经哲学发微》,这是他经学六变中第四变的一部代表作,该文分别从尊孔、拨乱观、贵本观、流演观、小大观、天人观、宇宙观,来阐述他关于天人之学的观点。[④] 在阐释天人观时,廖平认为中国传统

---

① 李帆:《刘师培与中西学术:以其中西交融之学和学术史研究为核心》,北京师范大学出版社 2003 年版,第 141—142 页。

② 吴之英:《寄井研廖平》,《四川国学杂志》1912 年第四册。

③ 蒙文通:《经学抉原·序》,《经学抉原》,上海世纪出版集团 2006 年版,第 54 页。

④ 廖平:《孔经哲学发微》,《廖平选集》,巴蜀书社 1998 年版,第 293—294 页。

经学统系于"天"，他以易经八卦的比附，分列各经典的位置。① 刘师培看后随即写《与廖季平论天人书》一文，对廖平天人之学提出质疑。刘师培指出"夫经论繁广，条流舛散，仰研玄旨，理无二适。超永劫之延路，拔幽根于始造，非经纬天地，明光上下，逞变形之奇，知生类之众也"②。刘师培力图证明在中国古代虽然经典古籍的种类十分繁多，也导致儒家学说有不同的诠释，使得中国传统学术源流也纷繁复杂，但必须明确的是事物的真理却是唯一。"至于《诗》、《易》明天，耽周抱一，屈赋沉思于轻举。然巫咸升降，终属寰中，穆满神游，非超系表。何则？轻清为天，重浊为地，宇为方位，宙兼今古，宇彻人天。以天统佛，未见其可"③。刘师培认为在宇宙中的一切生命都不可能永恒存在，廖平用"天"的观念去解释经学的原理，同时又"以天统佛"，希冀经学能与佛学合流，从学理上这是根本讲不通的，甚至会折损传统学术的真正价值。刘师培还发表《定命论》一文对廖平的天人观提出质疑，但他质疑廖平天人观时也承认孔子受天命之说，"孔言所命，于命自来"④。只不过两人立场不同，廖平提倡孔子受命说是为了应付世变，刘师培则从求真角度"以世法言孔子"⑤。综合他们的观点看，他们两人学术分歧主要还是集中在今古经学的诠释。

值得注意的是，此时刘师培对廖平的今文经学说已经开始较为客观看待。从承认孔子受命说就可看出这点，他不像入川前那样极力反对廖平学说，对廖平经学的诠释的一些内容，他也抱有了解之同情。在两人的学术讨论切磋中，刘师培也学到了廖平的一些治学方法。他后来改变学术研究方式，开始重视以家法条例去研究经学，无疑就是受到廖平的学术启发。刘师培晚年整理学术成果时认为自己最为满意的学问是有关"三礼"的研究。⑥ 他十分看重自己后期的经学研究著作，他对学生陈钟

---

① 廖平：《孔经哲学发微》，《廖平选集》，巴蜀书社 1998 年版，第 378—379 页。
② 刘师培：《与廖季平论天人书》，《刘申叔遗书》（下），江苏古籍出版社 1997 年版，第 1731 页。
③ 同上。
④ 刘师培：《定命论》，《刘申叔遗书》（下），江苏古籍出版社 1997 年版，第 1701 页。
⑤ 同上书，第 1702 页。
⑥ 《刘师培遗著之发刊》，《大公报·图书副刊》1934 年 2 月 10 日第 13 版。

凡说:"民元以还,西入成都,所至任教国学。纂辑讲稿外,精力所萃,实在三礼,堪称信心之作。"① 而对"三礼"的研究,恰好是廖平学术的重要内容。在刘师培给学生推荐的书目中就有廖平所著《今古学考》。刘师培对这本书的评价是:"廖书断古文学为伪,诚非定论。武断穿凿,厥迹尤多。然区析家法,灼然复汉学之真。"② 刘师培对廖平的《今古学考》批评之处不少,但他也承认廖平细密的考证对区别今古文经方面做出贡献,从而肯定了廖平的汉学考证方法。他把该书推荐给学生,希望学生研习经学时参阅廖平的著作,可见刘师培一定程度上已经改变了对今文经学的成见。通过学生辈蒙文通的观察可以看出,廖平和刘师培两人私交非常友善,蒙文通讲:"世之言今、古学者攻讦如仇雠,惟刘师与廖师能相契。刘师之称廖师曰:洞彻汉师经例,魏晋以来未之有也。惟就经例以穷汉学,故廖、刘相得而益彰。"③ "能相契"一语表明两人在学术上是互补的,相互交流很默契。两人不同的学术意见公开讲出来,大家都可以辩论,也互相接受对方的批评意见,因而相得益彰。两位老师对彼此学问的评价也都较中肯,虽有批评但绝不互相攻讦贬低,这是难能可贵的学术品格。

刘师培在来四川之前对经学的考证有诸多非议,但他离开四川之后也对廖平的经学诠释表示出一定认同。他放弃了一些之前对今文经学的偏见,很明显是与廖平交流互动中受到影响。廖平将古代文化分为不同群组加以解释,在当时这种学说成为典范,刘师培写《西汉周官师说考》时就受此影响。④ 1914年,刘师培离开四川后写信给廖平谈道:"近来思如黄发之驹,常恐隕殁,故而犬马齿穷,既竭吾才以钻研官礼,深悟其中大义,欲罢而不能,静坐以待旦。"⑤ 刘师培此后对三礼的钻研渐入佳

① 陈钟凡:《周礼古注集疏跋》,《刘申叔遗书》(上),江苏古籍出版社1997年版,第183页。
② 刘师培:《与吴虞论小学门径书》,原函未见,据《吴虞日记》录入,作于1912年7月10日,由孙绍荆转交吴虞,转引自万仕国辑校《刘申叔遗书补遗》,广陵书社2008年版,第1302页。
③ 蒙文通:《廖季平先生与清代汉学》,《经学抉原》,上海世纪出版集团2006年版,第104页。
④ 王汎森:《从经学向史学的过渡:廖平与蒙文通的例子》,《历史研究》2005年第2期。
⑤ 刘师培:《与廖季平书》,《刘申叔遗书》(下),江苏古籍出版社1997年版,第1731页。

境，同时，他以向廖平虚心求教的口吻以突出自己孤独的学术心境。他在信中语言情真意切，丝毫看不出入川前性格上焦躁的刘师培旧形象，这正是他晚年在学术研究上所获心得的真实反映。此后两人就再没见过面，而互相间的学术通讯始终不断。刘师培英年早逝后，作为昔日同事和学术挚友的廖平也感到十分痛惜。

值得讨论的是，以往相关研究主要看到刘师培对四川学界产生影响的方面，把刘师培的学术思想和学术批评对促进蜀学变革的评价很高。有学者由此认为刘师培给川省学界带来全新学术理念和研究模式，并得出他直接导致"蜀学丕变"的结论。① 实际上，这明显夸大了刘师培对蜀学的影响，看法还是有些偏颇。刘师培虽然给四川学界带来了不少新观念以及新的研究方法，当然这是他作为经学大师在学术交流中必然的学术影响，然而在事实上，他并没有使整个四川学界在学术观点上发生巨大转变。在他离开四川之后，四川学界对传统学术的研究也并没有跳出过去的"窠臼"。况且，以往的研究并未看到或者较少看到廖平对刘师培个人的影响。刘师培在与廖平的学术互动中对自己一些学术观点也进行了某种修正，对过去不太认同的今文经学诠释也不再那么敌视。刘师培在四川任教期间也是他个人学术的重要转折期，这段时间的学术经历对他以后学术观点的改变有较大影响。可以说，刘师培和廖平两人在学术上互相切磋，对两人各自的学术理路和学术观点都有较大影响。刘师培在国学学校上课时阐发对经学的不同看法引发师生讨论，但他对四川学人的学术观点影响却较为有限，也没有对整个蜀学研究起到根本性改变。因此，"蜀学丕变"之说还是显得有些夸大。②

刘师培在学术上因前后见解不同，可分为两个时期。1903—1908年，也就是农历癸卯至戊申年，这六年为其学术前期。1909—1919年，也就

---

① 尹炎武认为："刘师培手订《左庵集》雕版行之，蜀学丕变。"尹炎武：《刘师培外传》，《刘申叔遗书》（上），江苏古籍出版社1997年版，第17页。谢桃坊先生也认为刘师培在国学学校任教时期为四川学界带来"蜀学丕变"，促进了国学运动在四川的发展。谢桃坊：《批评今文经学派：刘师培在四川国学院》，《成都大学学报》2008年第2期。

② 此条承北京师范大学历史学院李帆老师提示，谨致谢意。具体讨论见李帆《古今中西交汇处的近代学术》，北京师范大学出版社2010年版，第150页。

是农历己酉至乙未年,这十一年时间为其学术后期。两个时期区别在于"前期趋于革新,后期趋于循旧"①。刘师培后来对今文经学的看法有所改变,尤其与廖平共事后,他逐步认为"今文师说多宽假之辞,廖氏之学未易可轻也"②。他有这样不同看法是随着时局变迁和个人学术转变而变的。不过,刘师培论述今文经学时仍难以避免一些现实因素的干扰,这种学术研究取向也反映出刘师培矛盾性格所在。刘师培对任教国学学校的时光极为怀念,他在离开四川时曾真情流露地讲道:"獝以寡薄,越在西土,徒以方志,废不寻修,顾惟阙遗,顺是邦请,咨于老长,金惟敬同,不敢康宁,竭尽顽弊,思自厉策,以达二三君子之末。彭耼之业,不在片言,天若假年,庶无大过。益以迩来沈绵痼疾,志意衰落,发白早凋,夙夜悼心,若涉渊水。常恐陨殁,犬马齿穷,永衔罪责,人于裔土,企心东望,每用依依。不胜狐死首丘之情,惟留神裁察幸甚"③。刘师培表达出自己对国学学校依依不舍的心情,语言极为伤感,言辞之间充满了真情流露,足见他对与四川学界的学人在学术切磋上的珍视。

三　学生的学术探讨彰显独立思考之精神

在国学学校的日常教学之中,有关传统学术不同观点的讨论很普遍,老师互相之间、老师与学生之间、学生互相之间的各种学术讨论较为活跃,这种氛围容易产生新的学术观点。国学学校的档案虽然没有记载师生学术观点争论的情况,但我们依然可以通过当事人回忆来勾勒出师生学术讨论的历史情景。其中,蒙文通、李源澄等人的年谱、著作、回忆录之中有一些相关的历史记忆,为后人进行研究提供参考。

在学校讲授经学最有名的老师是廖平、刘师培、吴之英三人。其中,廖平主今文经学,刘师培主古文经学,吴之英则会通今古经学,在学术观点上持折衷立场。三位老师对如何学习经学看法并不相同,蒙文通刚开始感到很困惑,但经过认真独立思考,迫使他的逻辑思维能力不断提

---

① 钱玄同:《刘申叔先生遗书序》,《刘申叔遗书》,江苏古籍出版社 1997 年版,第 28 页。
② 同上书,第 32 页。
③ 刘师培:《与成都国学院同人书》,《刘申叔遗书》,江苏古籍出版社 1997 年版,第 1741 页。

高，最终摸索出独立的经学解答途径。廖平肯定蒙文通具有的创造性想法，不以和自己观点的不同而气恼。吴天墀回忆道："廖平认为经学体现治世安民，而章学诚、龚自珍之流，以经为史，如泾渭不辨，会大大贬损经学的价值，斥为最是荒谬。蒙先生没有接受上述见解，他把治经方法引入史学，使经史贯通，相得益彰。"① 蒙文通在治学上的特色就是引经入史，经史贯通，最终使经学朝着史学化领域转变。他这种治学方法的产生就是在国学学校求学时，通过老师讲授和自己思考摸索出来的。

蒙文通后来也对廖平有关"今文十二博士同条共贯"的学说产生了怀疑，并由此认为廖平对此解释是错误的。蒙文通推测今文经其实源于鲁学和齐学，而古文经学则出自三晋，"鲁学是孔孟嫡传，齐学虽接近鲁学，但已杂而不纯，古文经则非出自孔氏"②。在产生了这样的想法之后，1922年，蒙文通写成《经学导言》一文对自己这些疑问进行了详细的阐释。③ 廖平读了蒙文通的《经学导言》后，并没有因学生否定自己的学说而气恼，反而感到非常欣慰。当时，廖平已经病重卧床不起，但他在病中依然给《经学导言》写了评语，他在评语的结尾处称赞蒙文通讲："文通文如桶底脱落，佩服佩服，将来必成大家。"④ 老师不同的学术观点和学术争论，对学术造诣并不深的学生而言会感到困惑，显得有些无所适从。但蒙文通并不盲从任何一位老师的学说，在学术上有他独立的见解，或许这样的见解可能还显得不成熟也不一定正确，然而这种不盲从的学术精神为蒙文通的学术发展奠定了良好基础。

蒙文通对廖平、刘师培在孔子、周室问题上存在不同观点，也有自己的独到看法。他批评廖平"过重视孔子，以为今古皆一家之言，故以

① 吴天墀：《蒙文通先生的治学与为人》，《蒙文通学记》，生活·读书·新知三联书店2006年版，第185页。

② 蒙文通：《井研廖季平师与近代今文学》，原载于1932年8月15日天津《大公报·文学副刊》，后有重要增改，再载于《学衡》1933年第七十九期，收入《经学抉原》，上海世纪出版集团2006年版，第100页。

③ 蒙文通这篇文章原名叫《近二十年来汉学之评议》，在收入其著作后，更名为《经学导言》。蒙文通：《经学抉原》，上海世纪出版集团2006年版，第13—39页。

④ 廖平：《六译老人听读〈近二十年来汉学之评议〉后记》，《经学抉原》，上海世纪出版集团2006年版，第14页。

为初年、晚年之异说,又以为大统、小统之殊科"①。同时,他又批评刘师培"过重视周室,以为皆一王之治,故说镐京、洛邑之制不同,西周、东周之宜有别。其言今古文学立异之故不同,其所以辨今古文学则一。苟不寻其所言今古之实事,而徒事其说明所以为今古之虚言,则去道逾远"②。蒙文通梳理出廖平过重视孔子与刘师培过重视周室的区别,他认为两位老师尽管立言不同,但实际上都存在偏颇之处,都不够全面。蒙文通进一步指出要理解两位老师的学术方法,就必须先了解今古文的得失,这样才能懂得老师的学术观点。他认为:"能知刘师、廖师为学之中心,则自知所以继刘师廖师研学之方法指要,先究其所言今古学之内容,再求其说明所以为今古学之得失,则庶乎近之。自廖师之说出,能寻其义以明今文者惟皮鹿门,能寻其义以言古文者惟刘申叔,他皆无与于此事。"③ 在蒙文通看来,对廖平的学说精义可以从今文和古文两个角度来理解,并认为能从今文学角度理解的人只有皮名举,能从古文角度理解的人则只有刘师培。

在两位老师就今古文经学的不同认知上,蒙文通指出:"廖师以鲁学为今文大宗,齐学消息于今古之间,而燕赵为古学,以壁中书为鲁学、为今文。刘师以壁中书为鲁学,鲁学为古文,而齐学为今文。"④ 廖平认为鲁学是今文经学,刘师培却认为鲁学是古文经学,但在蒙文通看来"夫古学之名,依于壁书,则壁书自应属古学。然古学实以《周官》为宗,非以壁书为宗,《佚书》、《佚礼》以绝无师说,故古学家莫之传,而《周官》岂有师说之传耶?"⑤ 在古文经学和今文经学的界定上,蒙文通对两位老师的见解均表示异议,对两位老师以壁中书和《周官》来界定古文和今文的做法也表示了自己的疑问,可见他始终是秉持独立思考精神来判断老师学说的正确与否。

---

① 蒙文通:《井研廖季平师与近代今文学》,《经学抉原》,上海世纪出版集团 2006 年版,第 99 页。
② 同上。
③ 同上书,第 100 页。
④ 同上书,第 101 页。
⑤ 同上。

在廖平和刘师培有关清代经学的讨论中，蒙文通指出两人观点不同处："廖师屡曰：两《经解》卷帙虽繁，但皆《五礼通考》、《经籍纂诂》之子孙耳。又言清代各经新疏及曩在江南某氏未刊之某经正义稿，大要不能脱小学家窠臼。刘师则直谓：清代汉学未必即以汉儒治经之法治汉儒所治之经。又言：前世为类书者，散群书于各类之中；清世为义疏者，又散各类书于经句之下。两师讪諆清代汉学若此。"① 廖平认为《经解》实际上是以《五礼通考》、《经籍纂诂》为根本从而衍生出来的，清代江南学者在学术上大多不能脱离小学家的窠臼，受到很大局限，而刘师培认为清代汉学家不一定就以汉儒治经法治经。两位老师对清代汉学的评价都较低，蒙文通听闻后"骇之，不敢问，以为两《经解》尚不足以言经术，称汉学，舍是则经术也、汉学也、于何求之？亦竟不能揣测两师之意而想像其所谓"②。两位老师的评论促使他思考如何对待清代汉学，蒙文通比较两位老师观点后认为："廖师之论清代经学，别之曰顺康派、雍乾派、嘉道派、咸同派。刘氏之论清代经学，则别之曰怀疑派、征实派、丛缀派、虚诬派。刘、廖之见有不同，故抑扬有异，谥名遂殊，然于内容之分析则无大异。"③ 在蒙文通看来，两位老师对清代经学的褒扬和贬斥虽然有所不同，但实质内容却没有大的差异，反而是两位老师有一些共同的主张于其中。

当时，曾学传在国学学校教授理学，著有《皂江全书》一书，书中有《宋儒学案简编》一文，可能被用作了国学学校的理学课教材。在理学上，曾学传宗奉南宋的陆九渊。蒙文通可能也受到曾学传的影响，在学问上也宗奉陆九渊。④ 南宋朱熹与陆九渊对经学与传记的关系有深入讨论，朱熹强调的是经传相分，而蒙文通在经传关系上更重视传记，他主

① 蒙文通：《廖季平先生与清代汉学》，原载《国风半月刊》1932年第一卷第四期，收入《经学抉原》，上海世纪出版集团2006年版，第103页。

② 蒙文通：《廖季平先生与清代汉学》，《经学抉原》，上海世纪出版集团2006年版，第103页。

③ 蒙文通：《井研廖季平师与近代今文学》，《经学抉原》，上海世纪出版集团2006年版，第102页。

④ 王承军：《蒙文通先生年谱长编》，中华书局2012年版，第47页。

张"以经为表，以传记为里，经传结合"①。他认为传记比经本身更重要的学术观点在经学史上较为少见。在国学学校就读期间，蒙文通在老师的教导以及自己独立思考基础上就已经发现传记的重要性远超过经学本身，这也促成了他在学术上朝着史学的转向。不过，曾学传是一个极度尊孔的人，他自任为孔教扶轮会四川分会的会长，对袁世凯的尊孔复古大力推崇，备受学界诟病，在这一点上蒙文通并没有和老师保持一致。蒙文通对待孔子的基本态度是尊孔，但并不神话孔子。

1914年，当廖平出任国学学校校长之时，刘师培已经离开了四川，蒙文通之后主要是跟随廖平学习经学。蒙文通对廖平经学的看法"甚推崇之，但是始终没有接受廖氏二变以后之说"②。他始终是对廖平学说批判接受的。在经书真伪的辨析上，"刘歆造伪说"一直是学术界争论不休的问题。崔适曾认为汉代刘歆"造《左氏传》，以篡《春秋》之说，又造《穀梁传》，为《左氏》驱除"③，他指出《谷梁传》是刘歆所伪造的古文经书。廖平对崔适的观点表示认同，并进一步认为刘歆伪造了全部的古文经书，但蒙文通却对廖平的观点表示质疑，他认为"刘歆不可能伪造了全部的古文经书"④，这在一定程度上肯定了对古文经学的历史地位。蒙文通认为从历史学研究的角度上，古文经学家虽然存在不少的弊端，但古文经学家也具有明显的长处，在经文训诂和考证过程中"脚踏实地、用力甚深、固守严谨、敦于笃行"⑤。在对廖平学说的继承和阐发过程中，蒙文通依据时代变化提出一些新的看法，程千帆先生认为："蒙文通的学问源于廖平，他把廖平稀奇古怪的想法用现代学术表现出来。"⑥ 客观上也使廖平学说能够随时代发展，被不断赋予新内涵。

蒙文通在国学学校读书期间，与李源澄、向宗鲁、杨润六、彭云生、

① 蒙文通：《孔子与今文学》，《蒙文通文集》第三卷，巴蜀书社1995年版，第211页。
② 王承军：《蒙文通先生年谱长编》，中华书局2012年版，第44页。
③ 崔适：《春秋复始》，《续修四库全书》第一百三十一册，上海古籍出版社2002年版，第381页。
④ 蒙文通：《孔子与今文学》，《蒙文通文集》第三卷，巴蜀书社1995年版，第215—216页。
⑤ 蔡方鹿、刘兴淑：《蒙文通经学与理学思想研究》，巴蜀书社2007年版，第167页。
⑥ 程千帆：《程千帆全集》第十五卷，河北教育出版社2000年版，第20页。

廖次山、杨叔明、曾道侯等同学关系很好。他们同学间的交往在随后数十年都没有断绝过。"崇庆彭举云生、巴县向承周宗鲁，亦从闻其绪论，而皆自成其学。文通并时同学知之较悉者惟此数君"①，而彭云生、向宗鲁在和蒙文通的学术交往过程中也形成一套自己的学术理路。其中，蒙文通对李源澄印象尤为深刻。李源澄对蒙文通谈起自己对廖平学术观点的不同看法，他认为廖平"精卓宏深，才实天纵，惟为时代所限，囿于旧闻，故不免尊孔过甚，千溪百壑皆欲纳之孔氏，又当时海禁初开，欧美学术之移植中土者浅且薄，不足以副先生之采获。先生虽乐资之为说，而终不能于先生之学大有所裨。使先生之生晚二十年，获时代之助予，将益精实绝纶也"②。李源澄看到了廖平学问的局限性就是不通西学，不接受西方学术新知，尽管廖平不排斥西学，但却没有把欧美学术精华融入自己的学问体系中去。同时，李源澄认为廖平的学说过于守旧，尊孔太甚，反倒束缚了自己学问的进步。李源澄指出如果廖平能晚生二十年，接受西洋新知，那么他的学问体系将宏大绝伦。当时还是学生的李源澄能有如此看法很不容易，可见他开放的学术视野以及开阔的学术思维。蒙文通听后大为惊讶，对李源澄的见解深感佩服。蒙文通感慨道："犍为李源澄俊卿，于及门中为最少，精熟先生三传之学，亦解言礼。能明廖师之义而宏其传者，俊卿其人也。文通昧昧，于先生之学仅涉藩篱，不能究洞奥旨。"③蒙文通对廖平老师的学术见解虽然也有不同看法，但却没有想过老师的这些观点产生根源是什么。相比之下，李源澄的见识比蒙文通要高出一筹。这也使他对李源澄见解感到十分佩服，认为李源澄对老师的学问是真正体会很深。

与此同时，李源澄对刘师培的学说也有不同看法。他讲："刘氏于古文学之渊源流别，可谓能穷源究委也。以困于家学，又见康有为辈之横相诘难，为坚古学壁垒，故汉代古文师旧说，以立异于今文，虽未足通

---

① 蒙文通：《廖季平先生传》，《经学抉原》，上海世纪出版集团 2006 年版，第 200 页。
② 同上。
③ 同上。

经,平章经说之功,不可诬也。"① 他认为刘师培虽然困于家学,又因与康有为等学人的今古经学之争,使他坚守旧说而未能通经,但他在辨别古文经学源流上的成绩还是不能抹杀的。李源澄对老师的学说虽有不同看法,但他从内心讲是很敬重廖平和刘师培两位老师的,"井研廖师,明今古之大分,皮锡瑞、刘师培两经儒出而究其绪,两汉今古之学遂以大明"②。他看到了廖平和刘师培在复兴今古经学上的努力,对老师学术的评价还是较为公允的。

蒙文通与另一位学友刘咸炘交谊甚厚。刘咸炘比蒙文通小两岁,但他不善言辞,很少与蒙文通当面进行学术交流。刘咸炘讲:"仆本孤陋,受学至今,未尝请益于贤者,非敢傲也,实以趋庭从兄,遂继讲席。应酬简省,结纳无由。又赋性劣弱,勇于杜门仰屋之思览,而怯于大庭广众之谈辨。日亲故纸,固已不暇交游。及适会瞻对,又讷然不敢相通"③。他只好采取写书信的方式和蒙文通进行交流。在给蒙文通信中,刘咸炘指出四川学者存在的通病:"蜀中学人无多,而有不能容异己之病。先辈不肯屈尊,后进又每多侮老。学风衰寂,职此之由。加以游谈者多,而勤力者鲜。视典籍为玩好,变学究为名士。以东涂西抹为捷,以穷源竟委为迂。"④ 刘咸炘看到四川一些读书人的不良风气,进而尖锐批评这种不求进取的学风。不过,他对蜀中不良学风的批评也有夸大成分。他指出四川学者不少人心胸狭窄,不能容忍其他意见,自身又不努力专研学术,学风败坏。这种观点还是有些极端,至少国学学校的教师并非如刘咸炘所言那样,容不得他人不同的见解。

刘咸炘虽不认同一些四川学者的治学态度,但却十分佩服蒙文通。他认为蒙文通在学问上确有独到见解,用力甚深,希望能和蒙文通成为学友,互相促进学问。"尊兄于学力猛量宏,不耻下交,固愿继见,久思披献怀素。而前日坐中竟未克倾倒,故以书上,亦怯谈之征也。伏希谅

① 李源澄:《古文大师刘师培先生与两汉古文学质疑》,《论学》1937年创刊号。
② 李源澄:《李源澄儒学论集》,四川大学出版社2010年版,第513页。
③ 刘咸炘:《与蒙文通书》,《刘咸炘文集》,华东师范大学出版社2010年版,第173页。
④ 同上书,第172页。

察，庶或攻磨"①。在书信往来中，他多次表示了对蒙文通学术成绩的钦佩，"足下邃学深思，又多朋友，必大过于炘，其功非考证古史之所能比也"②。正因如此，他们两人建立起良好学术关系，共同研究探讨学术。刘咸炘认为学术努力方向是"今之当务，乃在广搜故籍，尤以文集杂记为要。必须聚数十人，尽一年半年之功，发书而求之"③。他很看重对古籍遗书的收集与整理，认为应该下大气力去从事这项工作。在刘咸炘看来，近代中国学者大多沉迷于饾饤之学，学文不能成体系，"饾饤之学，乃近日中国、日本所同。其所以趋此者，以么小考证，易于安立，少引驳难，乃来名之捷径耳。然今之学子，多不埋头读书，即肯为此考证，要胜无所用心，且可省邪妄，吾党犹当奖之耳。世乱如人衰弱，周身是病，真无从说起，可叹也"④。这与蒙文通的看法有类似。刘咸炘对学术现状的不满使他与蒙文通有了共同学术追求，努力让自己的学术能成一个宏观整体，成为他们两人共同的学术理想。

不过在史学观点上，蒙文通对刘咸炘也多有批评，"夫言史而局于得失之故，不知考于义理之原，无以拨生人于清正理想之域，固将不免于丧志之惧"⑤。他认为刘咸炘治史局限在得失之中，不去考证义理的原因，无法从精神层面拨正人生理想，难免会丧失志气。"局于得失"与"考证义理"的不同，反映蒙文通由经入史与刘咸炘注重治史条例的学术差异。

宋育仁曾邀请刘咸炘到国学学校任教，被他婉拒。他在回复宋育仁的信中说："昨奉来函，命襄校理，此固业文字者所应自效，况重以下采之雅，但不能任为愧恨耳。局中现程如何，校理何职，均所未悉，不敢置辞，姑以鄙见言之。"⑥ 刘咸炘的社交圈子极小，属于书斋式学者，不善言辞，他认为不能胜任国学学校教师一职。在史学观点上，刘咸炘总结自己的学术理路是"咸炘于史学，服膺会稽章氏。章氏分别撰述、记

① 刘咸炘：《与蒙文通书》，《刘咸炘文集》，华东师范大学出版社 2010 年版，第 173 页。
② 同上书，第 174 页。
③ 同上书，第 171 页。
④ 同上书，第 176 页。
⑤ 蒙文通：《中国史学史》，上海人民出版社 2006 年版，第 80 页。
⑥ 刘咸炘：《复宋芸子书》，《刘咸炘文集》，华东师范大学出版社 2010 年版，第 171 页。

注，其所发明，别识心裁，发凡起例，皆撰述之事"①。他在学术上服膺章太炎的学问，也婉转表达了自己与廖平在学术观点上的不同。前文所述，国学学校师生在课堂上对章太炎非孔言论进行批驳，这与刘咸炘宗奉太炎学问完全相反。除了学术观点不同外，刘咸炘还以事务繁忙推辞赴国学学校任教，"不知此是校理之职与非邪？就令是也，而咸炘一力授徒，终日鲜暇，不得与也。去岁曾考敝县文献，亦仅就所见之书置册抄录，未为成编。其分篇序例，有发凡之意，容当钞呈，以备采择。至于全蜀文献，读书之余，亦偶有发见，或可裨益山海，但恐多是野人之芹、辽东之豕耳。如必以为可效，暇时再为写上。末学肤受，所知仅此。又不获如命到局奔走承教，殊负盛意，尤希恕之"②。他在信中对国学学校以什么职位聘请自己表示并不清楚，他以自己忙于修通志故无暇抽身到校任教为由，婉拒了宋育仁对他的邀请。不过，刘咸炘拒绝任教国学学校最主要原因可能还是他对学校奉行的今文经学表示不认同。

　　1916年，蒙文通从国学学校毕业后返回家乡四川绵阳盐亭县，他后来出资在家乡的一座破庙里面设帐，招收学生教授经学。蒙文通教学生做学问要"文要实，学要深"③。这正是他在国学学校就读时的切身体会，也是总结做学问的基本方法之一。蒙文通后来多次讲道："学生总得超过先生。如不能超过先生，纵学得和先生一样，还要你这学生何用？"④ 这句话可以从两个方面来理解：从先生的角度来讲，无须把自己观点强加给学生，先生的观点不一定就一直是处于领先地位，很有可能在某个时间就被学生所超越；从学生角度来讲，便是做学问不能迷信先生的学说，要努力做到自己的学问最终超越先生，这才是学生应该树立的治学目标。蒙文通有这样的看法，实际上，跟他在国学学校求学时受到的学术影响有很大关系。

---

① 刘咸炘：《复宋芸子书》，《刘咸炘文集》，华东师范大学出版社2010年版，第171页。
② 同上书，第172页。
③ 王承军：《蒙文通先生年谱长编》，中华书局2012年版，第47页。
④ 蒙默编：《蒙文通学记》，生活·读书·新知三联书店2006年版，第1页。

第三节 学校教师在思想上趋新与保守

一 国学学校教师的学术交谊

学术交谊是近代学人进行学术交流的主要方式之一，国学学校教师与四川学界的学术交往较为频繁。民国初年，四川学界最有名望的有十二个人被士林称为"五老七贤"。"五老七贤"在四川省内极有社会地位，他们不仅国学根底很深厚，而且社会影响力也很大，甚至连四川都督尹昌衡处理军政大事有时候也要找"五老七贤"共同进行商议之后，才能最终确定实施方案。近代四川很多社会矛盾的处理和军事行动也都需要"五老七贤"出面进行调停。而有关"五老七贤"究竟由哪十二个人所组成，学界对此有不同看法，但无论何种分类，国学学校教师宋育仁、骆成骧、吴之英三人都在其列。[①]

以"五老七贤"为代表，在民国四川学界形成较广泛的学术交际圈，也使国学学校在四川享有声望。国学学校教师在互相交往中不仅建立良好的私人友谊，也促进教师自身学术观点的发展与更新。同时，"五老七贤"因各自所受的教育和家庭背景的差异，有些人对待新文化和西学是持包容态度的。作为整个清代四川唯一的状元，骆成骧便是如此，"蜀士夺大魁天下者，有清一代，惟氏一人而已"[②]。骆成骧是一位趋新人士，对新学是很认同的，他中状元本身就促进新学在四川发展。在吴玉章的回忆中："骆成骧中状元后推动新学在四川流行，就是单单追名逐利之徒也被迫学点新东西，以获取功名富贵。尊经书院原本崇尚汉学，现在却开始讲授新学。"[③] 足以证明"五老七贤"的文化选择，影响着整个四川学界的文化选择。

---

① 关于五老七贤的定义，大体上说来，有赵熙、颜楷、骆成骧、方旭、宋育仁、庞石帚、徐子休、林山腴、邵从恩、刘咸荥、曾鉴、吴之英、卢子鹤、文龙等人。但学界也存在不同的看法，许丽梅对此有过详细的考证，参见许丽梅《民国时期四川"五老七贤"述略》，硕士学位论文，四川大学，2003年，第15—18页。

② 文守仁：《骆成骧》，收入文丕衡编《蜀风集》，自印本，第127页。

③ 吴玉章：《吴玉章回忆录》，中国青年出版社1978年版，第6—7页。

刘师培、谢无量与吴之英之间的书信往来体现学校教师的深厚情谊。吴之英因积劳成疾辞去国学学校的职务,决定告老还乡。刘师培、谢无量虽多次挽留,却均遭吴之英婉拒。刘师培和谢无量在信中表达对吴之英学问的敬佩,以及其高尚人格的称赞。吴之英在回信中表达自己无力再为国学学校做事的惋惜之情,同时他对刘、谢两人提出殷殷希望,"循文考谊,老之将至,忧来无端,两君夙知之见之矣。顾念杜辛五世,欧阳八叶,斯文遂衰,岂责家运,继绝振替,是资贤劳,启后劲将涤耳"①。吴之英年老体衰,不得已离开学校回乡养老,这是一件无可奈何之事。他殷切希望刘师培、谢无量及学校同人能够继续努力培养更多优秀的学生,将四川传统学术发扬光大,这是他对国学学校同仁真诚嘱托。国学学校的发展和人才的培养,就是晚年吴之英内心最大的挂念。

吴虞与廖平、刘师培、谢无量、吴之英等人均有良好私人友谊。刘师培被营救后来到成都,就首先与谢无量、吴虞进行会晤。并且,刘师培赴国学学校任教也是在吴虞等人劝说下同意的,足见吴虞与国学学校教师交情深厚。吴虞本人也以兼职教师身份在国学学校任教,不定时给学生上课。在日记里,吴虞记载了不少他和学校教师交谊的内容,从中可以窥见国学学校教师社会交往的面相。吴虞和学校教师交往不仅涉及学术,也包含家庭、社交等诸多方面。吴虞跟父亲关系恶化并公然决裂,这种不孝之举在四川学界引发很大反响,他的叛逆行为引发川省学界不满,将其斥之为士林败类。不过,吴虞悖逆的行为却得到国学学校一些老师的认同。他在日记里记载:"晤廖季平,季平极不以当时诸人及老魔为然,主张新理,谓诸人及老魔所谓太不平也。"②廖平对吴虞的行为表示支持,认为吴虞的父亲过于传统守旧,不能适应新时代的发展。不过,这也并不能表明廖平思想观念趋新,从他经学六变理论便可看出,廖平是一个反传统的人,既然反传统,也就对吴虞的悖逆之事表示认同。

① 参见刘师培、谢无量《致吴伯竭书二首》;吴之英《致刘申叔谢无量书》,载《四川国学杂志》1912 年第一册。
② 中国革命博物馆整理,荣孟源审校:《吴虞日记》上册,1911 年冬月 25 日,四川人民出版社 1984 年版,第 14—15 页。

廖平与吴虞的私人友谊，源于四川存古学堂开办之初两人均受到四川提学赵启霖的打压，这背后反映政治与学术之间的紧张。赵启霖在翻阅成都各学堂讲义时看到廖平所讲的经学离奇怪诞，他立即饬令该学堂辞退廖平，并要求"省内各学堂不得传阅廖平讲义"①。但廖平在学界已经很有名望，从外省来川任职的赵启霖此举遭到学界的反对，导致他与四川学界关系日益紧张。廖平本人却越是受打压就越获得更好的教职，他从在九峰书院任山长转任安岳教谕，四川存古学堂创办后，廖平随即进入学堂任教，"教职和教学平台皆不断趋好"②。可见，此时廖平的经学诠释在四川学界是受到认可的。

吴虞却被四川学林斥为是一个狂妄悖逆的人，他们要求赵尔巽对吴虞进行严惩，"尊孔谕旨尚所不遵，何况学堂规则！若此人滥充教员，学生流失，讵堪设想"③？如果说廖平讲义内容只是违背学堂规则，那么吴虞不尊孔的行径，在四川学界看来就已经是悖逆行为了。不过具有讽刺意味的是，这反而使廖平和吴虞两人成为关系友善的学友。

吴虞对国学学校的人事任命也较为关心。他不仅反传统，也反对政治权力对学校的控制与干涉。刘意如在拜访吴虞的时候，告诉他四川军政府否定学部人事任命，而另聘他人的事情。吴虞在日记中写道："刘意如来，言学部与廖用之所下聘，军政府取销，另聘邵明叔。并言此后各学堂监督皆由军政府聘，学部不得过问，满清时代所无也"④。民国初创，对学堂监督的聘任权力从学部转移到四川军政府，地方政府有权决定本省学堂监督人选。吴虞却对此感到不满，他认为这是清朝统治时期都未曾有的怪事情。

刘师培在四川期间，吴虞与其私交甚密。据他日记里记载"谢无量

---

① 赵启霖：《赵瀞园集》，湖南出版社 1992 年版，第 337—338 页。

② 廖宗泽：《六译先生年谱卷四、卷五》，廖幼平编《廖季平年谱》，巴蜀书社 1985 年版，第 65—66 页。

③ 《学部李熙、柯劭忞、戴展诚等致赵提学公函》（1908 年 8 月），赵尔巽档案，案卷号 468，转引自郭书愚《四川存古学堂述略》，硕士学位论文，四川大学，2002 年，第 33 页。

④ 中国革命博物馆整理，荣孟源审校：《吴虞日记》上册，四川人民出版社 1984 年版，第 24 页。

谓四川人自矜绝学者多，申叔亦云然。刘申叔于小学经义精熟，本之以为诗文，异常深厚茂密，又佐之以子书，更富理趣，乃知为学，徒逐末流，真多而无当也"①。在讨论中，他们认为四川学界不少人自矜绝学，学问精深。而刘师培的学术经历使吴虞认识到一定要做一流学问，如果仅仅随波逐流，跟不上学术的进步发展，自身的学术水平无法做到学术的前沿，这样是毫无意义的。吴虞与其他人发生冲突，刘师培也极力劝阻和悉心安慰。吴虞是《公论报》的主笔之一，他曾给《公论报》投稿文章《南郭先生》，但《公论报》并未按约定时间刊登，吴虞感到很困惑，同时，《进化白话报》有人撰文影射吴虞与祝屺怀两人的矛盾。吴虞曾托孙少荆询问自己的文章没有刊登的原因，他在日记中记载："早饭毕，少荆遂去。余托其问屺怀时评《南郭先生》一则及专任时评事。"②吴虞后来和孙少荆、余啸仙在公园游览时才得知二十二日《进化白话报》刊登文章之事，从而导致吴虞与孙屺怀两人矛盾公开化。吴虞对此感到很愤怒，要辞去《公论报》主笔一职，刘师培得知此事后劝说吴虞不要辞职。吴虞回忆："余以川人知识芒昧，于近处法学尚不能研究，真难与言。申叔谓余言，在南边十年前或有诧异者，今日则固不怪矣。川人到南人程度，尚待十年后也。悲夫！"③刘师培认为此事是因四川地处闭塞，川人意识观念蒙昧所致，他劝吴虞对这种见怪不怪的事情，能忍则忍。刘师培的劝说使吴虞心境平静下来，平息了一场学界风波。吴虞也很感念刘师培的劝慰，年底他陪同刘师培游览老君洞、凌云山、浣花溪、杜甫草堂等名胜，"游览途中，他们还有诗歌唱和的雅事"④，体现出他们之间真挚的友谊。

吴虞的学问尚可，但人品却实在不佳，他在日记中还大量记载自己溺妓之事。具有讽刺意味的是，吴虞后来听说廖平在上海溺妓，竟也表示出揶揄之情，"饭后过阎君，言廖季平在上海溺一妓赛金花，几至堕

---

① 中国革命博物馆整理，荣孟源审校：《吴虞日记》上册，四川人民出版社 1984 年版，第37 页。

② 万仕国：《刘师培年谱》，广陵书社 2003 年版，第 218 页。

③ 同上书，第 219 页。

④ 同上书，第 222 页。

落。尊孔者道德如是，可发一笑"①。廖平在上海是否溺妓没有相关史料记载，此事有否尚并不能确定，而吴虞也是听人所言，却发此感慨。他不仅对廖平作为高龄老人仍溺妓这事揶揄嘲笑，并着重提及"尊孔者道德如是"，这其实是一贯反对尊孔的吴虞对儒家信仰者的嘲笑。

不过，吴虞对年龄和父亲相仿的廖平又非常关怀，这种关怀是出于朋友的友情，他只要有时间都会去看望廖平。在廖平生病时候，吴虞也会悉心照顾，他在日记里有详细记载廖平中风后，他前去探望的经过："饭后雇轿至韩家祠访吴理君，晤刘子立，言廖季平丈中风。何藜光、彭云生亦在。过学道街晤达三，言季平丈眠食如常，气色尚好"②。听说廖平中风，吴虞立即前往他家去看望，"至廖季平丈宅，看其风疾，口不能言，右手足不仁，心耳如旧，盖剃头受外风引动内风也。如系磋跌而得之风疾，则必较此为重矣。值陆景廷在彼主方，言是阳虚肾虚，痰湿过重，小解带红则湿热也。廖丈见予笑，频点其首，后又令予与理君在房中小坐，然后令予等去，转入睡室。廖丈药须化红，陆景廷言，盛吟皋有之，予作书与冯剑萍，托其代觅"③。廖平中风，吴虞一听说就立即前往视察病情，并代为寻找医治的药方。吴虞对廖平尊孔读经做法并不赞同，对其道德上的某些不足也揶揄嘲笑，但吴虞作为廖平的朋友却很讲义气，廖平有什么困难，他也总是极力相助，至真至诚。

吴虞与吴之英也有着很深的个人交情，他十分敬重吴之英的学问以及崇高的个人道德情操。一九一八年五月，吴之英在家乡雅安病逝，消息传来，国学学校师生无不感到悲戚。吴虞为吴之英作了一副挽联："品节在严郑之间，白首孤行，自有千秋型蜀士；文学继卿云而后，玄亭重过，空悲一国失人师。"④ 在吴虞看来，吴之英的道德情操是可为四川士林楷模。吴之英的离世，不仅使四川也使全国失去一位德高望重的教育家。吴虞还写了《名山吴伯竭先生之英》表达自己对吴之英的纪念，"巍

① 中国革命博物馆整理，荣孟源审校：《吴虞日记》上册，四川人民出版社 1984 年版，第122 页。

② 同上书，第 457 页。

③ 同上书，第 457—458 页。

④ 王承军：《蒙文通先生年谱长编》，中华书局 2012 年版，第 49 页。

然谁是鲁灵光？沧海横流实可伤。不见延陵吴季子，肯言天下有文章"①。吴虞虽然具有反传统反道德的叛逆性格，但对学术道德俱佳的吴之英，他仍然是发自内心的敬重。不仅是他们之间友谊的体现，也是吴之英崇高人格对吴虞的感召。

　　国学学校后来在学风和人事上出现的问题，使吴虞感到非常不满。他在是否辞去学校兼职教师一职上也曾一度反复纠结。他在日记中记载了这种纠结的心情："十月十四日，国学校决意辞去，俾稍为清闲。十月十七日，国校决意不去，故今日亦不出题矣。作一书与季平丈，推荐马光瓒、胡安澜。"②"十月三十一日，饭后过国学校，授二小时。晤饶元之、曾海敖，又访龚镜清，谈一小时而归。"③"十一月初七日，过国学校，十二时归。"④ 从十月开始，吴虞就不再打算去国学学校任教，决意辞去教职。他在是否辞职上一度的纠结或许是出于与廖平的友情，同时他也希望看到学校在教学上有重新振作的气象。然而，国学学校在十二月发生的风波以及学校人事的变动，彻底让吴虞感到绝望。他在日记中写道："十二月九号，令人与国学校谭伯衡送国文卷去，人倦极，外校请假未去。国学校学生何绩良、王世杰、刘慕山、白汉文来，述因伙食闹事事，于季、黄、罗三人言之刺骨矣。"⑤"十二月十二号，国学校毫无振作，曾慎言亦罕到，不负责任，予今日遂未去，拟从此止矣。"⑥"十二月十六号，将国学校学生来函及《批评》一条与曾慎言送去。十二月十七号，省中学生颇欢迎予，明年须请予多任钟点。予言国学校辞去即可多任矣。十二月十八号，作字与少荆，嘱取消国学校调查一栏。十二月十九号，饭后与廖季平信，申明学生听言错误及不能到校，由邮寄去。"⑦"十二月二十五日，报载国学学校校长廖已辞职，欢迎黄季刚来。又言刘

---

①　王承军：《蒙文通先生年谱长编》，中华书局 2012 年版，第 50 页。
②　中国革命博物馆整理，荣孟源审校：《吴虞日记》上册，四川人民出版社 1984 年版，第491 页。
③　同上书，第 494 页。
④　同上书，第 495 页。
⑤　同上书，第 501 页。
⑥　同上书，第 502 页。
⑦　同上书，第 504 页。

申叔贫病以死，可为学人一叹。"① 国学学校学生因学校伙食问题闹事，校方对学生要求不予回应，并且，校方有言语上对学生攻击，这让吴虞感到不快。他看不到学校有任何振兴迹象，同时他还收到省内其他学校聘请，遂决定不再去国学学校上课。他告知廖平对学校现状的意见，希望廖平能对学校有所整顿。后来吴虞从报纸上看到廖平竟也辞去校长一职，并得知刘师培已经病故，这一连串的不幸事件对吴虞来说都是可为叹息的悲剧。

二　新文化思潮与复古观念的碰撞

1915 年，陈独秀创办《青年》杂志，第二期更名为《新青年》。随着《新青年》的传播，新文化运动开始由中心的北京、上海向全国蔓延。不过，新文化运动当时在各省影响的进程不同，甚至在同一省的各县市中的步调也不同，不少地方的青年人基本没听说过新文化运动。余英时回忆自己少年时住在安徽农村就对新文化运动闻所未闻。② 新文化运动后来随着《新青年》等媒介传入四川后，一定程度上给川省学界带来了新的思想观念。同时，新文化也与四川学界固有的保守思想发生碰撞，李璜曾经观察到这些新观念涌入四川后，成都的社会风气为之一变，"不但父兄之教不严，子弟之率不谨者，而且父子之间，因思想冲突，而引起家庭纠纷，即后来所谓家庭革命，也已喧腾众口，人伦大变"③。新文化带来极具反传统的内容，在部分国学学校教师看来这些就是违背纲常伦理的不道德行为。在四川国学学校内，新旧文化所造成师生思想观念上的冲突在所难免。

《新青年》杂志进入四川后，国学学校的师生也有人阅读过该杂志。不过，《新青年》刚开始的时候也并无名气，仅仅是一本普通杂志，以成都为例，根据国学学校教师吴虞的描述，1916 年《新青年》刚传入成都

---

① 中国革命博物馆整理，荣孟源审校：《吴虞日记》上册，四川人民出版社 1984 年版，第509 页。

② 余英时：《我所承受的"五四"遗产》，《中国文化的重建》，中信出版社 2011 年版，第79 页。

③ 李璜：《学钝室回忆录》，（台北）传记文学出版社 1917 年版，第 11—12 页。

时，一共只卖了五本出去。当吴虞第一次给《新青年》投稿时，都还没听过杂志主编陈独秀的名字。直到 1917 年初，吴虞在与朋友交流中才知道一些有关陈独秀的情况，他将此记在当天的日记中。[①] 1919 年五四运动后，《新青年》杂志在成都的销售情况便大为改观，当年吴虞在成都华阳的书报流通处翻阅销售帐簿时，有两笔销售的记录使他觉得有些惊讶，"成都守经堂亦买《新青年》；成都县中学购买《新青年》杂志花费二十二元"[②]。《新青年》当时的全年定价是两元，也就意味着成都县中学一次购买了十一套杂志，数量不算少，而守经堂这样的传统教育机构也购买《新青年》，的确让吴虞感到惊讶。从吴虞对《新青年》杂志在成都销售情况的观察看，到了 1919 年的时候，新文化运动对成都各学校的影响可能已经比较深入了。

《新青年》在四川发行和传播过程中，陈独秀敏锐感到吴虞作为传统文化反抗者在四川学界的独特影响，可以使之成为新文化在四川的传播者。陈独秀为了把吴虞拉进新文化的阵营之中，采取了抬高吴虞地位的方式来拉拢他。在《新青年》第三卷第一号上面，陈独秀把前两卷文章作者名单全部进行罗列，并署上是由"海内名家"数十名执笔，很明显有吹捧的意思。吴虞见自己名列"海内名家"之中感到惊讶，他感叹道："不料成都一布衣亦入海内大名家之列，惭愧之至。"[③] 尽管惭愧感到还不配成为"海内名家"，但吴虞内心也感到一丝窃喜。陈独秀此举一方面是为《新青年》的宣传造势，另一方面让吴虞对《新青年》和陈独秀本人产生好感，有助于新文化在四川学界的传播。吴虞之所以能成为全国学界知名人物，除胡适那句"只手打倒孔家店的老英雄"称赞外，与《新青年》杂志的宣传也密切相关。由于吴虞的离经叛道，成都当地报纸因有所

---

① 吴虞在日记中对陈独秀的记载："陈独秀，安徽人，年四十余，独立前看《易经》，写小篆，作游山诗，独立后始出而讲新学，人之气象亦为之一变。长于英文，近于法文亦进。曾游日本，归国后充当教习。盖讲法兰西哲学者。住上海一楼一底，自教其小儿，其长子法文极佳，父子各独立不相谋也。"中国革命博物馆整理，荣孟源审校：《吴虞日记》上册，四川人民出版社1984 年版，第 281 页。

② 中国革命博物馆整理，荣孟源审校：《吴虞日记》上册，四川人民出版社 1984 年版，第282 页。

③ 同上书，第 310 页。

顾忌大多不敢登载吴虞反孔非儒与批判家族制度的文章，陈独秀却将这些
文章连载在《新青年》杂志上。吴虞得知后，感到十分振奋。[1] 1917 年 7
月后，吴虞明确表示"不再订阅《东方杂志》、《青年进步》、《小说月报》
等学术刊物，而只订阅《新青年》"[2]。需要指出的是，虽然吴虞个人倾向
《新青年》的宣传并对新文化运动持接受态度，但这在国学学校教师中也
仅是个案，有关新文化运动所宣扬的各种新思想，实际上国学学校的大
多数老师是并不认同的。

国学学校教师对新文化的排斥，除了具有保守的思想观念外，也与
新文化运动主张要打倒孔家店有很大的关系。这与国学学校教师尊孔观
念产生冲突，这是他们不能容忍的。四川政界也大多是袁世凯亲信，大
力支持尊孔复古。袁世凯窃国称帝后，四川军政府便立即改年号为洪宪，
"民国四年十二月三十一日奉，申令明年改为洪宪元年，通饬晓谕所属官
民一体遵照"[3]。在四川军政府主导和控制下，国学学校的老师对袁世凯
提倡"复古"思潮是持支持态度的，尤其在袁世凯复辟称帝后，他在全
国范围内要求祭孔、尊孔，希即以孔子为自身合法性的代言人，可见
"孔子是被权势者捧起来的，是权势者或想做权势者们的圣人"[4]。四川内
务司和行政公署多次向四川省内各级学校发文要求做好祭孔一系列仪式
的准备工作，祭孔仪式成为四川学界一项极为重要的活动。[5] 四川学界对
复古祭孔的热忱是极高的，国学学校也多次举行祭孔活动，确保尊孔观
念成为国学学校的主旨思想。

---

① 中国革命博物馆整理，荣孟源审校：《吴虞日记》上册，四川人民出版社 1984 年版，第
297—298 页。

② 王奇生：《新文化是如何"运动"起来的》，《革命与反革命：社会文化视野下的民国政
治》，社会科学文献出版社 2010 年版，第 17 页。

③ 《关于改民国为洪宪的通知》，1916 年 1 月，四川大学档案馆藏，卷号：21。

④ 鲁迅：《在现代中国的孔夫子》，《鲁迅全集》第六卷，人民文学出版社 2005 年版，第
327 页。

⑤ 关于响应袁世凯复古祭孔的主张，四川军政府所发文件大致有：《关于孔子纪念日及活
动通知》1911 年 10 月；《各地方行政官祀孔行礼礼节清单》1913 年 2 月；《关于将孔子生日定
为圣节，放假一日，在校行礼纪念的通知》，1913 年 11 月；《关于祭祀孔子主持人，制服等问
题》1914 年 2 月；《饬知祀孔时，地并发祀孔礼节清单》1914 年 3 月。以上均见四川大学档案馆
藏，卷号：21。

虽然袁世凯在 1916 年被迫取消帝制,并在国人唾骂中暴病身亡。袁世凯的复古逆流被国人痛斥,并不妨碍国学学校教师对孔子学说的尊崇。后来新文化运动所宣扬的"打倒孔家店",在四川学界响应是不多的。国学学校与孔教扶轮会的关系也较为密切,实际上,"孔教扶轮会正是在袁世凯主张复古尊孔基础上,创办的一个完全因循守旧、封建落后的学术组织"①。国学学校教师很多都主张尊孔复古,廖平、宋育仁、曾学传等都参与过孔教会相关活动,他们之所以有如此高的热情,主要原因还在于"决定尊孔和选择未来中国的国体有关,涉及政治角力的问题",② 而曾学传本人就是四川孔教扶轮会的创办者。

1912 年,陈焕章发起在北京成立了孔教会,宋育仁成为孔教会的会员。值得注意的是,陈焕章获得过美国哥伦比亚大学哲学博士,宋育仁出使过欧洲,他们都有较深的西学背景,却对尊孔复古的活动格外热心。这样一种既西化又保守的矛盾关系,在国学学校老师身上也并不少见。孔教扶轮会负责人提出希望能加强与国学学校的交流,并能参观学校的藏书,"本会同人决议籍钞书,籍以资研求学理。贵院群书萃,国粹斯存大义,微茫彝伦,未觐愿参观,以裨益或声气相应求,汤盘可珍,赵璧无误。庶几攻玉,同利断金,焰寂寞以余辉。斯发挥发扬而竞爽,便蕲商榷延伫德音"③。与传统保守的学术团体关系甚密,表明学校教师具有的保守性。杜亚泉认为:"近日之复古乃辛亥后极端革新思想之反响。"④ 实际上,国学学校这样的教育机构在民国时期能够得以存在,本身就是四川学界思想保守的体现。民国时期,随着政局波动和思想解放,以"国学"为名的学校大多逐渐停办,四川国学学校却保留下来,足见四川学界保守程度之深。

国学学校一些师生对新文化运动持反对态度,他们认为新文化运动就是要摧毁旧文化的根基。他们在国学学校传业受道目的就是努力保存传统文化,新文化与他们的志业完全相反。新文化运动不断摧毁旧文化,而国

---

① 胡平生:《民国初期的复辟派》,台湾学生书局 1985 年版,第 59 页。
② 林志宏:《民国乃敌国也:政治文化转型下的清遗民》,中华书局 2014 年版,第 181 页。
③ 《恳请四川国学院支持我会参观你院图书》,1921 年 11 月,四川大学档案馆藏,卷号:17。
④ 杜亚泉:《论思想战》(1915 年),《杜亚泉文存》,上海教育出版社 2003 年版,第 169 页。

学学校目的就是保留旧文化。旧文化不一定都是糟粕，即便是主张革命的孙中山对此也曾批评讲："一般醉心于新文化的人，便排斥旧道德，以为有了新文化，便可以不要旧道德。我们固有的东西，如果是好的当然是要保存，不好的才可以放弃。"① 为了对抗新文化运动的冲击，1922 年 10 月，宋育仁在成都创办《国学月刊》并亲任主编，《国学月刊》主要登载研究儒家孔学的文章，与《四川国学杂志》互为补充。宋育仁在《国学月刊》刊文对新文化进行批驳，提出要以改良国学学制之方法来对抗新文化的影响，即"改进国学者，即系根本改良学制也"②。改良学制是改进国学教育的根本，学制的改良具体要须知五点："学校之类别；各种学校各于其类之统系；同类别学校之统系各有其同等异等学程之阶级；同等异等学程阶级各有其学科之支配；学期之长短，学龄之限度，与学班之分合，经费之审计。其精神所注重，专在学程与学科"③。宋育仁所计划的国学改进是为了对抗新文化运动的冲击，使传统学术通过体制改进得以延续发展。《国学月刊》共发行二十七期，在学界产生一定的影响。

1923 年胡适发表《〈国学季刊〉发刊宣言》一文，他认为这份宣言是"以新原则和方法来研究国学的学术宣言，是一份新国学的研究大纲"④。这也是胡适倡导的"整理国故"运动所奉行的一个研究原则。宋育仁看到胡适的这份宣言后，他在《国学月刊》上"以连载文章，对胡适的《宣言》逐句逐条批驳"⑤，明确表达对胡适所谓研究国学新方法的反对。宋育仁主张"维持旧学，以恢张国学"⑥。他对待国学的态度是建立在维持旧学的基础上，这与胡适的主张不同。宋育仁认为胡适摒弃经学是食古不化之举，"是文也，乌足以成化？所谓食古不化欤！"⑦ 李源澄针对胡适的主张也批评讲："今日治国学者，欲速则不达，与其发为空谈，毋宁

---

① 孙中山：《三民主义》(1924 年)，《孙中山全集》第九卷，中华书局 1986 年版，第 243 页。
② 宋育仁：《国学学制改进联合会宣言书》，《国学月刊》1923 年第十七期。
③ 同上。
④ 胡适：《〈国学季刊〉发刊宣言》，《胡适文集》第三集，北京大学出版社 2013 年版，第 16 页。
⑤ 宋育仁：《国学学制改进联合会宣言书》，《国学月刊》第十七期。
⑥ 宋育仁：《重修四川通志例言》，成都昌福公司 1926 年版，第 23 页。
⑦ 问琴（宋育仁）：《国是揭言》，《国学月刊》1923 年第十五期。

以此时间，用之于治经，使经义大明。"① 他认为胡适等人都是空谈，不如潜心研习经典把经义发扬光大，反映出学校师生对胡适等人用新方法来"国故整理"所持的抵制态度。

国学学校教师对待新文化的反对态度，也折射出近代四川作为一个地方区域，四川学界希望能更加凸显四川的文化特点。任鸿隽观察道："西南一词被用做特定区域代表，四川人想借此强调自己文化在西南最先进。"② 蜀学在学术上能自成体系，但在全国范围看，四川传统学术所具有保守和落后很是明显，而四川学者似乎也并不在意这种学术短板的存在，他们更多强调是自己学术的独特之处。清季民初，四川学界的传统学术研究独具特色，四川学者也都为此而感到自豪和骄傲，而对近代新学者的研究成果，他们根本不屑一顾。四川学者在研究中又常常掺杂进四川地域意识，"这种意识集中表现为，看不起外面学者的一股傲气"③。在学术风格上，四川学者对传统学术的纯粹性和传统性要求甚高。这种纯粹与传统的要求一定程度上可以被理解为是研究"正宗的国学"。而在新式学者看来，四川学界的学术研究风格具有极浓厚地方色彩，这种地方色彩体现的是落伍的色彩。④

这样一种学术研究上矛盾的关系，让到外省求学的川籍学子一下就感到自身的落后。蒙文通回忆道："余到北京，日与诸人讲论，始闻孔子不删六经之说，甚异之。"⑤ 蒙文通对北京学界学说的"甚异之"，形象表达出对发达地区学界似乎已成共识的观点，四川学人却闻所未闻的尴尬局面。⑥ 可见，近代四川学界的学术落后又是显而易见的。

---

① 李源澄:《读经杂感并评胡适读经评议》，原刊于《论学》第五期，《李源澄儒学论集》，四川大学出版社 2010 年版，第 344 页。

② 仲年:《团结自治以御外侮》，《蜀评月刊》1925 年第三期。

③ 赵振铎口述，张家钊整理:《音韵文字世家二三事》，《当代史研究》2003 年第 3 期。

④ 王东杰在讨论川大国立化进程时，就注意到近代四川学界这种落后色彩。参见王东杰《国家与学术的地方互动:四川大学国立化进程 (1925—1939)》，生活·读书·新知三联书店 2005 年版，第 314 页。

⑤ 蒙默编:《蒙文通学记》，生活·读书·新知三联书店 2006 年版，第 54 页。

⑥ 民国时期，曾供职四川大学的程千帆先生对此也深有体会。他讲:"四川这个地方，一方面是外面的人根本不晓得四川学者有多大能耐。另一方面，四川的学者还很看不起外面这些人。"程千帆:《程千帆全集》第十五卷，河北教育出版社 2000 年版，第 21 页。

小　结

辛亥后，刘师培因端方事入川并一度陷入困境，经川省学界多方努力，他最终任教于国学学校。在国学学校，刘师培和廖平的学术争论主要集中在今古文经学的不同诠释。学术界以往的研究认为，刘师培给川省学界带来"蜀学不变"的影响，但这种说法还是有些夸大。尽管刘师培对廖平的学术观点多有批评，但他也并没有一概否定廖平的学说，两人始终相处融洽，刘师培在给学生推荐的参考书目中就有廖平的著作。同时，廖平的学术见解对刘师培学术观点的影响也较大，使刘师培晚年开始重新整理与反思自己以往的学术思想，这反而是以往研究较少注意的地方。刘师培在与廖平等学者的学术交谊过程中，逐渐使他改变对今文经学的敌视态度，甚至还对今文经学保持了一种"了解之同情"。

廖平在国学学校任教期间，其经学理路开始由四变向六变进行转化，他对经学的诠释越来越虚玄，逐步脱离经学研究的正确轨道，也遭到学校师生的普遍质疑。国学学校老师关于经学的不同观点诠释，也一度使学生感到十分迷惑，但这反而也促使了学生开始学会独立思考以判别老师观点的正确与否，而不盲从老师的言说。这种学术探索精神难能可贵，学生与老师在课堂上应该是填鸭式教学还是质疑式讨论，这对当今学校的人才培养方式上依然有启示作用。

近代，新文化运动的影响逐渐波及四川，国学学校师生对新文化的态度不一，持反对态度的人不少，但也有一些师生开始接纳新文化。新文化思潮与复古观念之间的冲突，在国学学校师生中逐渐体现很明显，除了保守的学术观点以外，背后各自不同立场的考量，也反映出国学学校师生在对待新文化、新思想时的一种复杂与纠结思想取向。

第四章　发掘与整理:国学学校取得学术研究的成绩

在国学学校制定的章程中规定学校教师在教学之余,还负有建立国学会、创办国学杂志、搜集整理金石文物、乡贤遗书的学术责任。这同样是国学学校国学教育的重要组成部分。

中国近代学会是晚清西学东渐后出现的专业化学术组织,这与古代中国士人结社,创办社团有所区别。① 在学会如雨后春笋般出现之时,国学学校也建立四川国学会,创办了《四川国学杂志》,学校的师生均可在国学会发表学术演讲,并将学术成果刊登在国学杂志上,从而提升了国学学校的学术影响力。国学学校在搜集整理文物古籍的时候,学校教师还得到四川各界的大力支持,使得一批有较高研究和收藏价值的文物古籍被征集到国学学校之中,为学者们从事学术研究提供了丰富的资料来源。

第一节　创办国学会以砥砺学术之研究

一　近代四川专门学会的建立

晚清时期,学者相互之间为了切磋学术实现学术交流和学问进步的理想,他们在中国学术较发达地区成立带有专业研究性质的学术团体以

---

① 近代学会的相关研究主要有:左玉河《民初新式学会制度之确立》,《北京科技大学学报》2006 年第 4 期;张玉法《戊戌时期的学会运动》,《历史研究》1998 年第 5 期;王奇生《近代中国学会的历史轨迹》,《学会》1990 年第 6 期;罗福惠《梁启超、章太炎、谭嗣同与近代文化社团》,《华中师范大学学报》2004 年第 5 期;张剑《中国近代科学与科学体制化》,四川人民出版社 2008 年版。

及学术组织机构。学会就是一种专业的学术组织，在晚清不少士人看来"学会的发达，不仅是西方国家国力强大的重要原因之一，也是西方学术发达的首要因素"①。因此，对创办各类新式学会，学人们大多积极支持和涌跃参与。

近代学会的内涵远远超过了古代文人组建"党"、"社"、"会"的含义，具有高度专业化的性质。近代中国学人创办专业学会时间较晚，这与传统中国的知识体系没有脱离四部之学范畴有关。中国传统士人学习的内容主要是经史子集，而学习目的是为科举求功名。同时，清政府从维护统治的角度考虑一度严厉党禁，禁止文人结社，从政策上限制了学会和社团发展。1895 年的甲午战争成为中国学会发展的一个转折点，战争的惨败使中国人惊醒，在民族危亡的关头，学习西方以寻求自强成为迫不及待的事情。甲午战争后不到一年时间，从北京到地方各省，在中央一批士大夫的支持下，各地一些专业的学会相继创办运作，尤其是民国建立后，专业学会迎来了创办的一个高潮。梁启超很看重创办学会在培养人才上的作用，他认为："今欲振中国，在广人才；欲广人才，在兴学会。"② 学会成为近代中国培养人才的一个重要平台。康有为则更看重学会起到聚集人才的作用，"盖学业以讲求而成，人才以摩厉而出，合众人之心思则闻见易通"③。对广大学者而言，学会是一个重要的学术媒介，为近代学者进行学术交流，促进学术发展提供了平台。

近代学会虽然主要是由私人创办，但这种看似民间的行为背后所隐藏的国家控制却是显而易见。政府一方面支持学会创办以求学术进步，另一方面又提防士人借学会举行反对政府的集会，这种矛盾的关系限制了学会的发展。章太炎就反对学会与国家政权体制有密切的关系，他强调学会要摆脱国家的控制，只能完全由私人创办才能发挥其自身作用，如果学会受到国家严密的控制，这就与"古代私学和官学的关系没什么

---

① 严复提倡"群学"的目的，就是看到学会能起到使学者进行合力研究的作用，王栻编：《严复集》第五册，中华书局 1986 年版，第 1548 页。

② 梁启超：《变法通议·论学会》，《饮冰室合集》（文集一），中华书局 1989 年版，第 32 页。

③ 康有为：《上海强学会序》，《康有为全集》第二册，中国人民大学出版社 2007 年版，第 92 页。

区别"①。章太炎认为近代教育制度如果继续受制于国家，必然导致学术衰败。② 学会要发展，应该由学者根据所创办的学会特点来考量，而不能由政府设定各种束缚的条款。章太炎有关创办学会的观念，与黄宗羲主张"自拔于草野之间"③ 顺其自然的精神从内涵上有一脉相承的联系。早在明末时期，黄宗羲在文人结社问题上就明确反对政府对社团发展强加干涉和控制，主张社团发展应该是由社员共同商议决定。章太炎这样一种反对官学，注重私学的主张，其核心是为了表达对传统书院制度的不满。甲午战争之后，全国各地创办的近代学会大多也确实是按照章太炎所期待的方向发展，各种类型的学会呈现一幅"群流竞进，异说蜂起"④的场景。中国近代学会的创办有助于开启民智，促进现代科学与文化在中国的进一步发展。

国学学校创办的四川国学会，是近代四川较早的专业学会。不过，近代四川最早的专业学会并不是四川国学会，而是以实现学术交流和进步为宗旨的蜀学会。蜀学会的创办，与后来任教国学学校的宋育仁有关。1898 年春，宋育仁、杨锐等人在成都创办专业学术团体蜀学会。杨锐向光绪帝呈文指出："蜀学会以张之洞《劝学篇》的正人心，开风气为宗旨。"⑤ 蜀学会的组成人员基本都是一批具有浓厚地域学术色彩，学术思想较为保守的川籍学人。蜀学会以振兴蜀学为学会的发展目标，而近代蜀学发展是以今文经学在四川的崛起为标志，廖平的经学诠释在蜀学会具有较大影响力。蜀学会的学会宗旨、人员结构和日常学术交流活动，对后来四川国学学校创办的四川国学会影响很大。

蜀学会以尊经书院为依托，是由清末四川书院创办的专门学会。在经世致用和尊孔读经上，蜀学会深受尊经书院学风的影响，而"经学、

---

① 章太炎：《论学会大有益于黄人亟宜保护》，《章太炎政论选集》，中华书局 1977 年版，第 12—13 页。

② 章太炎：《与王鹤鸣书》，《章太炎全集》卷四，上海人民出版社 1985 年版，第 152—153 页。

③ 黄宗羲：《明夷待访录·学校》，《黄宗羲全集》第一册，浙江古籍出版社 1987 年版，第 10—11 页。

④ 汤志钧编：《章太炎年谱长编》，中华书局 1979 年版，第 793 页。

⑤ 有关杨锐的呈文，参见国家档案局明清档案馆编《戊戌变法档案史料》，中华书局 1958 年版，第 306—307 页。

小学是当时四川学人学术研究的共识"①。蜀学会对会员的言行规范要求很严格,在颁布的《蜀学会章程》中要求会员"皆以忠信为本,孝悌为先,尤须讲求气节,忠君亲上,有勇知方,隐为朝廷干城。平时德业相劝,过失相规,患难相恤,务推蓝田乡约之义,自保其教"②。在对会员的规范要求上,"忠信"、"孝悌"、"气节"、"忠君"等具有明显旧传统的价值观念,在学会章程中被明文规定,可见学会的办会性质与近代新式学会不同,具有传统、保守的风气。在学术研究上,蜀学会章程进一步规定"此会与经训为主,与祖尚西人、专门西学者有别"③。在对待传统文化上,蜀学会以传统经学训诂为研究内容,促进了今文经学的发展。在对待西学的态度上,宋育仁等成员对西学较为看重,他们大量购买和研读西学书籍,④ 但西学对他们而言却仅仅是证明中学的一个参照。

宋育仁对西方的议会制度、选举制度很感兴趣。他通过简单的比附,希望将西方民主体制纳入到中国政治体制之中。宋育仁以蜀学会创办的《蜀学报》为载体,连篇发表了对西方议会制度的见解,他主张中国应该实现一种"君民共主的君主立宪体制"⑤。尽管宋育仁对西方议会制度的认识还很肤浅,但一定程度上增进了国人对民主政体的认知。

戊戌维新期间,宋育仁、廖平、杨锐等人对维新运动十分支持,杨锐还是戊戌六君子之一。宋育仁和廖平等人以蜀学会为学术基地,共同创办了《蜀学报》,鼓吹维新变法。廖平主张"尊今抑古、托古改制",⑥为维新变法在四川获得学界支持,提供了重要的理论依据。

为了摆脱蜀学研究长期存在缺乏学术交流的困境,蜀学会章程规定"会所立新义、存疑、问答三册,会讲时所发疑义、新义及问答,精要之语,依门胪列,即将此册为学友论撰底本,选择登报,省外分会亦可仿

---

① 吴之英:《吴之英诗文集》,四川大学出版社 2008 年版,第 194 页。
② 《蜀学会章程》,《蜀学报》1898 年第一册第 1 版。
③ 同上。
④ 宋育仁:《实务论》,袖海山房清光绪二十二年刊本,第 12—15 页。
⑤ 宋育仁:《宋芸子先生政法讲义》,中国国家图书馆古籍馆藏铅印本,第 23 页。
⑥ 廖宗泽:《六译先生行述》,《廖季平年谱》,巴蜀书社 1985 年版,第 85 页。

行"①。蜀学会会员在讲演之前,需要把所要讲的内容印成小册子发给前来聆听的听众。在讲演时,讲演者还要做到语言简洁,用精要语言阐明自己的观点。会员演讲结束后,讲演者和听众之间还可以就不同的学术观点互相进行争论和辩难,这些不同的学术观点还将被学会成员整理出来,在当地出版的报纸上发表,通过这样的方式让其他地域学人了解蜀学会每次讲演的内容,也就扩大蜀学会的学术影响力。同时,组办者还会对发表有真知灼见观点的人进行奖励,"仿汉人《白虎讲义》,互相辩难,略有定论,退而笔为论说,由主会公同评允,登报印行。其专言经义、撰辑义疏者,作为日记,会中以时评论,择优酌奖"②。此举在近代早期的学会中较为少见,具有促进四川传统学术进步的意义。

蜀学会作为近代四川最早创办的学会,在倡明蜀学、保存国粹方面,蜀学会成员做出了贡献。然而,蜀学会是一个具有浓厚封建色彩的传统学会,学会成员的学术观点总体而言较为保守。宋育仁个人的思想主张对蜀学会影响很大,他在维新过程中思想也发生转变,他认为"今日救时之务,复古而已"③,从"维新"到"复古",使他的思想趋向保守。蜀学会成员在学术活动中,也秉持宋育仁的"复古"思想,这在一定程度上限制了学会的进一步发展。

蜀学会的成员有不少人后来成为国学学校教师,他们任教国学学校时也促成了国学学校成立专业学会。国学学校后来成立的四川国学会,在学会组织形态和发展目标上与蜀学会有诸多相似之处。本书用一定篇幅来考察蜀学会的发展历程,对我们详细了解国学学校创办四川国学会的来龙去脉有一定启示作用。

二 国学学校成立四川国学会

民国建立后,川籍学者对在四川成立专业学会,以切磋学术具有极大热情。宋育仁很看重学会的作用,他指出:"欧美成专门有用之学,皆

---

① 《蜀学会章程》,《蜀学报》1898 年第一册第 2 版。

② 同上。

③ 宋育仁:《复古即维新论》,《渝报》1897 年第一期第 3 版。

成于学会，非成于学校。学校之专门，尚属专门之普通；出学校再由学会讲求增进，始成专门之专门。"① 学会是增进专门之学的媒介，已经成为国学学校老师的共识。在国学学校还处于从国学馆向国学学校过渡的阶段，刘师培、谢无量、廖平等人就发起创办四川国学会。国学学校成立后，四川国学会也同时并进国学学校。在国学学校成立伊始，在学校公布的章程中就明确规定"本校附设国学会，约集通材示期讲演，学生均得旁听"②。这时候国学会的听众主要限定在学校教师和学生范围内，国学学校教师是国学会主要的讲演者，而学生则主要充当听众，并与教师进行互相交流。

四川国学会的成立是传统书院讲会模式在民国时期的延续。早在尊经书院时期，王闿运就在书院内创办过讲会，讲会与书院的学术活动密切相关。晚清时的书院教育一度也盛况空前，"书院遍天下，讲学者以多为贵，呼朋引类，动辄千人"③。随着书院在全国各地开办，讲会也吸引了各地学者的光顾，讲学的场面也蔚为壮观。但书院时代的讲会，讲演对象主要面向书院内部，对公众的开放程度较小。国学学校创办的国学会后来则突破了受众范围的局限，把学术争论和学术交流切磋延伸到学校以外，面向了普通民众，凡是对国学有兴趣的人皆可来旁听，甚至也可以直接参与学术讨论。

国学会最初设在成都方正街丁公祠内国学馆内，国学馆当时是国学学校的下属附设机构。国学会延续了蜀学会的运作模式，也会定期举办一些学术演讲和学术讨论。这些学术演讲的主题主要集中在传统经学、儒家尊孔等方面，"国学会之设，系由国学馆及馆外通儒发起。每周开会一次，命题、演讲。办理数月成效昭然。先期拟题登报，凡馆外热心国学者均得入场旁听，一则馆内学生得资传习以诸临时讲演员之材，一则广树风声，俾国学渐臻普及"④。为了扩大国学会的社会影响，同时向社

　① 宋育仁：《创刊绪言》，《国学月刊》1922 年第 1 期。
　② 《四川国学院附设国学学校章程》，1913 年 1 月，四川大学档案馆藏，卷号：1。
　③ 陆世仪：《思辨录辑要》前集卷一，商务印书馆 1986 年影印本，第 117 页。
　④ 《国学院国学馆合并条件》，1912 年 9 月，四川大学档案馆藏，卷号：5。

会征集文献的需要,学校决定把"国学会从丁公祠迁出,改设在成都少城公园图书馆内"①。少城公园是当时成都市中心最大的公园,平时民众聚集在公园内众多。他们一起喝茶打诨、谈天说地,这里是当年成都居民主要的休闲去处之一。国学会在少城公园内定期举办学术讲会,有助于宣扬国学学校的办学理念,这对传播传统文化,提倡尊孔读经,扩大国学在普通民众中间的影响力等诸多方面都有一定的促进作用。

1916年,宋育仁回四川并任教国学学校,同时,他也组织参加国学会的讲演活动。从1920年起,宋育仁受命主持国学会日常事务,成为国学会实际上的会长。他本人也多次到少城公园图书馆,在国学会发表学术演讲。国学会每次在讲演前,演讲人所要演讲的内容都要刊登在四川当地出版的《国民公报》上向广大民众预先进行通告,类似现在学术讲座的海报②,这样的举措在当时全国学会中也是较为少见的。宋育仁主持国学会后把创办蜀学会的经验带到国学会,他确定了国学会讲演内容主要涵盖在"孝经、道德经、经籍古书研究法、中庸、易经、男学、女学"③等传统学术范畴之内。其中,经学是国学会演讲的主要内容,这与宋育仁等人提倡尊孔读经密不可分。前来听演讲的人不仅有国学学校的学生,而且社会上对传统学术感兴趣的人也均可报名参加学会所举办的学术活动。

国学学校的章程规定成立专门学术研究团体、创办专业杂志是学校应办事宜,专业学术团体成立也是学校教师教学之余最重要学术的成绩之一。后来入蜀执教川大的任鸿隽认为中国传统士人组建学会的特征是:"专讲古书、经史、道德、伦理、正心、修身、齐家、治国、平天下之事。我们历史上学会,是由一个大学者、大贤人,因其学问既大,名望

---

① 《国学会移图书馆》,《国民公报》1923年7月20日第6版。

② 国学会的演讲公告,在《国民公报》上刊登。从1920年至1929年,几乎定时就会发布相关消息。例如:《道路文化演讲》,《国民公报》1925年3月28日第5版;《各方面杂讯》,《国民公报》1927年5月2日第5版。

③ 其中,有关中庸的内容几乎是每期都要讲。详见《国学会讲中庸》,分别载于《国民公报》1923年9月2日第6版;10月12日第5版;10月20日第5版;11月4日第6版;11月24日第4版;12月7日第5版;1924年2月26日第5版;6月9日第5版;7月4日第5版。

也高，大家蜂拥云集的前去请教而成"①。显然，任鸿隽等提倡科学的学者对历史上的学会特征和讲授内容并不满意。四川国学会的特征恰好与任鸿隽所言"历史上的学会"相符，是过去书院讲会的延伸与变革。从四川国学会在学术讨论内容上看，和时代的发展的需要并不符合。从政治立场和学术观点而言，国学会成员拼命维护传统学术的地位，看重经学和孔子的影响力。国学会跟蜀学会一样，在学会内部渗透着尊君、仁义礼智信等传统道德因素，极大束缚学会向近代化专业学会的转型。但也不可否认的是，国学会在向民众传播中国传统文化以及研究和保存传统文化精髓方面做出了不小的贡献。②

四川国学会成立后，刘师培为学会写了一篇序文以表达对国学会学术自由讨论宗旨的赞赏。他表明当今学者不应只是独自进行学术研究，还应该推广传播自己的学术观点，给民众以学术的浸染。③ 在这篇序文中，刘师培作为古文经学派代表学者，行文表述发扬古文经学家特点。他在序文中对当时四川学界所存在五个主要弊端的批评，却是十分中肯的。这五个弊端包括：第一，学术讨论脱离了学术正道，喜欢追逐一些虚无缥缈的东西；第二，在做学问时，不少学者喜欢进行烦琐的考据，擅长的只是饾饤之学，无法形成学问的宏观体系；第三，整个四川学界的学问体系支离破碎；第四，部分学者迷信异端杂说，用一些灾异玄怪的现象来解释传统的学术经典，反而使得传统经学趋向神秘化和诡异化；第五，部分学者崇尚中医的医术方技，花费大量时间和功夫来研究传统

---

① 任鸿隽：《外国科学社及本社之历史》，发表在《科学》1917 年第三卷第一期，收入《科学救国之梦：任鸿隽文存》，上海科技教育出版社 2002 年版，第 93 页。

② 许丽梅对国学会的发展情况也有相关研究。不过，许文也有值得商榷之处。例如，作者指出四川国学会设立于 1920 年，依据乃是《国民公报》1923 年 9 月 13 日第 6 版上刊登新书通讯《问琴阁丛书将出版》。这则通讯讲"同人等乃公请宋先生主学会，聚徒讲学，于今三年"，作者由是得出国学会是 1920 年创办的结论。这是有疑问的。宋育仁于 1916 年回到四川，应廖平邀请任教国学学校，同时在国学会发表演讲。可见，国学会实际上在国学院创办之初就成立了，还出版了《四川国学杂志》。因此，笔者认为，通讯上所谓三年是指宋育仁主持国学会有三年时间，并非国学会成立于 1920 年。参见许丽梅《民国时期四川"五老七贤"述略》，硕士学位论文，四川大学，2003 年，第 41 页。

③ 刘师培：《四川国学会序》，《四川国学杂志》1912 年第一册。

中医，舍弃作为儒家经典的经学研究，是舍本追末的不良学风。① 通过对比分析，刘师培在序言中列举四川学界存在的五大弊端，不难发现似乎都针对廖平的学术研究。廖平经学诠释越来越玄乎诡异、虚无缥缈，同时，廖平连篇累牍发表有关中医研究文章，对此倾注大量心血，这些都与刘师培所言五大弊端相符合。这五大弊端背后，可见刘师培学术观点上与廖平观点不同，或许刘师培也借此表明自己不赞同廖平在经学转变上的一些诡异学术观点。

从刘师培对四川学界存在五方面问题的批评内容来看，也印证了蒙文通后来所谓川籍学者的学问为什么无法成为体系的某些原因。刘师培认为："治学之方，弟隆求是，秉执品科，以稽为决。"② 求是、秉执、果断，这些是刘师培所看重的治学方法。他借此希望国学会同仁们能够在学术研究上纠正这五大弊端，重新回归到学术研究的正道上来，融入到全国主流学术体系之中去。实际上，《四川国学会序》就是刘师培为国学会所做的学会章程以及他对国学会未来发展方向的期望。

第二节　专业学术杂志的刊行与革新

一　国学杂志的创办及销售渠道

清末时期，专业学术刊物就已经在中国开始陆续出版。不过，"当时中国创办的学术刊物是与报纸互相混合，两者并没有区分开来"③。但这种具有学术意味的新式期刊产生，在中国近代学术交流上产生重要影响。中国近代学人逐渐体悟到以学术期刊作为载体，对学术交流便利化的重要性。他们开始把学术研究成果表述形式由古代传统书信、札记、语录，转变成新式论文写作，并通过学术刊物发表。④ 大量专业学术刊物相继创办，并通过现代杂志发行渠道在全国范围内迅速传播不同地域学者的学

---

① 刘师培：《四川国学会序》，《四川国学杂志》1912 年第一册。

② 同上。

③ 戈公振：《中国报学史》，中国新闻出版社 1985 年版，第 6—7 页。

④ 《改正体例告白》，《译书汇编》1902 年第九期。

术思想，从而为不同地域学者及时了解同行研究成果提供平台。近代报人戈公振认为："一国学术之盛衰，可于其杂志多寡知之。"① 到了民国时期，专业学术刊物创办的数量和质量已经成为衡量某个国学教育机构学人研究成果能否在学界产生影响力的一个重要标志。

国学学校章程规定学校教师在办杂志，整理古籍方面有五个应办事宜。这五件事是："编辑杂志；审定乡土志；搜访乡贤遗书；续修通志；校定重要书籍"②。这五件应办事宜，首要就是编辑杂志。四川国学会除了举办学术讲演外，还创办了《四川国学杂志》。国学校教师曾学传在《四川国学杂志》第一册上撰写《国学杂志义例》，他对杂志创办原因以及杂志创办者所希望实现的愿望做了一个较为详细的总结："以发扬国粹为宗旨，首编辑国学杂志，以资阐发私义，鼓吹群伦，事纂重也"③。发扬国粹，鼓吹伦理道德，这是国学杂志创办的基本出发点。他进一步论述道："忆昔大地狉獉，东方先旦。神州建国，圣哲笃生。撰合乾坤，而伦理出焉。天精地粹，会其极于我孔子。秦汉以来，迭经世变，而懿化礼俗，流泽未坠。大道推行，声名扬溢。将施蛮貊，实为今万国所仰。"④ 曾学传把孔子地位提升到中国文化精粹高度，认为孔学是中国文化精神支柱，但近代西学的传入"致人心鬱瞢。塞源趋流，忘耻逐利。饰伪乱真，以相欺诈。破规裂矩，以为文明。如横流决堤，不可收拾。岂非国学不明之故欤。我固有国粹，乃弃若弁髦。吾国人心，日趋于黯。天地荒荒，日月曚曚，不惟不足争胜。东西列强，而适足以速中国之亡也，岂不哀哉！"⑤ 曾学传指出，近代西学传入以后中国传统文化遭受冲击，中国士人的思想观念也被颠覆，致使士人道德沦丧，中华文明横遭破坏，这样下去会加速中国的衰亡。他对此感到忧心忡忡。

要挽救此危局，曾学传认为应该复兴国学，"负国家之责者，于兹隐忧而垂情国学，怀我旧德，用迪新机。沐浴星辰，式观弘宇，共睹元精，

① 戈公振：《中国报学史》，中国新闻出版社 1985 年版，第 146 页。
② 《国学院章程》，应办事宜，四川大学档案馆藏，卷号：4。
③ 曾学传：《国学杂志义例》，《四川国学杂志》1912 年第一册。
④ 同上。
⑤ 同上。

属在吾党,愧不克任,博文约礼,温故知新。下学上达,自有夷涂。近收丽泽之益,远征心理之同。即或汉宋交攻,朱陆互辨,要在明理。非关争胜,折衷至当。道有攸归,庶几匡时万一"①。从国学会创办国学杂志原因来看,保存国粹色彩是显而易见的。杂志的创办者不仅希望给学校师生提供一个研究传统学术,交流研究成果的平台,更希冀以国学杂志为载体,学人能够发表学术文章以中学对抗西学,进而挽救不断衰落的传统文化。国学杂志的创办包涵了曾学传等人以传统文化精髓,拯救日益颓废之世道人心的这一宏大理想。

国学杂志所涉及文章体例、研究范围等内容,曾学传也都做了详细解释。这些所列举的"学术规范"与今天学术刊物上刊登《论文投稿须知》有些类似。杂志的体例是:通论、经术、理学、子评、史学、政鉴、校录、技术、文苑、杂记、蜀略共分十一部分。②从刊物栏目征文分类来看,所涉及的十一个方面基本涵盖"国学"与"蜀学"范围。其中,通论、经术、理学、子评、史学、政鉴、校录部分是一般国学杂志都共有的内容,杂志涉及范围也是传统学术的主流,而技术、文苑、杂记、蜀略部分则是《四川国学杂志》的特色所在。在技术部分的要求上,编者以"孔门立教,不废游艺"为依据,将传统文化中的医学、杂记、古书征订等列入到国学范畴。杂志编辑在对"国学"范围划分上并不仅局限于经史子集,这拓宽了国学范围和外延,有利于使杂志的受众面,不仅有受过专业学术训练的人,还将社会上对国学感兴趣的人吸引过来。在文苑和蜀略的部分,编辑力求突出国学杂志具有四川学术的特色,为蜀学研究提供一个很好平台。川籍学者在蜀学研究上的成果通过杂志得到反映和传播,这为蜀学的近代转型以及在全国学术中赢得自身地位皆有良好促进作用。

在国学杂志的发行和销售渠道方面,学校成立专门的出版机构并设立相关职位负责杂志的出版。张子樨被任命为《四川国学杂志》的总发行,类似于现在刊物的总编辑。杨子青、刘舜臣两人被任命为缮写杂志

① 曾学传:《国学杂志义例》,《四川国学杂志》1912年第一册。
② 同上。

书记。萧映湘被任命为帮写杂志书记。他们具体负责杂志的编订和校对工作。罗元黼负责存古书局，国学杂志通过存古书局出版发行。[①]

1915 年，四川军务处批示了国学学校有关杂志经费的申报材料，"如详，准予备案，此批粘件册清单均存"[②]。这表明《四川国学杂志》办刊经费主要还是在四川地方政府拨付给国学学校的经费中提取，但由于时局不稳以及地方政府财政日趋紧张，四川政府拨付给学校经费逐年减少，教师的工资尚且都成问题，办学术刊物的经费就更加窘迫。为维系杂志的发行出版，杂志编撰成员们以收取广告费用来增加杂志经费收入。杂志在每一期的扉页都附有《中华民国四川国学杂志简章》，简章中规定"本报代登各种广告酌量收费"[③]。前文已经论述，国学学校教师大多具有浓厚的保守思想，并且传统士农工商四民社会的观念到这个时候也并没有消除。作为四民之首的士为了杂志正常发行运转，而要借助四民之末商的手段，这种在当时看来可谓是本末倒置的行为，却也是国学学校教师少有的体现一种"与时俱进"的举动。

从刊登广告收费标准看，国学杂志具有较好商业运作机制。对杂志定价和广告收费标准的规定如下："本报零售每册二角，邮费每册三分。惠登广告须于发行前七日交来，不满一行者以一行算，刊资先惠，长期酌减"[④]。杂志发行第一册时每册的销售价钱二角，如果要邮寄，邮费三分。广告费根据字数多少和所占版面收费，字数越多和所占篇幅越大收费越高，如果长期在杂志上做广告相应也会有一定优惠政策。第一册发行时候销售渠道尚不佳，广告订单也较少，但从第二册开始，这种状况就有所改观，在第二册扉页上有更为详细的收费标准。杂志每册定价并未变动，但如果大量购买价钱将会相应打折，与现在的促销手段较为相

①《咨送财政司国学馆并入我院后现员名册及人员一览册》，1912 年 10 月，四川大学档案馆藏，卷号：35。

②《批国立学校详报将前院正吴之英、副院刘师培拿薪购备书籍分刊〈国学荟编〉一案》，1915 年 6 月，四川大学档案馆藏，卷号：18。

③ 第二册新增省外另加邮费二分，第三册邮费涨至三分。参见《四川国学杂志》第一册封面《中华民国四川国学杂志简章》，1912 年发行。

④ 参见《四川国学杂志》1912 年第一册。

似。在杂志纸张的印刷上还分为国内纸和外国纸两种不同区别,外国纸相较国内纸要贵一些,体现出杂志印刷质量的多种选择,如同现在出版书籍会有平装本和精装本的区别一样。国学学校编辑们在杂志发行渠道上可谓费尽心思,以商业手段来促进"国学"的生存。

在杂志的销售渠道上,四川教育司规定"中学以上各校及各属教育分会皆有购阅本报之义务,其有具文请领者照九折征费。学校学生联名请领者,十份以上九折,三十份以上八折"①。由四川教育司主导,川省的中学和教育分会把订购《四川国学杂志》作为义务和责任,此举有借助政治权力强行摊派的意味。在这些机构订购时候,国学杂志同样借助商业促销手段,订购杂志数量越多打折就越多。国学杂志从经费来源到销售渠道有一整套商业化运作,保障了杂志不致因经费短缺避免了停刊的困境。国学杂志的发行还突破仅省内发行的局限,外省的国学教育机构也开始订阅国学杂志,这进一步扩大杂志的销售渠道,提升了国学学校在学界的影响。国学学校的学术研究情况也通过杂志的流通逐渐为全国所了解,提高了国学学校的学术影响力。

在国学杂志的校对和编订上,杂志编辑的态度也十分严谨,他们对难以避免地刊行文字错误都要逐字逐句重新校对。杂志从第二期开始,每一期都有一个专门的勘误表,勘正上一期出现的文字错误。例如,国学杂志第二期的《本书检误表》,一共勘误杂志第一期出现的文字错误五十一处,分页次、行次、正误三项进行勘正,而这些错误主要是打字排版时产生的,如"第一页第五行扬溢系洋溢,第十四页第九行中宫系中官。"② 杂志编辑都逐一比对,认真校正,体现了严谨求实的学术态度。

国学杂志在订购过程中也遇到了拖欠杂志费的情况。为此杂志编辑专刊登广告,催促拖欠杂志费用的订购学校及时缴纳拖欠费用。"所有预送各份,除省城各公署外,省外各县共一百四十余处,惟德阳、江津二县,本所曾经收到志费。其余各县未交,为数甚巨。本所经费不敷,切

---

① 《要求四川省中学以上的各级学校及各级教育分会订购国学校杂志的通知》,1913 年 3 月,四川大学档案馆藏,卷号:19。

② 《杂志刊误表》,《四川国学杂志》1912 年第二册。

望各属将全年杂志费一并交到本所以资周转，印出续寄，是所至盼"①。
由于拖欠费用甚巨，影响了杂志的继续刊行。国学院更名国学校后，国
学杂志也并入国学学校办理，"再本所现已改附国学学校，从本年第一期
起，力求改良，以殚阅读诸君心目。务期从速清款，仍交存古书局本发
行所。至本年定阅杂志，请先交半年志费，以便续寄"②。国学杂志更名
后希望能在体例上有所改良，但被拖欠的费用一时难以收回，编辑部遂
决定订阅杂志时必须先缴纳半年的费用才能续订，这种订购方式的变动
实际上也是出于无奈之举。

在学校更名国学学校后，校方向四川政府呈报学校情况的报告书：
"校中由存古书局月刊《国学荟编》一册，专以尊经为主，崇尚道德，期
养成高尚之学风。其他蜀中先正著述及近人论说精粹者，悉采入焉。古
籍中有专为蜀事而作，或世所稀有之本，亦附卷末，以资学人研究"③。
国学杂志每月一期，一共出版过十二期。1914 年，更名国学学校后，原
有存古书局和《四川国学杂志》归国学学校继续办理。《四川国学杂志》
改名为《国学荟编》，制作成木刻在全国发行，每月发行一期。《国学荟
编》在体例上有所改进，不再按照《四川国学杂志》分为通论等部分来
刊登论文，杂志加入史籍和历史上的文人作品，丰富了杂志的内容。④ 随
着杂志的刊行，《国学荟编》逐渐在全国学术界产生影响，成为全国少数
几个专业国学刊物之一。《国学荟编》的出版发行一直持续到 1919 年，
直到受五四新文化运动冲击才被迫停刊，其间一共出了六十三期。⑤

与此同时，宋育仁在成都主办的《国学月刊》与国学杂志有很深联
系。两种刊物上所刊登的文章，大多数是川籍学者发表国学研究文章，
两者相辅相成，对推动四川传统学术研究，扛起四川国学研究大旗有重

---

① 《四川国学杂志发行所广告》，《国学荟编》1914 年第一期。

② 同上。

③ 《四川国学学校中华民国二年八月到三年七月周年概况报告书》，1914 年 11 月 6 日，四
川大学档案馆藏，卷号：1。

④ 《国学荟编价目表》，《国学荟编》1914 年第一期。

⑤ 四川大学校史编写组编：《四川大学史稿》，四川大学出版社 1985 年版，第 43 页。但由
于杂志的遗矢，目前能够查阅到的现存《国学荟编》仅存一期。

要作用。不过,杂志所刊登论文来源有局限性,作者全部是国学学校教师,没有学校以外的学者文章发表,学术研究和讨论范围显得较为封闭。《四川国学杂志》更名《国学荟编》后,虽然撰稿人主要仍是国学学校教师,但逐渐有校外学者文章刊载。《国学荟编》在文章选取上扩大受众范围,提升学术讨论的水平。① 不过,由于经费所限,国学杂志也曾出现不同程度脱期情况,这是近代国学刊物共同面临的窘境。

二　国学杂志上学术问题的讨论

国学学校创办的国学杂志为学校教师提供学术研究和讨论的平台,在杂志上发表文章的作者主要是曾学传、廖平、刘师培、吴之英、谢无量、楼藜然、李尧勋、杨赞襄、曾瀛等人,他们既是国学学校的教师,又是杂志的主要撰稿人。文章内容主要是涉及经学、史学、理学和蜀学的研究,其中不少文章是撰稿者在国学学校讲课时的讲义。国学杂志上刊登文章主要涉及三个方面的讨论:一是有关传统礼制和尊孔的问题。二是有关南北学派划分的问题。三是关于中国文字改革的问题。② 下面将对这些问题分别进行论述。

第一,有关礼制和尊孔问题的讨论方面。廖平作为坚定的尊孔学者,在国学杂志连篇累牍讨论在中西文化冲突下捍卫中国传统礼制的重要性。他对孔子的地位以及孔子所提倡礼的秩序十分看重,不惜花费大量笔墨讨论孔子所言"礼"对维系世道人心的作用。廖平一方面对于礼、义等儒家道德极为推崇,为传统道德辩护,另一方面又鄙视西方文化,斥西洋为野人、夷狄。在中国女性问题上,廖平发表《历礼篇》来驳斥西方人认为中国自古重男轻女的思想。他列举中国传统婚礼的礼节以及嫁女与家人有别,以此来表明礼的重要。他指出:"外人不治宗族主义,其学说恒伸女权。至以中国为贵男贱女。然礼经有言,夫妇一体,共牢而食

① 雷玲:《民国初年的〈四川国学杂志〉》,《文史杂志》2001 年第 5 期。
② 有关这三个方面的问题,国学杂志主要在通论、理学这两个部分中进行讨论。参见《四川国学杂志》1—6 册,国家图书馆古籍馆藏线装本。

同卺而饮以亲之也。故夫尊于朝，妻贵于室。妻者齐也，未尝不平等也。"① 他认为中国并不存在男尊女卑的传统，夫妻组成家庭，丈夫在为国出力，妻子在家里照料家庭日常，做好丈夫的贤内助，这于国于家都十分重要。他认为中国传统是男女分工不同，但不意味男女地位不平等。

在婚姻选择上，廖平也反击了西方人认为中国包办婚姻是违背礼的不文明行为，以及那种认为西方自由婚姻才是文明的说法。针对西方人认为中国婚姻"贱女而王侯贵人多置妾御，实非礼之本也，以自由昏为文明欲推倒礼"② 的看法，廖平对此反驳道："古之时，男女相慕悦，苟合而已，尤失宗族主义，故圣人制礼必使女子无专行之义。"③ 他将近代自由恋爱婚姻比作是上古时期的男女苟合，认为这才是无礼行为。他认为正是因为中国古代的圣人制定了相关的礼仪规范，才使得女子不能够肆意妄为。由此可见，廖平维护自古以来"礼"的坚定态度。但廖平的论说实际上是站不住脚的，他把近代自由婚姻和上古男女苟合相提并论，本身就是荒谬的。他认为正是因为有了礼的制定才规范了男女行为，使得女子不能够胡作非为，这种看法本身就是对女性的一种歧视，与他反驳西方学者认为中国男女不平等，进而试图证明中国自古男女地位平等的言说相互矛盾。有关中西婚姻在礼制上的差异，廖平的学生李源澄指出："西洋婚姻制度本来就太重爱情，中国是大家庭制度，一国有一国的历史文化，中西文化的精神根本上是不同的。"④ 李源澄看到中西婚姻选择的不同是与两种文明的不同有关，中西婚姻制度无所谓优劣所得，只不过根据不同国情而定罢了，这种认识就比廖平单纯从"礼"的角度来反驳西方人对中国婚姻的看法要高明一点。

由维护"礼"的角度讨论中西不同婚姻，廖平进一步阐释了对近代西学盛行，中学衰微，甚至造成传统"礼"衰落的不满之情。他感叹道："呜呼！当今四海会通，六合来往，本为大同基础谋国之君子。惩于贫

---

① 廖平：《历礼篇》，《四川国学杂志》1912 年第一册。

② 同上。

③ 同上。

④ 李源澄：《与陈独秀论孔子与中国》，原刊《国是公论》第三十五期，收入《李源澄儒学论集》，四川大学出版社 2010 年版，第 159 页。

弱，亟富强之谋，往往弃诗书，学鄙野。所取诸列国以为治者，乃大抵类春秋以前野人之法，夫使野人之法而善，圣人何为制作于其间?"①"弃诗书，学鄙野"之语再次表达了他对学西学的不满，"持规而非矩，执准而非绳"一语，更表达出他认为西学仅是规、准，中学才是矩、绳，而中国传统文化中的规矩、准绳，是建立在矩、绳之上而言。廖平的意思是西学只能是附庸、皮毛，文化的核心还是中国的传统。他抨击了一些学人试图以夷变夏，用西方文化取代中国传统的愚昧之举，他进而将西方文化贬斥为与春秋之前的荒蛮文化相类似。

廖平把春秋之前文化也贬斥为荒蛮，他认为中国文化从春秋开始，是由于春秋时期孔子制礼的原因。对"礼"的极度推崇使他深入阐发道:"人之所以贵为人者，以其有礼也。故知礼乐之文能作，识礼乐之情者能述。太平之道，未有舍礼而可效者也。虽为器物之利，舟车之便，宫室之美，纷然饰于外，璀璨炫耀而不可躬然。征之于内，不由礼而充之，亦何以异于野人哉! 故进化之理，文明之要，以礼为本，在内不在外，在道不在器，在仁不在力。虽然，是非人之所能为也。天不以礼私中国，礼所以立人之道，推而放诸东海而准，推而放诸西海而准。"② 在廖平看来，礼才是构成人的基本条件，"礼"已经能把人的物质层面和精神层面区分开来。他认为物质层面的东西并不能使一个人素养得到提升，而精神层面的"礼"才塑造了人的涵养，以区别于蛮人。在这个问题上，梁启超也曾通过对比英国人格道德后，认为"孔子教义，其实际裨益于今日国民者"③。而廖平提出"礼"，是放之四海而皆准的真理，是不断发展并推广的，所谓"孔子之礼，已行于中，必推于外，既见之已往，更大行于未来。吾见其进也，未见其止也"④。作为孔子坚定信仰者和忠实维护者，廖平不惜以贬斥西方文化来抬高儒家礼教。他在维护传统文化上有其合理的一面，但也处处充满着矛盾。

---

① 廖平:《历礼篇》,《四川国学杂志》1912年第一册。
② 同上。
③ 梁启超:《孔子教义实际裨益于今日国民者何在? 欲昌明之其道何由》,《饮冰室合集》(文集三十三),中华书局1989年版,第65页。
④ 廖平:《历礼篇》,《四川国学杂志》1912年第一册。

　　对那些崇尚西学，反对传统礼制的中国士人，廖平也多有批评。他指出："自海禁开而儒术绌，海外学说，输入中邦，拾新之士，立说攻经。即老师宿儒以名教自任者，其推论中外，亦谓希腊、罗马，制或符经由野进文，斯崇耶教，更新制。"[①] 西学传入不仅危及到了"礼"的地位，甚至连经学本身也受到影响，这些都是突破了廖平学术心理的防线，使他愤而捍卫传统经学地位，对攻击经学的"趋新"学人加以反驳。在他看来，欧洲希腊、罗马文明的发展也是从自身不断更新而来，并非抛弃了自身的文化脉络，即使西学进入中国以后也并不能挽救中国的世道人心，反而使中国人心更加涣散，"青年英俊，中者过半，心失权衡，手无规矩，既贻卑己尊人之羞，兼伏洪水猛兽之患，土崩鱼溃，岌岌不可终日。议者知穷术尽，推尊至圣，以挽已散之人心"[②]。廖平认为中国年轻人面对西学时实际上是手足无措，他们盲目崇拜和盲目失去信心并存，进而导致心理失衡。因此，他指出要挽救世道人心，让中国年轻人重获自信心，就必须依靠儒家经学来维系和实现。

　　在传统礼教和经学受西方文化侵蚀，地位不断衰落的时候，廖平担负起维护儒家道义的责任。实际上，他本人对西学也并不是一味排斥，他曾经通过各种渠道大量搜集购买西学书籍阅读。廖平学习西学的目的是想实现中西文化并存共进，但内心对儒家信念的忠实信仰却让他处于矛盾之中。他曾认为西学有助于纠正传统学术在发展中产生的一些弊端，所谓"极古今中外之变，而求一与文相对相反之质"[③]，中国礼乐文明延续数千年也产生了一些弊端，需要用西学的"质"进行纠偏，这与儒家所谓的"礼失求诸野"[④] 相类似。然而，一旦传统文化受到威胁和挑战，他会毫不留情地批判西学以维系安身立命的儒家经典。这种矛盾心理也是在近代转型时期，不少士人具有的普遍心理特征。对于廖平这种矛盾

————————

① 廖平：《伦理约编》，《四川国学杂志》1912 年第五册。
② 同上。
③ 廖平：《改文从质说》，《蜀学报》1898 年第三册第 10 版。
④ "礼失求诸野"一语的出处颇有争议，曾一度被认为是孔子所言。但实际上，孔子著作中并没有这句话。有学者认为此语最早可能出自汉代刘歆，具体讨论参见卢国龙《"礼失求诸野"义疏》，《世界宗教研究》2008 年第 2 期。

的文化心理特征,刘师培曾有过评论:"廖氏立言,务反俗词,虽或贸更前籍,赘附骈辨。然见智见仁,理非一轨,张质的以招弓失,固墨守以傒矛伐,是固廖氏之志也。"① 他看到廖平学说一个显著特点就是反对人云亦云俗词老套,希望能有与众不同的学术见解,然而廖平的言辞间却充满着矛盾。刘师培指出学术问题本身没有一定标准,见仁见智,不论是哪种学术观点都会遇到挑战,张扬的观点会招致攻击,墨守成规也会遭遇口诛笔伐。他认为廖平的学术志向就是坚守传统学术,即使看似"落伍",他也会墨守这条信念,因此,不能一概否定廖平的学术观点。刘师培的评价还是较为公允。

在学术讨论中,在由礼制问题上升到对待孔学态度的时候,曾学传比廖平、杨赞襄、李尧勋等人更坚定维护孔子地位。作为孔教扶轮会在四川分会的会长,曾学传更是不容孔子学说受到质疑和挑战。在他看来,孔子学说简要概括便是性理学,"孔子之学,吾敢一言以断曰:性理学。其为道也,经纬弘博,不名一家。要其典礼政治文学,璨若日星,皆所以尽人性,而原于天命之善,非有异恉也"②。曾学传对孔子这样一种定位反而使孔子学说变得虚玄。他把孔子学说渲染成像宇宙一样永恒博大的天命,从而将孔子学说宗教神秘化。他认为孔子学说是构成中国传统文化精髓的绝对核心,"天地以位,万物以育,此吾国学之粹也"③。这种对孔学无限拔高的学术观点,在国学学校教师中较为常见。作为儒家的忠实信徒,在面对自身所信仰的学说日益衰亡之际,他们对孔学做出这样的诠释是对传统儒家经学进行拯救,只不过这种方式却是偏离了正常的学术轨道。

曾学传指出在中国除孔学外还存在三种学术亦为国粹:"第一,老学,吾断之曰生理学也;第二,管墨之学,吾断之曰生计学也;第三,佛学,吾断之曰灵魂学也"④。老子学说、管墨学说、佛学,皆被曾学传

---

① 刘师培:《中国文字问题序》,《四川国学杂志》1912年第六册。
② 曾学传:《国学钩元》,《四川国学杂志》1912年第一册。
③ 同上。
④ 同上。

定义为是构成国粹的传统经典，但它们的地位却远不及孔子学说地位。生理学、生计学、灵魂学的定位，主要是面向民众的日常行为，并不像孔子学说那样已经上升到宇宙永恒角度。在文章的最后，曾学传发表对民初各种流行学说的看法，"天下滔滔，庞言杂出，名辞虽美，流害滋多。甚者更专，为破坏，为道大寇。若少正卯邓析之徒，其见诛也，宜矣"①。他认为从西学借鉴过来的各种时髦言说看上去很美，但对人的思想危害却很大，这些言说是传统儒家经典的大敌。他以少正卯、邓析等儒家史上的"悖逆之徒"做比喻，指出持有这些奇谈怪说的人都应该被诛杀，足见他对西学新说的反感程度之深。

儒家伦理纲常除了宣扬忠君爱国以外，家庭的和谐美满也是儒家所追求的个人幸福。民初时期，"家庭革命"观念开始萌生，反对封建旧家庭的事件不断见诸报端，成为激进的青年人与旧时代决裂的象征之一。这种在儒家学者看来的悖逆行为自然也遭到国学学校教师的反对，对这种破坏传统宗族家庭的行为，曾学传就提出批评："今之侈谈革新者，醉西俗，陋华风，冠履舆服，笑貌语言，惟恐不欧人是肖。于是土苴教典，弁髦礼仪，非薄孝弟，以为弱国，破坏家族，以为谋公。呜呼！是直欲灭人性也。夫乌知家也者，天理自然之构造，人类所资以发育，国家所因以昌隆者也。"② 曾学传鄙视一些奢谈革新的士人在衣冠服饰、言语举止上的西化色彩。他批评这些人唯恐学西方学得不到位，并试图依照西俗变革中国传统宗族伦理家庭的行为。曾学传指出家是人类社会的基本构造，是国家繁荣昌盛的根本保障，破坏家庭的行为就是一种人性灭绝的行为。而具有讽刺意味的是，国学学校教师吴虞却正好是这样一位"家庭破坏者"，他在日记中多次将自己的父亲称为"老魔"。③ 吴虞和父亲打官司并公然发表声明断绝父子关系，这在四川学界被传为奇闻。有关家庭的论说反映出国学学校教师对待伦理道德的不同态度，以及他们

① 曾学传：《国学钩元》，《四川国学杂志》1912年第一册。
② 曾学传：《美利篇》，《四川国学杂志》1912年第四册。
③ 中国革命博物馆整理，荣孟源审校：《吴虞日记》上册，四川人民出版社1984年版，第2页。

在"传统"和"反传统"之间完全不同的取舍。

第二,在南北学派划分不同的问题讨论方面,国学学校教师对刘师培有关南北学派的划分产生不同学术看法。刘师培入蜀前就曾发文章对南北学派不同分别进行讨论,他在《南北学派不同论》中分别以"南北诸子学不同论、南北经学不同论、南北理学不同论、南北考证学不同论、南北文学不同论"① 五个方面论述。他将当时全国的学术流派做了划分,在考证学派的划分上,刘师培划分出南方的浙东学派、东南学派、扬州学派、皖南学派、吴中学派、江北学派、常州学派、闽中学派、浙中学派的代表人物和代表著作,② 并对此进行分析总结。他甚至还专门讨论了广东岭南地区、贵州黔南地区等非主流地区的学术和学派特色,③ 并通过对比评价南北学术以及各自学术流派的优劣所得。近代学术的一般态势是南学强于北学,双方互相攻讦也很厉害,陈垣对此也曾评论道:"师法相承各主张,谁非谁是费评量,岂因东塾讥东壁,遂信南强胜北强。"④ 但奇怪的是,刘师培没有把蜀学纳入到全国学派讨论之中,这一定程度上伤害了四川学者的学术自尊心,自然遭到国学学校一些教师的不满。宋育仁的学生、时任学校史学教师的杨赞襄就对刘师培南北考证学派的划分表示异议。杨赞襄在国学杂志上撰文反驳刘师培的观点,极力为四川的"蜀学"争取在全国学界的学术地位。

针对刘师培在南北学派考证中"忽视"了四川学派的观点,杨赞襄对四川近代学派进行分析:"湘绮倡今文说,主讲尊经书院,其道大行吾蜀。富顺宋先生于微言大义,独有会心,其宗旨以教养致富强,通经乃能致用,中江刘退溪,资州郭景南,拳拳服膺焉,资州饶焱之则得其小学,此富顺学派也。井研廖氏亦别有会心,其宗旨以皇帝王霸循环逆数为归宿,或咎其符命,不尽然也。其门人之笃信好学者,唯青帅王佐,廖学又逾岭而南,康梁实为巨子,与章刘旗鼓中原,遂影响于革命保皇

① 刘师培:《南北学派不同论》,《刘申叔遗书》(上),江苏古籍出版社1997年版,第548—562页。
② 同上书,第557—558页。
③ 同上书,第559—560页。
④ 陈智超编注:《陈垣来往书信集》,上海古籍出版社1990年版,第621页。

二党，此井研学派也。"① 他认为近代四川的学术特征可以分别从"微言大义"以及"霸王道杂之"的视角看，由此主要可分为两派：一是以宋育仁为代表的富顺学派，二是以廖平为代表的井研学派。

杨赞襄进一步指出："所谓章、刘、王、宋、廖、康，皆思以其道易天下。太史公所谓，此务为治者也。岂从前考证家所能及耶？窃疑两汉经学有东西，无南北。今之新考证家亦复如是。"② 杨赞襄认为近代考证学的特征实际上并没有所谓南北学派分别，从晚清到民国时期，中国传统学术的发展趋势事实上应该是以"东西"的学术替代了"南北"的学术。这里所谓的"东"、"西"概念皆是从地理位置上而言的，所谓的东是指以乾嘉汉学为大本营，吴越地区的学术流派，所谓的西则是指以宗奉今文经学，进而开创近代新考证学的蜀地学术流派。杨赞襄之所以下这样的论断是因为他看到四川近代蜀学崛起，标志就是今文经学的崛起。

那么，吴越学术与蜀学，两者的关系如何？杨赞襄认为宗奉汉学的吴越学术与以今文经学为标志的蜀学，两者之间的发展趋势是："理论渐趋统一，而事实随之"③。他甚至认为吴越学术从学理层面讲，其实也可以纳入今文经学的范畴之中。他的言外之意是以巴蜀为代表的今文经学诠释才应该是近代传统学术研究正宗，以及学术未来发展的主流。因此，从这个层面上看，即使号称发达的吴越学术，事实上也只能是蜀学的附庸罢了。

杨赞襄极力提升蜀学地位，贬低吴越学术，很明显是反对刘师培的观点。刘师培出身扬州，具有"扬州学派"学术传统，同时也是"吴越"学术的代表人物。杨赞襄不惜笔墨长篇累牍的讨论"东西"学术具有的差异，从学理上，他不认可刘师培对"南北"不同学派的划分标准，从现实角度上讲，杨赞襄坚定站在以"今文经学"为学说的宋育仁、廖平这一边，反对以"古文经学"为宗的刘师培学术观点。他的主要目的还

---

① 杨赞襄：《书刘申叔南北考证学不同论后》，《四川国学杂志》1912 年第三册。
② 同上。
③ 同上。

是想确保"蜀学"能在全国学术界获得相应的学术地位。但从客观角度讲，杨赞襄无限夸大了蜀学和四川学术的地位，更凸显出他受困于浓厚地域学派意识的局限性。

刘师培《南北学派不同论》的原文与杨赞襄的反驳文章，后来均发表在国学杂志上供学校师生阅读和讨论。不过，我们却没有看到刘师培对杨赞襄观点的回应。有意思的是，章太炎曾经对所谓南北学派的划分有过这样的评价："自汉分古今文，一变为南北学派之分，再变为汉宋学之分，最后复为今古文，差不多是反原"①。在章太炎看来，南北学派划分依然是今古文经学的反原罢了。后来，杨赞襄回忆自己反对刘师培关于南北学派划分原因时讲："此丙午旧作也。维时首夏清和，与陈衡山先生阅《国粹学报》，至仪征刘申叔所撰《南北学派不同论》，未尝不叹息想见其人。因昉康成笺诗之意，作考证学书后，以志景仰。驹光过隙，欻已七年。所幸申叔入川，常相过从，商量邃密。"② 可以看出，尽管杨赞襄对刘师培的学派划分不满，但他对刘师培的学问却是极为尊崇的。他虽不同意刘师培在《南北学术不同论》中提出的观点，却也认为这是一篇精彩的文章。杨赞襄所写的反驳文章一方面要提出自己的不同看法，另一方面也是希望引起刘师培的注意，期待能和刘师培交流切磋学问。遗憾的是，他们之前一直没有相见机会，时隔七年直到刘师培入蜀后，杨赞襄才有机会向他请益学问。

第三，关于中国文字改革问题的争论，也是国学学校教师较为关心的学术话题。早在宣统二年（1910年），四川学政赵启霖就指出："一国之政治、学术、道德经数千年嬗变而不磨灭，莫不寄于本国之文字。"③民国建立初期，民国政府推行的文字改革就明显受到西化的影响，然而，此举却遭到国学学校不少教师的极力反对。

国学学校教师李尧勋作《中国文字问题》发表在国学杂志上，对中国文字的西化问题提出异议，他认为："六书文字，创自孔子，传之万

---

① 章炳麟：《国学概论》，岳麓书社2010年版，第26页。
② 杨赞襄：《书刘申叔南北考证学不同论后》，《四川国学杂志》1912年第三册。
③ 赵启霖：《详请奏设存古学堂文》，《四川教育官报》1910年公牍栏第3版。

世，统一全球，非中国文字不为功，学者不察，醉心欧化，习海外语言，忘中国精粹。病六经，诋孔子并文字亦屡议变易。不大惑乎？"① 作者对文字改革问题的反对，同时也是对攻击经学言说的反驳。他指出近代学人学习西方语言之时却遗忘了中国自己的精粹，而中国文字就是中国文化精粹的代表。李尧勋把中国的文字同孔子学说以及经学相统一起来，这种看法虽然颇具新意，但他又认为中国文字是由孔子所创，与廖平的看法类似，这只是一种牵强附会，并没有举出相应的证据出来。李尧勋进一步阐释道："夫孔子，中国教宗也。六经，中国国粹也。无教宗无以系人心，无国粹无以固国体。一时势弱，何遽自弃？"② 他把孔子学说提升到教宗的地位，是有意让孔子形象走向宗教化、神秘化的趋势。他试图以孔子为教宗来维系人心，以六经为国粹来巩固国体，这其实体现的是一种历史认知的巨大倒退。

在给李尧勋所写的《中国文字问题》作序中，刘师培谈道："井研廖氏平以濒海俗说希行简字，更六书递属弟子。资阳李尧勋撰文字问题三十论，以为春秋以前，语文合一，六书之兴，肇端孔尼。盖为悚世之言，以干俗持往说者诘非之。"③ 当时，一些学人对廖平反对"希行简字"的观点持诘难态度。不过，刘师培虽然不认同有关"文字肇始于孔子"的说法，但他对廖平反对"希行简字"的观点却是持肯定的态度。

1913 年，廖平应教育部之请赴京参加全国读音统一会的学术讨论，并作为四川的代表向会议提交参会论文。不过，由于各种原因导致他不能准时到会，四川军政府特地照会教育部说明缘由，"咨读音统一会章程第三条第二项内开各地代表员，各省二人，由行政长官选派等语。业派该员廖平，充读音统一会四川代表之任，会同蒋君言诗查照章程会期，迅速赴京。惟川省边远，会期迫促，恐难如限到会。谨预表意见，先呈国学杂志中国文学问题一篇。学部可否作为意见书，交会讨论"④。四川

---

① 李尧勋：《中国文字问题》，《四川国学杂志》1912 年第三册。
② 同上。
③ 李尧勋：《中国文字问题序》，《四川国学杂志》1912 年第三册。
④ 《代廖平转咨民政府，凭难届时赶赴北京会，先寄论文一篇交讨论会》1913 年 2 月 12 日，四川大学档案馆藏，卷号：34。

军政府希望教育部让廖平能先提交论文再参会。

由于中国的幅员辽阔，各种不同口音至今也纷繁复杂，对文字的读音进行统一是民国建立后全国学界普遍的呼声，目的是为了有利于中国新文化事业。吴稚晖是读音统一的积极发起者之一，① 他成为"全国读音统一会"主席，曾发明了一套新的发音字母在大会上供学者讨论。民国建立新的国家制度，就要求有一种中国语言读音让大家能够通用，这样也就打破地域方言阻碍全国各地交流的局限性。

读音统一，一方面包含统一文字的读音，另一方面也包含文字书写规范的统一，这是一项十分复杂的文化工程。关于中国文字问题，廖平很早就产生极大兴趣，虽然他反对学人湮没于训诂学之中，以至于不能跳出文字训诂的局限，但出于尊孔的需要，廖平仍花费大量气力对中国文字的源流进行烦琐考证。廖平甚至在出席全国读音统一会时，也不忘宣扬自己尊孔的哲学思想。② 1912 年，廖平写成《中国文字问题三十题》一书，他对中国文字起源的主要观点是："中国的文字也是孔子所创造的，并非是上古时代仓颉造字。"③ 这种"孔子造字说"的说法是构成廖平有关"天人学说"思想最为关键核心的部分。李尧勋对廖平的观点做了详细阐释，他指出："中国未有六书文字以前，亦如地球各国同用字母。结绳为字母，易以书契，之后圣专指孔子。六书六经，地球有一无二，孔子特创古文。"④ 此种观点更加强化了廖平关于"孔子造字说"的有关论断。

孔子造字说成为廖平等人在中国文字起源问题上的基本看法。但对于廖平的这种看法，与会学者便有人反驳道："非有古用字母之实迹，不足以厌服人心。"⑤ 面对这样的质疑，廖平由于没有相关的证据，一时也

---

①　[美] 郭颖颐：《中国现代思想中的唯科学主义》，雷颐译，江苏人民出版社 2010 年版，第 28 页。

②　吴雁南、冯祖贻、苏中立、郭汉民主编：《中国近代社会思潮（1840—1949）》第二卷，湖南教育出版社 2011 年版，第 11 页。

③　廖平：《中国文字问题三十题》，《四川国学杂志》1912 年第二册。

④　李尧勋：《中国文字问题三十论题解》，《四川国学杂志》1912 年第四册。

⑤　廖平：《文字源流考叙二》，《廖平选集》（下），巴蜀书社 1998 年版，第 577 页。

无法立即回应质疑。他返川后便立即与国学学校的同仁对此进行研究，最终得出所谓十六条证据，以证明支持自己的学说。① 不过，这些所谓的证据其中穿凿附会的内容太多，实际上也并不为学界所认可。

在统一文字读音问题的看法上，刘师培对此有不同观点。在国学学校课堂上，他就《说文解字》与学生进行学术问答，后来这些问答被学生编辑成讲义发表在国学杂志上。刘师培在给学生讲解《说文》的时候，认为同音通用之字是伪造的。对于新增的词汇，他建议在《说文》中找义训，主张用类似的古字来命名，反对构造新词和新字。② 这与他之前倡导用拼音文字以减省汉字，以求国语统一的主张自相矛盾。在《中国文字流弊伦》中，他又指出中国文字存在五个固有的弊端：第一、字形递变而旧义不可考；第二、一字数而亏词生；第三、假借多而本意失；第四、由数字一义；第五、由点画之繁。③ 刘师培指出中国文字有此五弊就是中国文字所以难通原因，"言语与文字合则识字者多，言语与文字离则识字者少"④。日常用语和汉字读音的差异一定程度上影响了识字率，刘师培给出解决这些弊端的具体方法："今欲革此弊有二策：一曰、宜用俗语也。二曰、造新字也"⑤。用俗语和造新字是刘师培给出的解决办法，然而这种办法却充满矛盾。在随后所作《论中土文字有益于世界》一文，他又认为："故欲社会学之昌明，必以中土之文为左验。今人不察，于中土文字，欲妄造音母，以冀行远。不知中土文字之贵，惟在字形，至于字音一端，则有音无字者几占其半。及西籍输入，每于人名地号，移写汉名，则所译之音，扞格不相合，恒在疑似之间。又数字一音，数见不鲜，恒赖汉字形为区别。若舍形存音，则数字一音之字，均昧其所指，较之日人创罗马音者，其识尤谬。知中国字音之不克行远，则知中国文字之足以行远者，惟恃字形。世界抱阐发国光之志者，尚其

---

① 廖平：《孔经哲学发微》，《廖平选集》（上），巴蜀书社1998年版，第303—305页。
② 刘师培：《答四川国学学校诸生问〈说文〉书五通》，《四川国学杂志》1912年第六册。
③ 刘师培：《中国文字流弊伦》，《国粹与西化：刘师培文选》，上海远东出版社1996年版，第2页。
④ 同上书，第3页。
⑤ 同上书，第4页。

从事于兹乎!"① 他在此又强调了字形的重要,降低了字音的地位。具有
讽刺意味的是,这种看法与他在《中国文字流弊伦》中的看法明显是互
相矛盾的。这种在学术上难以自圆其说的观点,同样是刘师培充满矛盾
人生的一个侧影。

在国学杂志所刊登的学术文章,除了以上三个主要方面的问题讨论
外,还刊载了廖平对中医理论和人体经脉的学术观点。在《四川国学杂
志》上,他连载了这些相关的研究成果,分别是《古经诊法序目》、《古
经诊法九种目录》、《古经论法·人迎寸口比类篇》、《释尺上下篇》、《古
经诊皮篇并叙》。② 在这几篇文章中,廖平详细阐述了对人体穴位以及中
医针灸疗法的研究成果。廖平对中医的研究并不单纯从医学理论入手,
而是掺杂了经学和天文星象理论的阐释。他把中医研究理论上升到经学
宏大体系之中,通过各种玄怪比附,附着了一些迷信的内容于其中,得
出的结论显得有些荒诞和诡异。但同时也要承认,廖平对中医理论的研
究也有其独到看法,他提出了新的医学理论对促进近代中医的发展有积
极意义,他对中医学理论的贡献还是值得我们肯定的。

三 国学研究文章体例的变化

1927 年 6 月,国学学校哲学和国文两系学生创办了学生会的专业学
术刊物,杂志取名《四川公立国学国学专门学校学生会季刊》,计划每个
季度出版一册,③ 刊物的办刊宗旨是"讲明学术,研精文艺,阐发国
学。"④。这是近代四川学术界第一份由学生自主创办的专业学术刊物,刊
物文章的选取和标准设置完全是由学生自行定夺。

学生会所颁布的刊物简章对登载文章的体例和相应要求作出了一系

---

① 刘师培:《中国文字流弊伦》,《国粹与西化:刘师培文选》,上海远东出版社 1996 年版,
第 294—295 页。

② 廖平:《古经诊法序目》、《古经诊法九种目录》,载《四川国学杂志》1912 年第一册;
《古经论法·人迎寸口比类篇》,载《四川国学杂志》1912 年第一册;《释尺上下篇》,载《四川
国学杂志》1912 年第一册;《古经诊皮篇并叙》,载《四川国学杂志》1912 年第六册。

③ 注:以下对刊物的论述,简称《学生会季刊》。

④ 《四川公立国学国学专门学校学生会季刊》,四川省图书馆 1927 年影印版。

列具体说明，刊物所接收文章的体例一共有九个方面的题材，分别是"通论、专著、学术、文苑、诗林、杂录、杂评、记述、遗著的内容。"①通过对比《四川国学杂志》简章对收录文章的体例要求，可以发现《学生会季刊》所罗列的九项文章体例并没有技术一项，某种方面表明在国学学校的学生看来，技术并不是严格的"国学"内容。而在原来《四川国学杂志》的技术一栏上，刊登文章主要是廖平有关中医学理论的阐释，可见国学学校的学生似乎并不认同中医理论属于"国学"范畴。从所罗列的九项文章体例要求看，刊物接收的研究文章范围实则更倾向于学生心中更为纯正的国学。所谓纯正的国学，主要是文章范围集中在经、史、词章上，但对于文章形式并不仅仅拘泥传统书写方式，刊物的杂录部分将小说、剧本也收入其中。"凡小说剧本可以激世励俗，有关社会教育者，皆附于此"②，从而扩大了国学研究的范围。

值得注意的是，简章的通论栏目要求："持有正大道理，不涉偏激诡随者入焉"③。近代在西方学术思想冲击下，学界一些学人的文章不少打破传统，标新立异以求突破与创新。这类文章往往又存在言论偏激，思想诡异的现象，这是一种学风浮躁的体现，国学学校学生在文章选取时对此类文章是不予认同的。从学术研究角度而言，他们是希望有更为严肃和深度的学术讨论，而不是以反传统方式来突出所谓思想的进步。

在诗歌收录方面，"凡诗不拘古近各体，但能抒写性情，不涉鄙狎者入之"④。新文化运动兴起后，尤其是以胡适为代表新文化人物，极力倡导白话文和新诗歌的写作，使得近代新式文体和新式诗歌开始被大量创作出来。国学学校的学生创办刊物时也受到新文化的影响，在刊物选取的诗歌方面不拘诗歌体裁是古体或近体诗，只要格调不是低俗便可，体现对新式诗歌的接纳包容态度，可见新文化运动已经对学生产生

---

① 《四川公立国学国学专门学校学生会季刊暂行简章》，收入《四川公立国学国学专门学校学生会季刊》，四川省图书馆 1927 年影印版。

② 同上。

③ 同上。

④ 同上。

一定影响。作为年轻一代，国学学校的学生比教师更容易接受新思想、新事物，虽然创办的学术刊物宗旨是研究传统的"国学"，也并不排斥融入新的思想元素。学生在思想观念上的与时俱进，此时已经逐渐体现出来。

《学生会季刊》对录用稿件的格式要求更是体现出学生受新文化运动影响以变革文体的新措施。学生会对刊物文章格式的要求做出七条规定：第一、投寄之稿或自选或翻译，凡关于发阐国学者自行附加意见。第二、投寄稿件不拘文言白话均极欢迎。第三、投寄之稿望缮写清楚须加新式标点符号（不能者听）并须自行核算字数注明篇末以便付印。第四、稿末请注明真实姓名至揭载时如何署名听投稿者自定。第五、投寄之稿揭载与否本会不能预定，原稿亦概不检还。第六、投稿经揭载后得酌酬以本刊一份至五份。第七、投寄稿件本部得增删之，投稿人不愿他人增删者可于投稿时预先声明。[①] 从征稿格式体裁要求来看，稿件不拘于文言文或是白话文，这是一个很重要的改变。作为专业"国学"研究的严肃性学术刊物，在文体上却并不排斥白话文，的确是一种进步。当新文化运动兴起之时，白话文在学界得到的回应其实并不多，甚至还有不少学人对白话文嗤之以鼻，不屑一顾[②]，不少保守学者认为白话文根本不能登大雅之堂。[③] 国学学校的学生在稿件选取上不拘文言文和白话文的形式，实际上是对白话文的普及起到促进作用。

值得注意的是，刊物规定"投寄之稿，望缮写清楚，须加新式标点符号"。季刊对所投文章须加新式标点的要求，同样也是受到新文化运动的影响。新式标点是在 1916 年才开始逐步在中国推广开的，近代中国首先使用标点符号的主要是从事自然科学的科学家，他们使用标点的原因

---

① 《四川公立国学国学专门学校学生会季刊投稿简章》，收入《四川公立国学国学专门学校学生会季刊》，四川省图书馆 1927 年影印版。

② 即使到了 1933 年，《中学生》杂志还在纠结白话文和文言文的使用问题。参见叶圣陶《新课程标准与中学生》，《中学生》卷首语，1933 年第 2 期。

③ 从《国学杂志》文章体例看，四川的学者大多还是使用文言文进行写作。即便是吴虞这样反传统的"趋新"学者在文章写作中也依然坚持使用文言文，从《吴虞文录》收入的文章体例便可看出。参见吴虞《吴虞文录》，黄山书社 2008 年版。

是为研究方式的便利。随后在白话文运动的影响下，人文学科的文章才逐步使用标点符号。即使是新文化的媒介《新青年》杂志，也是到了1918年，西式标点才首次出现在杂志的第四卷上。① 中国人开始在文章中使用标点符号和横排排列文字，最初是受自然科学家影响所致，是科学语言渗透到人文语言中的表现。"中国现代人文语言的某些规范，是在科学语言的影响下逐渐形成的，以致在最初的阶段，很难区分科学语言和人文语言"②。在国学学校的学生创办《学生会季刊》之时，新式标点的广泛使用在中国也才刚刚开始。在四川这样学风保守的地区，在以研究国学的刊物中，《学生会季刊》在文章格式上做出这样的规定，是近代四川学术文章规范的首创。此举具有开启近代四川学术刊物要求投稿文章标注新式标点风气之先的作用，对促进传统国学研究文章在格式上的近代转型做出了一点有益尝试。此举与国学学校整个的保守学风，形成了一个鲜明对比。③

如果我们通过对比同时期北大国学门《国学季刊》的体例规范之后，更能发现《学生会季刊》规定使用新式标点在四川具有一定的超前意味。在当时属于学术中心的北京，研究传统国学的刊物在要求标注新式标点的问题上，都引发不少争论和异议。《国学季刊》在出版时，除要求所投稿件一律标注为新式标点，排版时对文章进行横排印刷外，对文章书写方式也不拘于白话文或文言文，"本季刊文字，不拘文言或白话，但一律使用新式标点符号，横行写印"④。但实际操作却并不顺利，《国学季刊》对投稿文章格式这种小的变革，依然让当时不少京城学人感到震惊和不满。他们认为："在大学中，一份专业讨论传统国学的刊物，文章竟然要求用西洋'蛮夷'标点方式呈现出来，这让人无法接受。"⑤ 新式标点

① 吕芳上：《革命之再起：中国国民党改组前对新思潮的回应》，（台北）"中央研究院"近代史研究所1989年版，第63页。

② 汪晖：《地方形式、方言土语与抗日战争时期"民族形式"的论争》，《学人》第10辑，江苏文艺出版社1996年版，第311—312页。

③ 据学者考证，中国学者开始在论文格式上逐渐统一，大概始于二十世纪三十年代。具体见张存武《研究论文格式》，载张存武、陶晋生编《历史学手册》，食货出版社1986年版，第1页。

④ 《国立北京大学国学季刊编辑略例》，《国学季刊》1923年第一卷第一号。

⑤ 《国立北京大学国学季刊编辑略例》，《国学季刊》1923年第一卷第二号。

被京城学人看作是"蛮夷",足见即使在北京,部分国学研究学者的态度保守程度之深。

希望对这些国学文章在格式上的一点革新,也是国学门部分学者文化趋新的反映,他们希望通过这种变革向学界宣告《国学季刊》的宗旨虽然以传统学术为研究范围,然而从事国学研究的学者却并不是因循守旧的。不过,这样的革新之举在具体实践中遭遇到很大阻力。《国学季刊》曾经刊登一篇王国维的文章,在刊物出版之前,胡适为这篇文章添加了新式标点符号。不过,显然胡适对自己的做法感到惶恐,在写给好友沈兼士信中,他表示了自己内心的不安,"今日检视前此,点读王静庵先生文章,见上面略有校勘,不知当否"①。"不知当否"一词形象表现出胡适擅自做主将王国维文章标注新式标点断句的做法感到一丝不安。新文化运动倡导者的胡适给王国维文章标注新式标点,尚且感到不安,何况作为内陆地区保守风气更甚的四川,国学学校学生在学生所创办的学术刊物上公然要求对文稿标注新式标点,这样的勇气是值得肯定的。当一种新生事物还较为弱小的时候不排斥它,让它与原有事物共存发展,实际就是促进新事物的发展。当年蔡元培职掌北大,在课程内容讲授上既让老式学人如辜鸿铭在课堂上讲四书五经、封建伦理纲常,同时也包容李大钊、陈独秀等新派学人讲解反封建、民主与共和之理念,此举是在旧势力和旧传统依然较为顽固时期,对于新学说和新思想有保护和促进作用。② 通过对比,更可见国学学校学生在促进近代四川学术研究使用新式标点上的不易,以及为此努力所取得的成效。

在《学生会季刊》第一期上刊登的论文共有五篇,分别是蒋维馨的《国学之真价值》、刘华甫的《文学的工具》、郭荣辉的《管子的经济论》、董惠民的《六经史略》、陈俊民的《我对于楚辞的见解》。其中,蒋维馨提出了对"国学"认知的不同看法,"自东西吻接,于是东方小识之流,眩新恶故,起而攀附西学,此固为食古忘牛之劳,亦不免舍人捉影之诮也。安知五千年蕴蓄之富,六大洲引领莫及也。故予于异学争鸣,未尝

---

① 胡适:《致沈兼士》,《胡适书信集》(上),北京大学出版社 1996 年版,第 299 页。
② 参见高叔平《北京大学的蔡元培时代》,《北京大学学报》1998 年第 2 期。

作杞忧，而尤鼓励其勇进也"①。他认为时下西学虽然成为一股潮流，但一味地学习西学，抛弃中国传统文化的做法是不可取的。在进行中西文化对比的时候，人们会逐渐发现"中学"与"西学"是有着相通之处，"国学"就是通过学习"西学"，从而再回到中国的传统文化中去。这样一种中西融合看法，的确是一种观念上的进步。

值得注意的是，在这一期所刊登的文章中，所有的论文都加注了新式标点。并且，郭荣辉所写的《管子的经济论》一文，作者已经尝试用白话文并加注新式的标点撰写研究国学的论文了。② 这表明学生会刊物要求文章加注新式标点，使用白话文的努力得到川省学界一定程度的支持。

当然，《学生会季刊》体例的新变化毕竟只是一种尝试，季刊上所收录文章的作者，在四川传统学界的影响力不大。这种文体上的变革对当时整个四川学界也并没有产生根本影响，四川学者大多依然沿用文言文不加标点方式撰写研究国学的文章。但随着历史的发展，《学生会季刊》要求新式标点使用以及文章不拘文言白话，逐渐成为学界共同遵循的规范。极为可惜的是，由于经费所限，《学生会季刊》仅出版了一期，随着国学学校合并进公立四川大学，刊物也就停止发行。不过，在近代四川国学研究上，《学生会季刊》依然具有与时俱进的历史启示意义。

第三节　学校教师搜集文物古籍的进展

一　金石文物的考证与选取

征集和整理文物古籍，同样是国学学校在教学外最为看重的事宜。传统文化的精粹不仅要有年轻人学习继承，同时也要保存先贤的典籍以流传后世，如同佛教寺院藏经书一样。并且，这些典籍和文物古迹也是国学研究的重要载体，所谓"一时代之学术，必有其新材料与新问题。

---

① 蒋维馨：《国学之真价值》，载《四川公立国学国学专门学校学生会季刊》，四川省图书馆1927年影印版。

② 郭荣辉：《管子的经济论》，《四川公立国学国学专门学校学生会季刊》，四川省图书馆1927年影印版。

取用此材料,则为此时代学术之新潮流"①。国学学校师生对金石文物和乡贤遗书的搜集整理,正是为国学研究提供新的材料。张元济在给傅增湘信中就说:"吾辈生当斯世,他事无可为,唯保存吾国数千年之文明,不致因时势而失坠。此为应尽之责,能使古书多流传一部,即使保存上多一份效力。"② 中国学人通过努力能让传统古籍和文物尽量保存下来流传后世,这是保存国粹的必然要求,也是致力于传统教育学人共同学术理想之一。

学校教师所应承办的事宜之中,乡贤遗书和金石文物的收集整理是最为不易的。教师也由此发出感叹:"所办事件编辑杂志;审定乡土志;搜访乡贤遗书;续修通志;编纂本省光复史;校订重要书籍,分设国学学校。以上各端,非广集图书碑拓,无由着手。"③ 可见在这七项应办事宜中,图书碑拓的征集被学校教师看作是难度最大,无从着手的。这些散落在民间的文物古籍要征集起来的确绝非易事。在学校有关金石文物收集工作的人事安排上,沈峻青被任命为采访全省遗书金石干事,负责协调国学学校征集金石文物的工作。龚荣光被任命为缮写金石文字书记,负责缮写金石文物上的文字。④ 在学术上,他们两人都对金石文物有独到的研究。

除了安排专职的教师从事这项工作以外,征集文物古籍的方法和途径也是一件让教师颇为费心的难题。教师征集时使用的方法是:"故家硕彦藏蓄孔多,或慨然捐赠,或暂假庋存,均由本院发给收条并随时登报致谢,用章盛谊,其以川碑拓本或川贤遗著捐借者,本院同人尤为极感,特此布闻,幸垂察焉"⑤。由于学校办学经费的支绌,学校很难花钱去征集。文物和古籍的征集主要通过两个途径:一是所持有者的慷慨捐赠。二是所持有者将文物古籍以暂借的方式存放在国学学校,供师生阅读和研究。无论是

① 陈寅恪:《陈垣敦煌劫余录序》,《金明馆丛稿二编》,生活·读书·新知三联书店2009年版,第266页。
② 张元济、傅增湘:《张元济傅增湘论书尺牍》,商务印书馆1983年版,第145页。
③ 《国学院征集图书碑拓广告》,《四川国学杂志》1912年第三册。
④ 《咨送财政司国学馆并入我院后现员名册及人员一览册》,四川大学档案馆藏,卷号:35。
⑤ 《国学院征集图书碑拓广告》,《四川国学杂志》1912年第三册。

捐赠还是暂借，学校都会给所持有者发给一张收条，同时在四川当地报纸和学校主办刊物上刊登致谢，以此对文物古籍的持有者表示敬意。

国学学校不少教师是金石方面鉴定的专家，负责乡贤遗书收集的谢无量，负责金石文物整理的沈峻青，还有刘师培、吴之英、廖平等人都是这方面的行家，其中，尤以刘师培出力最甚。刘师培多次和学校教师一起到四川各地收集整理文物，并且，他并不是仅以把文物收集到学校为最终目的，他在文物的征集过程中也掺杂着本人一定的学术思辨。在刘师培所写的《蜀中金石见闻录》，就记述了和谢无量游览四川文物市场时，对一件塔砖所引发的学术讨论情况，"今岁七月，与谢君无量游蜀市，获塔砖三块，镌塔形，旁列佛像十余。文曰：信州金轮寺僧智慧建造佛塔砖五十座。砖阴文五行，行十一字，文称：大隋仁寿二年，壬午岁三月，翊军将军、恒州长史游谙与妻袁四娘舍钱五百贯，在信州金轮寺塔上造佛塔五十座，字画完好"①。从刻在他砖上的文字可看出，这三块塔砖是隋代僧人智慧用以建造佛塔的。不过，两人对塔砖的功用发生分歧，"谢君以为即舍利塔砖。惟书法秀劲，颇似苏孝慈碑，又有恒州长史之文。存以志疑"②。刘师培和谢无量对这三块隋代塔砖进行考证，他们从砖上的文字内容以及文字书写特征以判断这些塔砖当时功用。谢无量认为应该是舍利塔的塔砖，刘师培对这种说法表示怀疑，但也暂时没有证据，因而也没有否定谢无量的看法。他将两人的观点记录下来，此处存疑以待后人研究分析。学校教师这种严谨考证的态度，使国学学校征集的金石文物经过相关领域行家分析鉴定后，大多具有较高的收藏和学术研究价值。可见，国学学校教师对文物征集有较高门槛的要求。

国学杂志刊登学校收到的文物捐赠情况，主要有古代诗集书法的拓本、经书典籍插画的拓本、佛教经书的碑拓、佛教石像的碑拓、古人墓志铭的碑拓、古代四川的城市地图册等。具体的捐赠名单：

"楼藕庵先生捐：宋赵公硕南龛诗拓本一张、水调歌拓本一张、严公南山诗拓本一张、铁钟拓本一张、义门规范一部、历代都江堰功小传各

① 刘师培：《蜀中金石见闻录》，《四川国学杂志》1912年第一册。
② 同上。

一部。"①"刘申叔先生捐:剑阁诗碣拓本一张、飞鸾图拓本一张、瞻礼纪名石刻拓本一张、越国夫人装佛碑拓本一张、记访水利碑拓本一张、清明前一日纪游碑拓本一张、张意石碣拓本一张、瑞象颂碑拓本一张、乌奴诗碣拓本一张、造佛碑拓本一张、大云寺题名碑拓本一张、访龙湫名碑拓本一张、嘉庆诗碣拓本一张、装佛残碣拓本二张、龙藏寺拓本一张、剪镫余话一部。"②"郑肖仟先生捐:梓潼石像拓本四张"③。"林山腴先生捐:贾公阙拓本一张、干禄字书拓本一张、赵隐君墓志拓本一张。"④"郭小汾先生捐:江津县全境地图二轴、顺保潼绥绵全图一轴。"⑤"杨少碧先生捐:杨忠武宣勤积庆图八十八张、杨忠武年谱一册、杨忠武记事録二册、清会典四籍"⑥。"吕友芝先生捐:四川地图一张、越南图说三本、二仙庵间笙喈羽士捐、道藏辑要全部三十套"⑦。"黎班先生捐:入都纪程一本"。⑧"郭小汾先生捐新都县地图一张"⑨。

　　从文物的捐赠人情况看,捐赠者主要都是四川当地较为有名的学者。他们具有较高的传统文化修养以及文物字画鉴赏素养。这些捐赠者收藏了不少具有较高学术研究价值和收藏价值的金石文物,他们把所收藏的一部分文物捐赠给国学学校用于教育和研究,体现出四川学界对国学学校教学的重视。在学校发展过程中,他们慷慨相助,为学校的国学研究水平提升做出贡献。其中,林山腴先生更是在四川政界和学界均享受极高声望的"五老七贤"之一,以他在川省的影响力,尚且亲自给国学学校捐赠文物,能对学校教师收集金石文物工作有很大帮助作用。

①　《国学院捐助图书金石题名》,《四川国学杂志》1912年第三册,楼藕庵先生捐赠名单。
②　《国学院捐助图书金石题名》,《四川国学杂志》1912年第三册,刘申叔先生捐赠名单。
③　《国学院捐助图书金石题名》,《四川国学杂志》1912年第三册,郑肖仟先生捐赠名单。
④　《国学院捐助图书金石题名》,《四川国学杂志》1912年第三册,林山腴先生捐赠名单。
⑤　《国学院捐助图书金石题名》,《四川国学杂志》1912年第三册,郭小汾先生捐赠名单。
⑥　《国学院捐助图书金石题名》,《四川国学杂志》1912年第四册,杨少碧先生捐赠名单。
⑦　《国学院捐助图书金石题名》,《四川国学杂志》1912年第四册,吕友芝先生捐赠名单。
⑧　《国学院捐助图书金石题名》,《四川国学杂志》1912年第四册,黎班先生捐赠名单。
⑨　《国学院捐助图书金石题名》,《四川国学杂志》1912年第四册,郭小汾先生捐赠名单。

二　搜集方志古籍的多种途径

民国时期，对传统经史典籍的搜集整理成为传统学术机构重视的事宜。在新文化运动前后，胡适等人提倡整理国故，既然要整理国故，首先就要收集传统典籍加以分析整理。出版人王云五就观察讲："新文化运动后，众多几乎被遗忘的旧籍，在国学的名号下，再次泛滥于市场。"[①]其中，搜集方志遗书也是国学研究的重要史料来源。

国学学校设专门经费用以搜集方志古籍，"国学学校所办各务，非博考群书无由著手，而购书巨欵势难猝筹，各概算均于预备费内有购置图书一项，所有旧定之图书购置费银，即可权作教员夫马费，以慎度之"[②]。搜集散落在四川民间乡贤遗书的工作主要由谢无量负责，郑绍德、罗耕馀、朱锦文、蒋绍华四人为抄写遗书书记。学校还设立搜集乡贤遗书的志稿采访员，把四川划分为川西、川东、川北、上川南道、下川南道五个片区，分别任命张学波、黄子箴、蒙裁成、赵维德、罗时宪为各片区的采访员。[③] 国学学校对搜访乡贤遗书、审定乡土志、整理图书古籍的进展有不少档案文献的记载，[④] 可见学校对方志古籍搜集工作的高度重视。

国学学校的藏书相当部分书籍是从原尊经书院、锦江书院和存古学堂中收藏过来的。[⑤] 清代的书院、学堂向来重视古籍的收藏与整理，藏书

---

① 王云五：《十年来中国的出版事业》，载张静庐辑注《中国现代出版史料》乙编，中华书局 1955 年版，第 343—344 页。

② 《国学院国学馆合并条件》，1912 年 9 月，四川大学档案馆藏，卷号：5。

③ 《咨送财政司国学馆并入我院后现员名册及人员一览册》，四川大学档案馆藏，卷号：35。

④ 这个方面的档案文献主要有，《关于请求教育司验收书籍的咨书》1912 年 8 月 15 日；《关于梓潼所存藏书的报告》1912 年 8 月 17 日；《关于收到四十一属乡土志的报告》1912 年 9 月 8 日；《关于增加搜书量的通知》1912 年 9 月 7 日；《关于呈送锦江尊经书院藏书的通知》1912 年 8 月 14 日；《关于呈送县志的通知》1912 年 9 月 18 日；《关于四川印刷局承印书籍文献书目交一份的通知》1912 年 10 月 30 日；《关于编制乡志搜集材料的通知》1912 年 10 月 24 日；《关于搜集采访乡土材料情况的报告》1912 年 11 月 4 号；《关于编制乡土志给国学院的指示》1912 年 11 月 25 号；《关于所搜集书籍的报告》1912 年 11 月 16 号。以上档案均为四川公立国学专门学校档案，卷号：6。

⑤ 《接受尊经、锦江两院书院古籍清册》，1911 年 4 月—1911 年 6 月，四川大学档案馆藏，卷号：33。

都极为丰富。国学存古学堂并入国学学校后，学堂的藏书也一并转入国学学校收藏。这些书目不少是清代时期由四川地方官员捐赠的，主要有"《金索全函》、《石索全函》、《唐石经》、《孝经》、《尔雅》、《论语》、《孟子》、《毛诗》、《尚书》、《周易》、《礼记》、《春秋》、《周礼》、《仪礼》、《公羊传》、《谷梁传》、《五经文字》、《广东通志》、《滇南文略》、《明续滇南诗略》、《国朝滇南诗略》、《叙州府志》、《会理州志全函》、《越巂厅志全函》、《讲筵刍议》、《成山老人年谱》、《成山庐稿》"①。这些书籍主要涵盖传统四书五经的内容以及地方县志、年谱、文集等，都是存古学堂日常授课的核心教学内容，也是后来国学学校日常教学的主要内容。

学校教师搜集民间遗书与金石文物的收集方法类似，主要也是通过私人捐赠以及从相关机构暂借的途径实现。在古籍遗书的捐赠上，国学学校教师廖平、刘师培捐赠的数目相对较多。国学杂志上刊登两人的捐赠情况如下:

"廖季平先生捐:《春秋左氏古经说》一部、《经说初程》一部、《释范》一部、《群经总义》讲录一部、《大同百目》一部、《古今学考》一部、《知圣篇》一部、《雅言翻古》一部、《起起榖梁废疾》一部、《榖梁古义》一部、《四益馆经学丛书》一部"②。

"刘申叔先生捐洋一百二十元，购置旧印《天一阁书目》十六本、汲古闻原版《六经四书》三十六本、通志原版《经典释文》十六本、明本《食物本卯》十二本、明本《陋巷志》四本、明本《谭子诗归》四本、明本《法因集》四本、明本《欧阳文忠集》十六本、明本《仰节堂集》八本、原板《袁文笺正》六本、原板《仪礼图》五本、原板《汤潜庵集》八本、殿本《正齐集》十本、《读画齐丛书》七十本、《初印二酉堂丛书》十二本、《经训堂丛书》二十二本、残本《知不足齐丛书》三十二本、《宋琐语》六本、《史阙》六本、《日本刊本海録碎事》五本、《思适齐集》十二本、精印《康輶纪行》六本、《经籍访古志》六本、日本旧刊《论语

---

① 具体书单见《四川布政使王人文捐置购存古学堂书籍清册》1909 年 12 月 14 日，四川大学档案馆藏，卷号:6。

② 《国学院捐助图书金石题名单》，《四川国学杂志》第四册，廖季平先生捐赠名单。

集解》六本、精印《古今韵略》十本、《旧板诗所》八本、《全蜀艺文志》十六本、《续及见诗》八本、《关中金石志》四本、《汉南诗》四本、《伊阙佛龛碑精裱本》一册、《汉碑裱本》四种、《九成宫碑裱本》一册、《云麾碑裱本》一册、《钜鹿张君碑》一册、川碑大小一百六十种、外省碑拓三十二种"①。

从两人具体捐赠的条目可以看出，廖平捐赠书籍除了一些是古籍外，主要是自己有关今文经学方面的学术著作。相比之下，刘师培捐赠的书籍无论是从种类上还是在数量上都较为丰富。刘师培对书籍的版本学也较为看重，他捐赠给国学学校的书籍从版本学角度上讲，不少都堪称精品，其中有旧印本、汲古闻原版、明本、原板、殿本、残本、精印本、日本版本，种类很多，而且殊为难得。这些书籍是刘师培花费一百二元大洋在各地搜集购买而来，书籍种类的范围也较广，涵盖了经学、文集、诗集、地理方志、艺文志和碑拓等内容，为国学学校的教学提供了丰富的文献，对拓宽师生的学术视野也帮助较大。可见，刘师培虽为古文经学家，但他的研究领域范围却并不狭隘。

还有一些个人和政府部门给国学学校捐赠书籍，例如舒鹭斌先生捐：《读史兵》各一部、《说文经考证》一部②。四川官印刷局捐：局版官书三十四种，合计六百五十七本③。四川官印刷局将印刷的局版官书三十四种，共计六百五十七本捐赠给国学学校，这是国学学校接受捐赠名单中唯一来自官方的捐赠，所赠书目的种类和数量都不算少，体现出省府对学校收集整理乡贤遗书的大力支持。

国学学校搜集的书籍除了通过捐赠途径外，还有部分书籍是通过寄存暂借的方式存放在国学学校供师生阅读研究，如"梓潼宫寄存：明《道藏》全部"④。梓潼宫是清代四川地区的一个道观，道观将所藏的明代本《道藏》全部寄存到国学学校，同样是对国学研究的一种支持。《道

---

① 《国学院捐助图书金石题名单》，《四川国学杂志》1912年第四册，刘申叔先生捐赠名单。
② 《国学院捐助图书金石题名单》，《四川国学杂志》1912年第三册，舒鹭斌先生捐赠名单。
③ 《国学院捐助图书金石题名单》，《四川国学杂志》1912年第四册，官印刷局捐赠名单。
④ 《国学院寄存图书金石题名》，《四川国学杂志》1912年第三册，梓潼宫寄存名单。

藏》的数量极为庞大，极大充实了国学学校的藏书数量。另外，学校教师谢无量寄存书目有："洋板《十三经注疏》一部、《山海经》三本、《抱朴子》六本、《商子》一本、《鹖冠子》一本、《太玄》二本、《灵枢》八本、《淮南子》四本"①。谢无量寄存在国学学校的书籍主要是《山海经》、《鹖冠子》、《淮南子》等传统典籍。其中，他寄存的《十三经注疏》版本为洋板，与国内同版本而言，洋板书也具有不同的参考价值。

四川图书馆也向国学学校借阅了一部分图书，以充实国学学校的藏书。这些从省图书馆借阅图书也一并摆放在国学学校的图书室内供学校师生取阅。对于国学学校的借书请求，四川图书馆的工作人员也是尽量满足，并帮助查找所需的遗漏书籍。学校曾借阅四川图书馆藏的《小板石印图书集成》一部，②在最初借阅的时候，该部书尚缺四十四册，四川图书馆的工作人员经过仔细查找，最终找到所缺的册数并立即将书发送到国学学校的藏书室。可见，学校教师在搜集方志遗书的过程中得到了来自四川多方的鼎力支持。

国学学校征集乡贤遗书时还收到省内一些学人的信函，他们请求国学学校的师生能帮助整理出版川籍学者的著作。成都新繁县陈彦深给国学杂志来信希望国学学校能帮助他出版一本有关六书的著作，以作为四川国学教育的教科书使用。他在信中讲："今日读通俗白话，而犹有滞义。商周之代，读佶屈聱牙之文诰，而无虑其不通。诚六书之学，讲与不讲之效，此其当务者也。彦深凤拟编纂六书教科书，备教育之用。"③陈彦深认为商周时期那些佶屈聱牙的文诰，在阅读的时候都不用担心其不通顺，反而是现在所提倡的白话文阅读起来很多都意思不明。他担心用白话文来重新注解六书会导致文理不通，于是自己编纂了一本有关六书的教科书，希望能对国学教育有一点裨益。同时，陈彦深认为："今日反有欲言于大院不能默而息者，中国自兴学堂，名存中学，而中学实微。近来西文更成利禄之途，办学诸公又不分别资质，概令长幼学生一班肆

①　《国学院寄存图书金石题名》，《四川国学杂志》1912年第三册，谢无量先生寄存名单。
②　《函请你校查收借我馆之图书》，1919年8月，四川大学档案馆藏，卷号：20。
③　《新繁陈彦深君来函》，《四川国学杂志》1912年第五册。

业，将来必至中西文并不能通者，无算矣。"① 他指出近代尽管不少士人
提倡保存中国传统学术，但传统学术实际上是一直处在衰落境地，西学
又成通往新的功名利禄手段，如此一来会导致培养出来的学生中西学皆
不通的后果，这是他感到深为忧心的事情。

陈彦深还在信中提到四川天彭县一位吕先生所著的《六书·十三声
传》的事迹，"彦深少病壮贫，失于学问。先师天彭吕氏著《六书·十三
声传》，任以校字之役，略通其声意说字之法，间为搜讨其古形、古义之
未尽者，循涂探求不能自己，积欠渐多，稿经四易，上穷真源，成文字
十五部。通考一书，贫不付梓。是以先师之学，世不甚知，亦未示人"②。
这位吕姓老先生可能是四川一位私塾先生，他对六书有较高造诣，在传
统学术上有一定的研究见解。他写成一本学术著作交给自己的学生陈彦
深去校对文字，师生两人还共同讨论六书中文字的古形、古义。但吕先
生一生贫困，无力出版自己的著作，学生陈彦深也一直希望能实现先生
的心愿，故他请求国学学校在收集乡贤遗书的过程中能协助他出版老师
的这部著作。

除了搜集金石文物和整理乡贤遗书，国学学校教师还要负责"编纂
四川辛亥光复革命史"③。在学校的职位设置中专门设有光复史采访员这
一职位，由余根云担任，工作内容是为采访革命经历者以及收集当时的
文献材料以备整理出版。④ 国学学校对四川地区的辛亥革命历史事件，相
关资料的图书调查、搜集和整理工作极为重视。学校除整理辛亥革命在
四川的历史材料外，还组织相关教师赴辛亥革命的发源地湖北武昌考察，
在湖北革命实录馆调查，并获取辛亥革命的一手资料。⑤ 国学学校认同辛
亥革命，将四川脱离清朝统治的历史认为是四川光复史，一方面体现出

① 《新繁陈彦深君来函》，《四川国学杂志》1912年第五册。
② 同上。
③ 《国学院章程》，应办事宜，1912年7月，四川大学档案馆藏，卷号：4。
④ 《咨送财政司国学馆并入我院后现员名册及人员一览册》，1912年10月26日，四川大学
档案馆藏，卷号：35。
⑤ 《关于搜集辛亥革命事件的通知》1912年9月14日；《关于湖北革命实录馆调查一事的
报告》1912年9月18日。以上均为四川大学档案馆藏，卷号：6。

国学学校是民国创办的"新式"学校,培养学生的目标不同于清代书院、学堂,另一方面在政治上坚定支持民国政府,也是延续国学学校生存,避免国学学校被认为是封建落后象征而遭到停办的厄运。

小　结

在近代学会创办过程中,国学学校创办了四川国学会,由学校教师组织在成都市区公园定期举办国学演讲活动。讲演内容提前刊登在当地报纸上,并印发讲义供听众取读,所有对国学感兴趣的人都可以来旁听。在国学会发表演讲过程中,学者们也可以进行学术讨论,不同学术观点可以尽情发挥,讨论的内容还将刊登在学校刊物上。国学会的创办与运作有利于向民众传播国学经典,促进了四川学术界国学研究的进步,同时也扩大了学校在全国学界的学术影响力。

专业学术刊物的创办是国学学校的重要学术贡献,通过国学杂志的出版发行,教师可以发表自己的研究成果。国学杂志通过各地的征订,使这些研究成果及时为学界所了解。学校以国学杂志为平台,逐渐使国学学校成为四川乃至全国研究国学的重镇。同时,国学学校学生创办了《学生会季刊》,这是近代四川第一份由学生创办的国学刊物,受到新文化运动影响,刊物对选用文章的体例、新标点的使用均突破陈规。在《学生会季刊》上还出现用白话文撰写研究国学的文章,此举为近代四川学术界发表研究国学的文章,在体例革新上做了有益尝试。从而也体现出民国时期,四川国学学校师生在研究传统学术过程中,既保守又趋新的复杂面相。

在搜集金石文物、整理乡贤遗书方面,国学学校教师通过捐赠、暂借等方式,为学校征集到一批有价值的文物和古籍,为国学学校师生的学术研究提供了丰富资料来源。同时,学校教师大多具有较高文物鉴定力,以及较高的古籍版本学素养,这保证了学校所征集文物古籍普遍具有较高收藏和研究价值。学校教师在促进国学教育方面做出了很大成绩,这一方面与教师为此付出的心血密不可分,另一方面也体现出川省各界对国学学校发展的不遗余力支持。

第五章　专攻与专业:比较视域下国学学校的教育反思

蒙文通曾经借用《论语》中"德不孤，必有邻"[1]一语，来教导学生在做学问的时候要注意"事不孤起，必有其邻"。他认为同一时代之事，必有其"一贯而不可分离者"[2]，也就是说，任何事物都不是孤立存在的，必然与同时期其他事物有联系。借用此观点，本书在研究四川国学学校的时候，也参照当时全国其他国学教育机构的办学情况，从而形成对比的视角。

在办学的时间段上，无锡国专、北大研究所国学门与四川国学学校比较接近。在国学教育与国学研究上，三者之间也有值得比较与讨论之处。本章通过与无锡国专的对比，讨论近代国学教育机构的教育革新以及最终归宿的选择异同。通过与北大研究所国学门的比较，讨论在近代"科学"话语兴起之下如何整理研究传统学术，在传统学术的研究方法上，两校所采取的不同手段值得引起学术界反思。

第一节　国学学校与无锡国专的比较

一　"公立"与"私立"的区别

在传统学术的研究上，江浙地区自古就较为发达。江浙地区的学者有其自身的学术特色，他们对儒学的研究形成了具有地域色彩的诠释体系。江浙地区的传统学术特色自明清以来也经历着变化，这个阶段汉学

---

[1]　朱熹：《论语集注》，齐鲁书社 1992 年版，第 37 页。
[2]　蒙文通：《评〈学史散篇〉》，《蒙文通文集》第三卷，巴蜀书社 1995 年版，第 403 页。

与宋学的地位在江浙学术体系中发生了逆转。汉学原本为统治者正统性提供学理层面支持，是封建统治的附庸。明末清初之际，汉学逐渐演变成士人对抗统治者思想控制的手段，曾一度被官方斥为异端的宋学，反倒成了统治者塑造意识形态的新来源。"在江浙一带，汉宋之争已演变为私学与官学的话语之争"①，这种学术风气的转变体现出江浙学术在近代演变的某些新特色。

近代中西学术冲突融合之时，各地传统学界均采取不同应对策略。与四川学界形成经世之风不同，江浙学界崛起了崇尚经古的风气。需要指出的是，崇尚经古与复古不同，江浙学者崇尚经古不是要借中学来对抗西学，而是希望找到一条传统学术与西学共存的方式。传统学术有其自身的价值所在，并不是如某些趋新士人认为等同于"帖括之学，而归于空疏无用之列"②。江浙一带兴起的经古风气目的正是要打通中学与西学沟通的障碍，这股风气自然影响到江浙国学教育机构人才培养的模式。唐文治对经古之风的盛行有独到看法，"咸宜以新之心理，发明古之道德。俾天下学者皆知圣贤之道，其在于行而不在于言，则吾国之道德文章，或可不绝天下"③。他所言的"用新之心理，发明至古之道德"，就是希望借用西学的研究途径使传统中学焕发出新的活力，使中国的文化精髓能够不被湮没。他后来努力将这种想法付诸实践，促使江浙传统国学教育机构朝着近代化方向转型。

1921 年，无锡国专创办，唐文治出任校长，无锡国专成为近代江浙地区国学教育机构的典范。与四川国学学校办学过程中多次易名相似，无锡国专的校名也几经更改才最终确定。无锡国专频繁更改校名不仅包含着政治、经济等诸多因素的考虑，也包括现实制约的被迫选择。从1921 年到 1927 年，这是无锡国专尚为国学馆的时期，到了 1929 年才正式定名为无锡国学专修学校。从创办的时间看，无锡国专在国学馆的时

---

① 杨念群：《儒学地域化的近代形态：三大知识群体互动的比较研究》，生活·读书·新知三联书店 2011 年版，第 451 页。

② 《宣统三年七月十七日，学部会奏酌拟停止各学堂实官奖励并定毕业名称折》，《教育杂志》1911 年第 9 期。

③ 唐文治：《学校培养人才论》，《唐文治文选》，上海交通大学出版社 2005 年版，第 100 页。

期正好与四川国学学校办学时期基本重合。与国学学校办学十六年中先后更换四任校长不同，无锡国专自始至终只有唐文治一个校长。无锡国专的发展，学校办学的各个环节，也完全是按照唐文治个人的构想进行。

唐文治办学的最终目的不是将学校定名为国学专修学校，他准备将无锡国专办成一所以国学教育为主的专门大学。1947 年，无锡国专给教育部呈报函文中把校名定为"中国文化学院"，将校名的英文译成"College of Chinese culture"①，College 有学院、大学的意思，可见把学校办成近代学院、大学才是唐文治办学的本意。而四川国学学校校长骆成骧也一直努力促使四川近代大学的创办，国学学校也最终并入大学之中。可见，两校的校长都很看重近代大学在传承国学教育的重要作用。不过，唐文治所设想的大学模式与西方近代意义上的大学并不一样，他认为："东西洋诸国，靡不自爱其文化，且力谋以己之文化，扩而充之，深入于他国之人心。"② 他看到了文化实力也是一个国家实力的体现，不仅要保存整理自身文化，还应将自身文化传播到他国，从而扩大本国文化的影响力。然而，现实却与此相反，近代中国部分士人却是"于本国文化，孔孟道德礼仪，修己治人之大原，略而不讲，任人挽之"③。因而，唐文治担心"文化侵略，瞬若疾风，岂仅武力哉！吾为此惧，深恐抱残守阙，终究沦湮"④。由于担忧传统文化在西学冲击下可能会最终沦湮，因此，唐文治要办的大学是以中国传统文化立命的大学，这所大学完全以纯正"国学"教育为主。

在学校办学上，两校主要区别是办学性质的差异。国学学校是一所由四川地方政府主导建立，完全公立性质的专门学校，而无锡国专虽然也获得政府一定支持，却是一所纯粹私立性质的学校。无锡国专无论在学校校园建设征地上还是在办学经费的筹措上，主要是靠社会赞助和校

---

① 《私立无锡国学专修学校、私立武昌文华图书馆专科学校迁校校舍建筑等问题的文件1937—1947》，中国第二历史档案馆藏，全宗号：五，卷号：5456。

② 唐文治：《国学专修学校十五周年纪念刊序》，《唐文治文选》，上海交通大学出版社2005 年版，第 406 页。

③ 同上书，第 405 页。

④ 同上书，第 406 页。

方多方筹措资金维系。具有公立性质的四川国学学校,从校园建设的土地拨付到学校正常教学的经费拨付,完全由四川地方政府全权负责。① "公立"与"私立"的区别,在两校办学诸多方面都体现的十分明显。正因为私立的原因,无锡国专在办学各方面都需要靠自身来争取。例如,在对改善学生自习环境的考量上,无锡国专很重视建设学校图书馆以扩充藏书量,但学校土地和经费却始终处在入不敷出的窘境之中。② 明清时期,书院、学堂大多是私人办学,江浙一带的私人书院学堂也不少,虽然也有一些公立书院,但不占主导。到了近代,随着政局变动和教育学科体系的重新划分,私人办学变得困难重重,在经费上又很难得到政府的支持。因此,私人办学无论在学校基本建设上还是招生上都显得举步维艰,这也是"私立"无锡国专与"公立"四川国学学校相比,前者所面临更大困境的根本原因。

在学校经费的筹措上,江南士绅为无锡国专提供了主要经费来源。江南自古就是经济上较为富足的地区,江南士绅不少人以经商作为谋生手段,通过经商致富。这些富裕的士绅大多受过良好传统文化熏陶,对传统文化的传承很重视。他们对无锡国专的学校建设,以及学校教育的发展很关心。在无锡国专创办之初,学校获得了无锡不少商人和士绅的捐助。他们一方面为无锡国专提供所需的办学经费,另一方面动用他们的社会影响力,为学校选址和教学设施建设提供一定的物质帮助。作为校长的唐文治便聘请这些士绅到学校任职,共同参与学校的校务管理。1927 年 7 月,无锡国专建立了董事会,在学校章程中规定"学校所有重大事务均由董事会协商决定。在董事会下面分别设置了教育股与经济股,由学校的教育和经济校董,各推举一名主席校董出来管理"③。董事会的设立在国学教育机构中是一种创举,这对学校的办学经费来源,保证学校的办学质量有重要作用。

---

① 参见四川大学档案馆藏四川公立国学专门学校档案,1912 年 9 月—1917 年 12 月,卷号:1。

② 《私立无锡国学专修学校公函》,总第 051 号,无锡民国档案,1947 年 2 月,无锡市档案馆藏,卷宗号:ML1,目录号:27。

③ 陆阳:《唐文治年谱》,上海三联书店 2003 年版,第 298 页。

在无锡国专成立校董事会后，唐文治通过商业运作手段使无锡绅商"二十三人先后入校董事会任职，占学校全部董事的七成左右"①。无锡国专所颁布的《校董事会章程》，分别从七个方面对校董们的职责做了较为详细的说明。章程规定校董们有七个方面的权力：第一、修订学校组织大纲；第二、决定学校重大计划安排；第三、决定学校的校长人选；第四、参与学校办学经费的筹划；第五、参与学校预算决算的审核；第六、对学校财产的使用进行监察；第七、对校长提交的建议事项进行讨论议决。②虽然章程规定校董有权参与学校办学的各个方面，但校董们对学校提供资金赞助是发自内心对国学教育的支持，他们对参与学校的具体管理倒并不十分在意。因此，董事们不会对唐文治校长地位构成任何威胁。在兴办国学教育理念上，校董们与唐文治的办学理想不谋而合。因为有董事们的大力支持，学校才能够得以维系正常发展。

在学费的收取上，两校也有不同之处。无锡国专在国学馆时期，每位学生不需要缴纳任何学杂费用，学校为学生免费提供膳宿以及上课所需的书本。同时，学校还以设立奖学金，"每人每月可得银元六到十元"③，以资助家境较差的学生完成学业。但随着学校办学规模逐渐扩大，学校办学经费的支绌。后来，与国内各地的专门学校一样，无锡国专学生不仅没有奖学金，各种求学的费用也要一并缴纳。相比之下，四川国学学校的学生从一开始就要缴纳学费。还在四川存古学堂的时候，学生尚有膏火费和生活补助，存古学堂并入国学学校后，这些补助也都随之取消。由于国学学校办学经费日益紧张，导致学费不断上涨，使得家庭较为贫困的学生的经济压力不小。针对这种情况，四川都督府一度给贫困学生提供学费贷款。随着局势变动，这笔助学贷款也不能按时发放，甚至引发国学学校学生的罢课抗议。④可见，无论是公立还是私立性质的国学教育机构，办学过程中都共同面临着经费困难的窘境。

---

① 陆阳：《唐文治年谱》，上海三联书店 2003 年版，第 297 页。

② 参见《校董会章程》，无锡国专学生自治会印制《私立无锡国学专修学校十五周年纪念册》，1936 年。

③ 钱仲联、周秦：《钱仲联学述》，浙江人民出版社 1999 年版，第 10 页。

④ 《恳请校长咨请省署速准贷费》，1924 年 12 月，四川大学档案馆藏，卷号：31。

由于民初军阀混战,以及各种政治派别对国学教育看法不同,两校的办学都遇到诸多麻烦。民国初年,四川不同派系军阀的混战使得民不聊生,也让国学学校办学日益艰难。连绵的战乱导致成都市内战火纷飞,成都居民人心惶惶。1917年,驻扎在成都的川军、滇军为争夺地盘在市区发生激烈巷战。这场战火刚平息,川军与黔军为争夺成都控制权的战斗又接踵而来。连绵战乱造成城市设施被毁情况严重,一些学校和居民住宅被炮火夷为平地。①

在战乱中,国学学校一度也被迫停课,学校师生纷纷避祸,等待时局好转。跟四川国学学校境况类似,由于时局纷争,战争不断,无锡国专的正常教学受到极大影响。1924年7月,浙江和江苏军阀卢永祥、齐燮元为争夺上海的地盘而发动战争,无锡也陷入战火纷飞之中,无锡国专被迫停课。直到这场兵祸结束后一个多月,国专师生才得以恢复课业。1927年,北伐军进驻无锡,军中一些思想激进人士认为无锡国专是封建思想传播的场所,要求学校停止办学,学校被迫停课避祸。唐文治经多方努力,两个月后学校才得以重新复课。② 民国时期,在如何对待国学教育的问题上,政界和学界持有两种明显不同的态度。一些保守人士认为国学教育可以激发人民的民族性,有助于传承中国文化的精髓,但激进人士却认为国学教育是在宣扬封建纲常,应该立即停办。民国中央政府实际上也不太支持国学教育,使得公立国学教育机构经费日益减少,私立国学教育机构办学也困难重重。在四川,受袁世凯"尊孔读经"影响以及川省政府的政治考虑,在政府维持与四川学界鼎力相助之下,四川国学学校才能得以延续。

从学校的校规章程上看,《无锡国学专修馆学规》一共十条:"躬行、孝悌、辨义、经学、理学、文学、政治学、主静、维持人道、挽救世风"③。其中,对于经学的要义,无锡国专在学规中特别予以说明,"不尚

---

① 有关1917年川军与滇军、川军与黔军在成都的交战情况,参见《国民公报》1917年5月5日第3版、7月29日第5版。

② 《校史概略》,无锡国学学校学生自治会编《私立无锡国学专修学校十五周年纪念刊》,1936年。

③ 唐文治:《无锡国学专修馆学规》,《唐文治文选》,上海交通大学出版社2005年版,第182—183页。

考据琐碎之末，破门户之见。治经之要，尤在学礼，维系礼义廉耻"①。无锡国专要求学生学习经学，基本原则是不重考据，破除汉宋之争那样的门户之见，治经的核心是学礼，学礼目的是维系传统道德。四川国学学校教师指导学生学经也十分注重这些基本原则。无锡国专把学经目的升华到维系礼义廉耻的境界，与国学学校强调尊孔崇礼的原则较为一致。这是传统国学教育的共同特征，不仅是把经学教育当成是课程教育，更注重对经学在精神层面的发掘。

在办学宗旨上，两校还是存在差异。无锡国专把"维持人道、挽救世风"作为学校的学规，这与国学学校办学宗旨有所不同。为何把挽救世风作为国专宗旨，唐文治对此解释"我国今日何等景象？外人讥为无礼义、无教化之国，痛心曷已，剥极而复，当在此时。愿吾学者共雪此耻，更愿吾国民共雪此耻也"②。近代西方人讥笑中国是无礼仪、无教化的野蛮国家，这种嘲笑刺痛了唐文治的自尊心。他把国专的国学教育宗旨提升到如此高的境地是希望以国学维系丧失的人心，从中国文化的要义中寻求精神支柱，以雪耻辱。在四川国学学校章程中，学校宗旨概括为"研究国学，发扬国粹，沟通古今，切于实际"③，尽管也有沟通古今这样宏大目标，但仅限于发扬传统学术，并要切于实际。国学学校还没有把国学教育的目标提升到民族精神阐发的层面。相比而言，国学学校更看重学术本身的研究和保存，无锡国专则把传统学术上升到救世层面。两校办学宗旨的区别，可见国学学校主要是从学理层面阐发是从学术角度着眼。无锡国专希望学生通过接受国学教育，重新塑造国人的民族精神和国民性是从精神层面着眼。

在学校招生上，无锡国专招生制度规定，考生入学的年龄应该在"十八岁以上，二十五岁以下"④。不过，在实际招生的时候，无锡国专对

---

① 唐文治：《无锡国学专修馆学规》，《唐文治文选》，上海交通大学出版社 2005 年版，第 183 页。

② 同上书，第 184 页。

③ 《国学院章程》，时间不详，四川大学档案馆藏，卷号：4。

④ 具体的招生规定参见《私立无锡国学专修学校学则》，《私立无锡国学专修学校十五周年纪念册》，1936 年。

学生年龄的限制却有诸多例外。国专学生年龄超过规定的情况，几乎出现在每届新生之中，学校还招录了一定数量的同等学力者。从学生年龄结构来看，国学学校学生平均年龄要比无锡国专偏大一些，国学学校学生年龄最大的已经超过四十岁。① 对学生年龄限制方面，国学学校要比无锡国专更为宽泛。国学学校学生结构的差异，主要是部分学生是原存古学堂转入，这批学生在入学时年龄就较为偏大，不少人参加过科举考试，有监生、贡生功名，这使国学学校学生的国学根底普遍较好。无锡国专学生基本是从社会新招收的，大多属于适龄青年，故学生入学的年龄上较国学学校学生偏小。

在文凭颁发上，作为私立性质的无锡国专面临很大尴尬。国专创办数年时间，虽然在国学教育上取得一定的成绩以及社会影响力，但在办学模式以及教学内容上，学校还是基本按照传统书院的教学模式进行，这显然与民国时期教育部要求学校建立现代教育制度的规定不相符合。民国改革学制后，教育部门对学校毕业生的文凭颁发十分看重。例如在1922年，民国政府颁布壬戌学制，学制对全国中等学校颁发毕业文凭作出相应规定。② 四川国学学校在毕业生的文凭颁发上就十分注重是否加盖了四川军政府的印章，以此表明学校公立办学的性质，其所颁发的文凭能得到社会认可。③ 作为私立的无锡国专，其学校运作却游离在学制规定之外。无锡国专的毕业生即使成绩再优秀，毕业时也无法拿到教育部门认定的学历文凭。无锡国专不能颁发官方认定的文凭，一方面使毕业生求职面临不少困境，另一方面使学校招生也受到一定限制。

二　两校在教学模式上的异同

无锡国专实行的教学模式与唐文治个人治学的有关。唐文治深受传统学术熏陶，西学功底也较为扎实，学术观点并不保守，但对清代传统

---

① 见附录三《四川国学学校民国二年上学期旧班第十学期学生姓名年贯表》，1913 年 4 月，四川大学档案馆藏，卷号：1。

② 璩鑫圭等编：《中国近代教育史资料汇编·学制演变》，上海教育出版社 2007 年版，第875—876 页。

③ 《关于毕业证加盖印章的咨文》，1913 年 8 月 12 日，四川大学档案馆藏，卷号：26。

书院的教学模式，他也非常怀念。正因如此，依据唐文治的构想，无锡国专从创办起就是按照书院模式办学。书院的教学模式，因在清末时期书院师生学风的不断堕落而备受批评。书院教育精神的沦丧成为清末时期学风日下的一个例证，但对书院内部学脉的代代传承以及书院内部自由学术研究的风气，即使是趋新学者也极为欣赏。胡适就曾感叹道："书院之废，乃吾国不幸事。千年来学者的研究精神，不复见于今日。"① 他叹息书院制度的废除，在中国教育史上是一件不幸之事。他之所以有此感慨是出于对书院内自由研讨风气的怀念，他认为书院精神代表"时代的精神，讲学与议政，自修与研究"②。但他感慨这种自由研讨的风气于今日已经不复再现，却也并不完全合符民初学校的实际情况。实际上，旧式书院的某些遗风仍在民国的一些教育机构中得到了传承，无锡国专一定程度上就是践行着清代书院的教学模式。当然，无锡国专并不完全照搬书院模式，而是融入新的课程内容和教学模式于其中。

对比无锡国专与国学学校的学制，以及对学生毕业成绩的考核，两校的学制均是三年，这与教育部学制规定相符合。无锡国专对毕业生要求是毕业考试成绩合格，同时参考学生平时的考核成绩，以及完成一篇毕业论文。在毕业论文的选题上，学校规定论文题目由老师拟定，学生也可根据自己的兴趣拟定，但须报教务处审核并得到老师的许可才有效，题目一经拟定不得修改，出色的论文可以出版。③ 国专对学生毕业论文十分看重，认为论文可以体现出学生的学业水平。论文题目的拟定也反映出学校在教学上希望融合中西文化，老师所拟定的选题主要有："论西方法治与东方德治；考证东西方哲学的无定论；比较《史记》、《汉书》之历法观与文化观；论诗书执礼必精通《尔雅》；比较《墨子》精义与西方伦理学"④。论文题目通过中西比较以及论述传统经典的主旨思想，希望学生能在研究传统学术基础上找寻中西文化的共同之处。出题者最终目

---

① 胡适：《书院制度史略》，《胡适文集》第十二册，北京大学出版社 2013 年版，第 398 页。
② 同上书，第 400—401 页。
③ 《毕业论文规则》，《无锡国学专修学校十五周年纪念册》，1936 年。
④ 《国专月刊》1936 年第三卷第二期，无锡国专学生自治会发行。

的是希望学生在学业上能实现中西文化的融合贯通。国学学校的试题也
有以对比"卢梭社会契约论与中国诸子相符;以希腊罗马政治制度证明
中国文胜变质可取法西学"① 等融合中西文化方面的内容。所不同的是,
无锡国专希望学生能融会中西学说,打通中西文化交流的壁垒。而国学
学校更侧重以西学证明中学,最终使学生得出中学为体,西学为用的结
论。可见在对待西学的态度上,两校所具有的一些差异之处。

对比国学学校和无锡国专,两校在考试试题的异同。② 无锡国专的试
题分为国文、公民科、数学、中外历史、地理、国学常识六个部分。与
国学学校试题之中,经学占据很大比例不同,无锡国专把经学放在国学
常识内,仅让学生作通识性问答。例如"何谓四书五经? 何谓四史? 何
谓汉学、宋学? 何谓训诂、注疏?"③ 学生只需要加以理解即可。而国学
学校试题显得很精专,尤其在经学、词章的内容上,出题面覆盖了《尚
书》、《礼经》、《毛诗》、《周礼》、《礼记》、《公羊》、《穀梁》等内容。试
题以问答形式让学生作答,其中不少题目较难,如果学生的国学根底过
浅,作答就会很吃力。从试题难度上相比,无锡国专的试题则相对简单
一些,主要考查学生的基本国学素养。同时,两校试题有个很大区别,
即无锡国专对学生的爱国热情和民族精神极为看重,在学校的考题中也
反映出来,如历史试题部分,中日甲午战败的原因和影响、辛丑条约的
影响、科举制度的利弊,都以考试题目形式出现让学生作答。学校考察
目的主要是为让学生"铭记国耻,奋发图强"④。而四川国学学校的考题
并没有这方面的内容,国学学校对民族精神、爱国热情之类的精神层面
并不特别看重,这一方面与国学学校保守的学风以及军阀的严密控制有
关,另一方面也与近代四川地区遭受外国侵略不严重,川人此时的民族

---

① 《院附设国学学校经学史学词章三科,学生毕业试验各科题目清册》,地理、法学、算学
部分试题,1913年9月19日,四川大学档案馆藏,卷号:25。
② 有关四川国学学校在一九一三年学期考试试题的内容前文已经详述,此处不再赘述。
《院附设国学学校经学史学词章三科,学生毕业试验各科题目清册》,1913年9月19日,四川大
学档案馆藏,卷号:25。
③ 无锡国专招生考试的试题,见《国专月刊》1936年第三卷第二期。
④ 《私立无锡国学专修学校学则》,《无锡国学专修学校十五周年纪念册》,1936年。

危机感并不迫切也有关。

在教学的评价上，无锡国专实行学分制，学生的必修学程要修满七十学分，选修学程学分要修到六十到八十分之间才能毕业。① 与无锡国专实行学分制评价学生相类似，国学学校在学生成绩管理上实行积分制。在国学院章程中规定："一为每月积分，一为学期积分。旧班积分以主课合格为优，新班积分以治经颖悟，文辞雅适为优"②。国学学校的学生积分标准没有无锡国专学分制涵盖的内容多，但评价的周期明显较国专学分制短，每月和每学期都要进行评价。国学学校虽然区分旧班和新班学生分别评价，但评价内容主要是学生对经学的学习情况。相比较而言，无锡国专加入选修课及作文考核，更能全面综合评价学生的学业，而国学学校的积分制评价则显得评价较为单一。

无锡国专为学生的个人发展考虑，在学校的课外研究中推行导师制。导师制的具体原则是学生完全由自己的学术兴趣来选择导师，学生选好老师作为自己的课外导师后需要签名确认。通过在导师的指导下学生学习研究国学的方法，学习时间的支配则由各导师自由安排。③ 导师制的实行是无锡国专在教学上的一项创新，导师制充分给予师生在国学研究上的自由，在指导学生的时间安排上，也可以由老师自行来确定。导师制密切了老师和学生之间的互动交流，这是对以课堂授课方式学习国学的突破。相比之下，国学学校师生之间的交流主要还是通过上课方式进行。国学学校很多老师并不是学校的专职老师，他们是以兼职教师身份到校上课。上课之余，他们还要参与不少社会活动以及社会兼职，这些学术以外的社会事务使他们在学校教学的时间相对有限。如果在学问上遇到问题，学生也很难及时与老师沟通请教，只能靠自己在课下研习琢磨，逐渐形成师生间的一些隔阂。蒙文通求学期间对廖平和刘师培两位老师不同观点就感到困惑，却没有勇气去向老师请教。④ 而两位老师无课时也

---

① 具体内容参见《学程及学分》、《无锡国学专修学校学则》，收入《无锡国学专修学校十五周年纪念册》，1936 年。

② 《四川国学院附设国学学校章程》，1913 年 4 月，四川大学档案馆藏，卷号：1。

③ 参见《国专月刊》1936 年第二卷第二期。

④ 蒙文通：《经学抉原·序》，《经学抉原》，上海世纪出版集团 2006 年版，第 54 页。

基本不在学校，这在一定程度上也影响了国学学校学生课业水平的提升。

无锡国专的教学方法也颇有特色，学校采取的措施主要有："注重疏通经典大义；培养学生的读书技巧；教师亲自演示；强化训练学生的课堂和读书笔记"①。其中，疏通大义不仅需要学生熟读经典，学校更注重学生能举一反三，以激发学生独立思考和自学经典的能力。学校的教学目的是让学生将传统经典给读活，从经典道义中获得有益启示，而不是把经典越读越死。在读书技巧上，国专着力提高学生对国学原典内容的记忆，也就是要强化背诵经典原文。教师亲自示范也是无锡国专所具有的独特教学方法。学校老师和学生确定一个题目进行共同学习和研究，这种教学方式也是无锡国专实行导师制的延伸。相比而言，国学学校对经学原典的学习方法也有其特色，就是要求学生抄点国学书籍。在前文所论述到，国学学校章程规定"抄点之书须自备，不得请人代抄代点，杂记不得抄袭陈说"②。所谓抄书一遍，其义自现，国学学校此举目的是让学生在抄写中得到思考和启发，而不是用笨功夫进行纯粹文字抄写。

在教师的聘用标准上，两校也各有特点。无锡国专在教师的聘用方面，首要条件自然是看在国学研究方面，该人是否有相当的水准。对师资聘用的原则，无锡国专从办学伊始就坚持"唯才是举，不拘门户"③。例如，学校聘请国学大家顾实到校任教便可见此。顾实在学术上以治小学著称，他很反对当时北大国学门"整理国故"的方法，在无锡国专课堂上就对此大加批评。当然，所谓不拘门户，唯才是举也是相对而言，这样的标准在国学学校选聘教师时也实行过。国学学校也从办学之初就标榜聘用教师不受清代学术的门户之见影响，只要有较好传统学问根底的学人皆可入校任教。民国时期，传统国学教育已经到了边缘化境地，国学学校办学困难重重，在现实困境下，传统学术上的门户之见此时已经不再是主要矛盾，如何让国学学校生存延续下去才是国学教育机构重点考虑的问题。国学教育机构对门户之见的包容，实际上也就是整合传

① 参见钱仲联、周秦编《钱仲联学述》，浙江人民出版社1999年版，第131页。
② 《四川国学院附设国学学校章程》，1913年4月，四川大学档案馆藏，卷号：1。
③ 《私立无锡国学专修学校组织大纲》，《私立无锡国学专修学校十五周年纪念册》，1936年。

统学术流派以求并存之举。相比国学学校的教师聘用方式，无锡国专聘用教师的方法显得更为灵活多样，国专聘用教师主要有"常任专职教师；兼职教师；讲座教师"① 三种类型。其中，讲座教师类似现在大学所设客座教授一席，学校定期或不定期聘请各地学者来校就一些专题内容开设学术讲座，这些讲座包括"系列讲座、特别讲座"② 两种类型。这些从外校聘请的讲座教师，不定时到校给学生就某一个问题进行专题讲座。③ 无论属于上述哪种类型的教师，无锡国专聘请条件都较为优厚，教师待遇超过了同时期其他学校的教师待遇，此举有助于无锡国专吸引优秀人才到校任教。

无锡国专学生也可以参与学校的日常管理，由学生成立的学生自治委员会，其运作模式也颇具特色。校学生自治会选举和组成的方式和各个环节都是在学校校训导处指导下组织进行。有关学生会的任期，无锡国专规定每届为一学期，新的学期进行改选。④ 学生自治会不仅有效促进学校的日常管理，为学生学习营造良好的学习氛围，还创办了一系列学术刊物促进了学校师生学术研究的进步。无锡国专学生会出版发行《国学月刊》等杂志以及十几种学术著作，学校师生均可向刊物投稿，有助于提高学生的学术研究能力。⑤ 相比之下，四川国学学校的学生会创办《四川公立国学专门学校学生会季刊》，也是由学生主导创办专业国学研究刊物，但由于经费短缺和学校合并原因，《学生会季刊》仅出版了一期就停办了。值得一提的是，国学学校学生受到新文化运动影响，季刊要求投稿文章使用白话文并添加新式标点，这些新举动对国学研究文章体例的革新有促进作用。在近代四川国学研究史上，《学生会季刊》有不可忽视的重要影响。

---

① 陆阳：《唐文治年谱》，上海三联书店 2003 年版，第 261 页。
② 同上书，第 262 页。
③ 这样的教师聘用方式也吸引了各种流派的学人进入国专任教，同时，各种学术流派的学术观点在无锡国专课堂上也得到尽情阐发。参见无锡国专学生张如愈、翁衍桢记录章太炎在学校讲经学的课堂笔录，《无锡国专季刊》1936 年第二期。
④ 《校闻·学生自治会各股进行状况》，《国专月刊》1936 年第三卷第一期。
⑤ 同上。

第二节　国学学校与北大国学门的比较

一　北大国学门整理研究国学的实践

四川国学学校和无锡国专是由地方政府和私人创办的国学教育机构，而北大国学门的创办则是为整理传统学术而成立的大学专业研究机构。1917 年，蔡元培就任北京大学校长，他在就职演说中讲："大学者，研究高深学问者也。"① 这表明了北京大学作为一所国立综合大学，是以科学的研究去整理传统的经典。在对待传统文化方式上，北大国学门不同于国学学校和无锡国专那种主要以阐释经典教义本身的模式。

在对待传统学术态度上，以胡适为代表的新式学者并不认同国粹派"保存国粹"的方式。他们要以新的方法去研究国学，从而促使"整理国故"口号的提出。蔡元培对国学门创办也十分支持，1922 年，北大研究所国学门在蔡元培推动下宣告成立。北大国学门的成立是近代学界在"整理国故"影响下，在大学中成立第一个专门的国学研究机构。胡适认为主张"保存国粹"的学者实际上根本就没有搞清楚什么是国粹，因此也不配谈国粹的保存。胡适指出："区分什么是国渣，什么是国粹，须先用评判态度和科学精神，做番整理国故的功夫。"② 他所认为评判传统学术的态度，就是用科学精神研究传统典籍。这里所谓以"科学"的方法去研究传统学术，则应该是以大学为载体。大学集中一批专业学者在各研究机构中从事学术整理和研究，不是如传统书院学堂那样以个人为中心，仅从各自学术立场出发来保存国粹。

至于为什么要用"国故"一词，而不是"国粹"，胡适对此解释道："国故比国粹好得多。如果讲国粹，就有人讲是国渣。国故这个名词是中立的。"③ 科学的研究首先就是要学术立场中立，用"国故"是表明北大

---

① 蔡元培：《就任北京大学校长之演说》，《蔡元培全集》第三卷，浙江教育出版社 1997 年版，第 8 页。
② 胡适：《新思潮的意义》，《胡适文集》第二册，北京大学出版社 2013 年版，第 504 页。
③ 胡适：《研究国故的方法》，《胡适文集》第十二册，北京大学出版社 2013 年版，第 75 页。

国学门对传统文化的整理是建立在"科学"的指导之下。胡适的话也预示着北大国学门与四川国学学校、无锡国专在国学教育上的主要区别是：后者并不探究传统文化精髓是什么，只笼统将经学、词章作为教授给学生的主要内容，是过去书院、学堂教学方式的延续。而北大国学门的教学研究一方面要用科学方法去厘清传统文化中的糟粕，把真正的文化精髓挑选出来进行整理，这属于对传统经典进行文本解读，另一方面，则用现代科学方法把厘清的传统文化纳入到现代大学的课程教育和研究之中，使之成为一门"科学化"的学科体系。

1920 年，在北大国学门正式成立的前两年，筹划国学门创办的学者就制定出《研究所简章》，以章程形式为国学门研究确定所要研究的国学范围。简章规定北大国学门的研究领域主要包括："中国哲学、历史、文学之专门知识者属之"[1]。1922 年，北大国学门正式开办，研究所同仁再一次说明国学门的研究宗旨"本学门设立宗旨，即在整理旧学"[2]。国学门整理旧学是响应胡适等人提出"整理国故"的口号，[3] 但从研究领域看，与四川国学学校和无锡国专的教学内容相比，北大国学门研究国学的范围明显缩小，仅限于中国文学、历史、哲学范畴内。这三大门类尽管是构成国学的核心内容，但却并不能涵盖整个国学范围。具有讽刺意味的是，胡适等人一方面呼吁"整理国故"首先就要搞清楚什么是国粹，他希冀通过西方"科学"的学术分类方法整理出中国真正的文化精髓来，另一方面却又对国学范围和内容设限，人为主观地排出构成传统国学的其他文化部分，此举反而有违科学求是的学术精神。

对研究所研究者的聘任，同样也是北大国学门考虑的首要问题。为了吸引国内、国外著名学者来校从事教学研究，国学门设立了导师与通信员的职位。其中，导师是针对居住在北京的外籍学者，以及不在北大

---

① 蔡元培：《公布北大〈研究所简章〉布告》，《蔡元培全集》第三卷，浙江教育出版社 1997 年版，第 176 页。

② 《研究所国学门启事》，原载《北大日刊》1922 年 2 月 22 日，载王学珍等主编《北京大学史料》第二卷上，北京大学出版社 2000 年版，第 1440 页。

③ 《国立北京大学研究所整理国学计划书》，载王学珍等主编《北京大学史料》第二卷上，北京大学出版社 2000 年版，第 1437 页。

任教但对传统学术有专长的中国学者。通信员针对住在北京以外的中国学者，以及不在中国居住的国外学者。[①] 作为导师的学者负有指导北大研究生写作论文的义务，作为通信员的学者则主要负有对国学门的研究提出建议的义务，与现在的学术顾问类似。[②] 通过这两个职位的设定将外籍汉学家引入中国，这是北大国学门在国学教育研究上的首创，从而打破了中国学者研究中国学的局限。尽管外籍汉学家的国学根底可能不及中国学者，但他们的学术视野和学术思维有一些独到之处。他们以西方视角研究观察中国传统学问，可以迸发出不同的学术观点，促进中国传统学术发展。

导师制也是近代国学教育研究机构在教学上的一种普遍做法，国学学校和无锡国专也曾实行过导师制。但北大国学门的导师制与国学学校、无锡国专的导师制有明显的不同。北大国学门的教育层级类似现在大学研究生的教育培养，而四川国学学校和无锡国专的教育层级略等于如今中专或者大专培养，这就决定了导师制在不同学校之间的实行其层次和功效是不同的。在四川国学学校和无锡国专的导师主要是指导学生做基础的学术研究，同时也关心学生日常的学习生活。相比较而言，北大国学门的"导师制"与西方大学的研究生导师制度颇为接近，四川国学学校和无锡国专的"导师制"则没有这么严格的规范。[③] 北大国学门导师对学生论文质量负有责任，为学生进行专业学术研究提供具体指导。他们往往就同一个研究题目和学生共同进行研究，和学生的关系仅在学术研究上，不会在其他方面负有责任。这样的区别主要还是这几个学校在教学层次上的差异和教育宗旨的不同。

我们将北大国学门制定的研究规则与四川国学学校章程相比较便可看出，北大国学门没有入学考试，学生想进入国学门，大概只需要具有基本学术素养以及一定学术成绩即可。北大国学门报名原则是"凡本校毕业生有研究意愿者，以及校外已做出成绩学者，皆可随时登录报名，同时填写

---

① 《国立北京大学研究所国学门概略》，北京大学内部印制1927年版，第4—5页。

② 《研究所国学门委员会规则》，载王学珍等主编《北京大学史料》第二卷上，北京大学出版社2000年版，第1441页。

③ 有关国学学校、无锡国专的导师制前文已经论述。具体参见《四川国学院附设国学学校章程》第二章第五条、第六条，1913年4月，四川大学档案馆藏，卷号：1；《国专月刊》第二卷第二期。

自己的研究项目。如有学术著作一并呈送,由本学门委员会审查,合格者到所研究"①。这样就放宽了准入门槛,有利于招收到真正有志于传统学术研究的学子。同时,国学门的日常管理也显得较为宽松自由,学校给予学生和教师以充分自由的学术研究和讨论空间,这与近代大学教学模式的要求以及现代大学精神相符合。北大国学门的学生虽然没有入学考试,但并不代表完成学业就很容易,学生如果不具有相当学术功底,以及真正有志于传统学术研究的执着精神,很难完成学业。国学门这种宽进严出的培养模式,实际上也仿效了西方近代大学的教育体制。

北大国学门教师在授课和从事研究之余,还对"全国各地新出土的古器,均留意并收集"②。经过教师们几年的努力,国学门所收藏的文物逐渐积少成多,不少文物具有很高的学术研究价值。国学门收藏了大批古董器物、明清档案以及民俗物品,经过学者们整理修复后面向社会公开陈列展示,使"国学门教学楼,一时间几乎成为北大的一座博物馆"③。对于文物的搜集与整理,属于北大国学门教师在教学研究之余需要承担的与国学研究有关的学术责任。四川国学学校的教师在教学之余,也有和国学门教师类似承担与研究有关的应办事务。前文已经论述,在四川国学学校简章中"从事方志整理、搜访乡贤遗书"④ 是学校教师在教学外应尽的责任和义务。当然,从金石文物的搜集整理情况上看,无论财力还是人力,北大国学门都比四川国学学校有明显优势。在国学教育研究和文物整理上,北大国学门取得的学术成绩是巨大的。

作为国学研究的专业机构,国学门对学术刊物创办同样极为重视。蔡元培建议定期发行一份学术刊物以便为学者发表"研究所得之各种重要论文"⑤ 提供一个良好的学术平台。在蔡元培的积极倡导下,1923 年 1

---

① 孙常炜编著:《蔡元培先生年谱传记》中册,国史馆印行 1986 年版,第 566—567 页。

② 《研究所国学门古迹古物调查会启事》,载王学珍等主编《北京大学史料》第二卷上,北京大学出版社 2000 年版,第 1453 页。

③ 《北京大学国学门研究所调查河南新郑孟津两县出土古物纪事(续)》,《晨报副刊》1923 年 10 月 19 日,人民出版社影印本 1981 年版,第 4 页。

④ 《四川国学院附设国学学校章程》,四川大学档案馆藏,卷号:1。

⑤ 《研究所国学门重要纪事》,《国学季刊》第一卷第一号,学生书局影印本 1967 年版,第 197 页。

月，北大国学门的专门国学研究刊物《国学季刊》正式创刊。在《国学季刊》的创刊号中，国学门学者提出"整理国故"的三大策略:第一，用历史眼光，扩大国学研究范围;第二，用系统整理，规划国学研究资料;第三，用比较研究，促进国学材料的整理和理解。① 这篇宣言是胡适综合众人意见起草的，以强调"保存国粹"与"整理国故"两者间的区别。后来，胡适又将其简化为"历史的观念，疑古的态度，系统的研究"②。他认为整理国故的重要意义除了扩充国学研究领域外，要有对传统学术批判的观念，用批判眼光去整理传统经典，这才是整理国故最为核心的地方，而态度中立则是学者始终奉行的基本原则。胡适讲:"从事整理国故工作，要以价值中立态度。"③ 就是希望评判传统学术价值的时候，不持有学术的门户之见。这与四川国学学校、无锡国专在师资聘用，以及学术研究上所制定的标准一样。在国学教育研究之中要求摒弃门户之见，已成为近代国学教育机构一贯的态度和做法。

北大国学门发行的学术刊物共计有四种，这四种刊物共发行一百三十多期。相比之下，同时代其他的学术机构在刊物出版的数量上，没有谁能和国学门抗衡，可见北大国学门雄厚的研究实力。学术研究机构创办的刊物，所刊登的学术论文体现出这个学术机构研究的丰富成果。研究论文发表越多，也表明该机构的学术地位和学术影响相应也就越高。④ 不过，从1923年到1927年的四年时间，《国学季刊》仅发行了五期。按照北大国学门原来所制定的杂志出版计划，作为旬刊的《国学季刊》应该是一年出四期⑤，但由于局势的动荡以及国学门经费的不足，只有1923年《国学季刊》完整出过四期，随后只有在1925年12月出版过一期，杂志脱期

① 胡适:《发刊宣言》，《国学季刊》第一卷第一号，学生书局影印本1967年版，第16页。
② 胡适:《研究国故的方法》，《胡适文集》第十二册，北京大学出版社2013年版，第75—76页。
③ 胡适:《发刊宣言》，《国学季刊》第一卷第一号，学生书局影印本1967年版，第8页。
④ 参见洪式闾《东方学术之将来》，《晨报五周年纪念增刊》，人民出版社影印本1981年版，第19页。
⑤ 《国立北京大学国学季刊编辑略例》，载王学珍等编《北京大学史料》第二卷上，北京大学出版社2000年版，第1452页。

的情况很明显。① 可以看出，无论是在"中央"的北京，还是在"地方"的四川、无锡，经费困境始终是萦绕在国学教育研究机构头上的阴影。近代国学教育机构办学经费的不足，一方面的确是因为时局动荡，财政困难原因所造成，另一方面也由于民国时期对国学研究越来越不受到重视，国学教育越来越成为"落后"的象征有关。即使像北大这样的高等学府，学者们在从事专门的国学研究之时，也依然很难得到全部所需的经费支持。

二 两校在国学研究方式上的不同

在近代公立大学之中，北大国学门是最早成立的专门国学研究所。国学门同仁研究国学的方法已明显具有大学专业化研究性质，并且，北大国学门师资的构成也有传统师承关系的色彩。20 世纪 20 年代，北大从事文科研究的学人不少与章太炎有师承关系，这些学者的籍贯大多是浙江，学术上具有江浙学术流派特点。这些人有相当深厚国学根底，大多人在日本留过学，西学的素养也较好。他们身上体现出较为复杂的学术特征，既传统又西化，同时又因为同门和同乡情谊的纽带，使这批学者在北大能够形成一股较强的学术凝聚力。在北大国学门成立之初，他们在国学门研究取向上占据主导地位。曹聚仁就观察认为太炎弟子在北大国学门形成一股学术势力，使国学门成为新文化运动期间"北大学术思想的中心，也是新文化运动的领导阵地"②。1917 年，胡适被聘为北大文科教授，他对这些太炎的门生刚开始也不得不出表示出敬重之意。

国学门在太炎子弟主导下，在引进西学以研究传统学术方面做出一定成绩。③ 清末时期，留学西方接受新式教育的一代知识分子以及后来他们的学生辈推动了中国传统学术向现代的转化。④ 他们这些人无论是留学

---

① 《国学季刊》第二卷第一号曾刊登编委会的一则《启事》，说明："本刊因时局关系，学校经费奇绌，以至不能按期出版。"参见《国学季刊》第二卷第一号，学生书局影印本 1967 年版，页底。

② 曹聚仁：《文坛五十年》，东方出版社中心 1997 年版，第 190 页。

③ 参见桑兵《晚清民国的国学研究》，北京师范大学出版社 2014 年版，第 33—35 页。

④ 有关这两代学者的学术贡献，陈平原有过专门的研究讨论，参见陈平原《中国现代学术之建立：以章太炎、胡适之为中心》，北京大学出版社 1998 年版，第 25—26 页。

日本还是在中国近代的新式学堂接受新教育，都不同程度受到了西学的影响。他们在整理国故的时候，难免带有西学的色彩。因为有这样的教育背景，使得北大国学门的学者大都借助近代西方学术体系重新来整理和分类国学。中国对传统学术分类的方法，过去以经、史、子、集划分。这种分类方法被国学门学者抛弃，他们开始采纳西方的学术分科体系，重新将国学内容划分到各个学科之中。并且，他们还依照这种新的学术方式来进一步阐释对中国古代历史文化的看法。这样的新学术体系带来的学术进步显而易见，北大国学门如果没有现代学术机构平台作为依托，也很难在数年内产生大批学术成果。学者们在专业学术研究机构里共同从事研究，所产生的学术成果就会远超过传统书斋学者的学术成果。学者们聚集在一起共同研究，也形成一个学术共同体制。① 洪式闾就观察讲："学术体制之所在，以学者发表成绩多寡而定之。"② 北大国学门通过现代学术发展所依靠的学术资源，包括现代大学专业学术研究机构、藏书丰富的图书馆、定期出版的学术期刊，这些综合的资源可以被看作是一种现代学术体制，正是在这样一种新型的学术体制之下加速了传统学术向近代化的转型与发展。

　　对比北大国学门和四川国学学校，在国学教育上的差异除了北大国学门作为现代大学的专业研究机构，所具有的国学学校根本没有的强大学术资源、师资阵容、社会影响以外，更主要应该还是两校在对待传统国学的态度以及在国学研究方法上的区别。这应该是两校办学最深层次的区别，也是过去研究近代大学创办国学研究机构所容易忽视的方面。四川国学学校把国学当作一种教学的资源，"凡隶国学范围，皆中国文化之精华，以期发扬国粹之荣光，而收同一进行之效果"③。国学是国学学校存在赖以维系的、安身立命的传统经典。与四川国学学校不同的是，北大国学门是把传统国学当作研究对象，正如胡适等人所提出的"整理

---

　　① 陈以爱：《中国现代学术研究机构的兴起：以北大研究所国学门为中心的探讨》，江西教育出版社 2002 年版，第 328 页。

　　② 《东方学术之将来》，《晨报五周年纪念增刊》，人民出版社影印本 1981 年版，第 19 页。

　　③ 《关于向四川民政长报告国学院国学馆合并一事的咨文》，1912 年 9 月 2 日，四川大学档案馆藏，卷号：5。

国故"一样，他们要花极大的工夫弄清楚"国故"、"国渣"的区别。相比之下，国学学校教师从来没有思考过国学本身是什么这样宏大的问题，国学概念在国学学校日常教学中似乎是一个理所应当的对象。国学学校教师无论是在不同学术观点争论上，还是在给学生教授传统经典时，他们所追求的目标是最为纯粹、最正宗的"国学"。这也是传统国学教育机构与近代大学研究机构在国学研究中最重要的区别之一。

然而，要真正区分所谓"国故"与"国渣"，却并不是件容易的事情。除了需要一批学术功底深厚的学者埋头苦干，扎扎实实对传统学术进行整理和研究分析以外，同时还需要一批能够学贯古今中西的大师级学者在中西文化比较的宏观视野下来重新定位中国传统的学术。然而，近代中国的学术界受各种因素的制约，符合条件的学者实在是少之又少，成仿吾就曾批评道："研究的人一要有十分的素养，二要取适当的方法。反观现在许多热心国学的人，不仅没有十分的素养，也还未取适当的方法。"① 即便是在北大国学门中，研究者虽都积极推动传统学术发展的信心，但这些人从学术功底上看，在传统学术研究的各领域中实际上他们不少人很难算得上是大家。同时，国学门的研究经费又长期缺乏，不仅制约国学门招收新人才，而且不少研究计划的开展也受到影响。1926 年，容庚就对此悲叹道："学校欠薪，动经数月，动摇研究之精神。"② 经费的缺乏使国学门学者面临较大的经济压力，自然也就很难真正潜心去研究学问。

北大国学门研究者以"科学"的态度整理国故，"科学"的话语在现代大学的研究中经常提及。后来比北大国学门名气更甚的清华国学院也同样聚集了一大批国学研究大师，但清华国学院办学时间并不长，同样遭遇到停办的尴尬局面。有学者认为国学院走向衰败根本原因"除了校内资源分配冲突紧张外，国学和科学孰先也是在学术研究上

---

① 成仿吾：《国学运动的我见》，《创造周报》第二十八号，1923 年 11 月 18 日出版，收入桑兵编《国学的历史》，北京图书馆出版社 2010 年版，第 306 页。

② 容庚：《乐浪遗址出土之漆器铭文考》，《北京大学研究所国学门月刊》，开明书店 1927 年版，第 42 页。

的一个困境"①。钱端升通过对当时清华国学院办学的观察后，就认为"国学院设立，使学校组织趋于复杂难理"②。"国学"与"科学"之间的相互关系，在近代至今一直是学术界争论的话题之一，尤其当西学进入中国以后，西学在中西文化的碰撞中占据主动地位是显而易见的。新文化运动使科学的重要性更为凸显，陈独秀认为破除中国人思想观念上的愚昧"欲根治之，厥有科学"③。科学主义、科学精神，在近代中国学术界开始泛滥。凡是能用科学方法研究和产生效用的学问就是"科学"的，反之就是"不科学的"。"科学救国"思潮逐渐影响中国，任鸿隽就认为"学者应该肩负起传播科学的使命。"④ 这种"唯科学主义"的态度是近代中国学术界一个显著特点。有学者讲:"二十世纪前半叶，中国各种条件是令人沮丧的，但却激发了思想界对科学的赞赏，唯科学主义认为宇宙万物所有方面都可通过科学方法来认识。"⑤ 这种唯科学主义的观念当它从自然科学领域应用到传统学术的整理和研究中在一定程度上发挥了它的长处，也体现学界希望中国学术进化的企盼，梁启超就讲:"本朝学者以实事求是为学鹄，颇饶有科学精神。"⑥ 虽论及清学精神引入国故之中，但也产生了一些负面的因素。

　　以四川国学学校、无锡国专这样依然延续着传统的教学模式，依靠地方政府支持或者地方乡绅经费支持维系学校的生存。尽管学校在国学教育上，与清末时期书院、学堂相比有一定的进步，但毕竟已经不符合时代发展的趋势。民国时期，国学教育的衰落趋势不可避免。四川国学学校和无锡国专，无论是公立办学还是私人办学都难以避免停办的厄

---

　　①　苏云峰:《从清华学堂到清华大学（1911—1929）》，生活·读书·新知三联书店2001年版，第326页。

　　②　《清华改办大学之商榷》，《清华周刊》1925年第333期。

　　③　陈独秀:《敬告青年》，《独秀文存》第一卷，安徽人民出版社1987年版，第9页。

　　④　任鸿隽:《发展科学之又一法》，《科学救国之梦:任鸿隽文存》，上海科技教育出版社2002年版，第270页。

　　⑤　[美]郭颖颐:《中国现代思想中的唯科学主义》，雷颐译，江苏人民出版社1989年版，第3页。

　　⑥　梁启超:《论中国学术思想变迁之大势》，《饮冰室合集》（文集七），中华书局1989年版，第87页。

运。近代大学兴起以后，专门化、专业化大学研究模式成为学术研究的发展趋势。传统国学教育机构只有选择并入到现代大学之中，成为大学一个研究所或者专业院系，才能够得以继续生存和发展。但在对待传统文化的态度上，国学学校与北大国学门是完全不同的，这样的差异使近代国学教育机构融入现代大学时，在对传统学术的研究和整理过程中也会产生一定的冲突。北大国学门同仁在整理国故的过程中试图以此建立起科学的学术体系，用现代学术分科和西方学术系统取代中国传统文化体系，让国学研究更符合西方话语中的科学性，然而他们在具体实践中却面临着尴尬的困境。

实际上，国学学校学生对胡适等人用科学手段整理国故就有不同看法。李源澄就曾对此提出异议："近世以来，武力之不竞，而奔命于科学。耻国故之闳识，遂昌言废除礼教，讥毁孔子。二三不学无术，以为风会所趋，莫之能挽，乃翕然和之，以取悦于当世。"[1] 他认为近代因为综合国力不行，学界就倡行科学方法，而整理国故就是主张诋毁孔子，废除礼教，这实际上却是不学无术的体现。蒙文通则从逆向思维的角度讨论与其用科学方法来整理国故，倒不如用国故的方法来整理科学。他之所以产生这样的观点是因为"以科学整理国故，效果仅在于国故，所裨益也仅限于一个国家。若以国故整理科学，则国故可以渗入科学之中，世界皆可受裨益"[2]。在他看来，用科学的方法去整理国故在具体实践中业已存在不少问题，而如何用国故去整理科学，在具体实践中可能也不一定能够行得通。毛子水也曾有过类似观点，他讲："国故学是现在科学的一种。"[3] 从而把国故纳入到科学话语之中。然而，这种独特学术研究构想的提出，恐怕也只能是蒙文通等学人内心一种美好的学术愿望罢了。

---

① 李源澄：《尊孔论》，原刊于《新亚西亚》第十卷第二期，《李源澄儒学论集》，四川大学出版社 2010 年版，第 118 页。
② 蒙文通：《〈周官〉、〈左传〉中所见之商业》，《图书集刊》1943 年第五期，收入耿素丽、胡月平选编《民国期刊资料分类汇编·三礼研究》第二册，国家图书馆出版社 2009 年版，第 530 页。
③ 毛子水：《"驳〈新潮〉'国故与科学的精神'篇"订误》，《新潮》1919 年第二卷第一号。

第三节　近代传统国学教育的反思

一　近代国学专门学校归宿的反思

从近代国学教育机构的办学来看，无锡国专办学时间近三十年，应该是近代中国存在时间最长的一所国学教育学校。[①] 而四川国学学校从民初建立到最后并入公立四川大学之中，办学时间一共不到十六年。两校的不同结局值得思考一个问题：国学教育机构在近代以来的命运是怎样的？从无锡国专的发展来看，学校在战乱频繁、政局动荡、经济凋敝的动荡年代成功创办并得到一定的发展，不仅培养了一批有志于传统学术研究的人才，还实现了书院与现代学校较完善的结合，其中深层次的原因也值得研究探讨。

从教师结构和学生培养情况上看，国学学校教师来源主要是川省学人。尽管国学学校教师如廖平、吴之英、谢无量等人的传统学问根底较深厚，在国内学界也有一定的学术声誉，但国学学校受制川省学界学风保守思潮影响，学校教师与全国其他地域的学人交流较为有限，这在一定程度上制约了国学学校教师对传统学术的研究。四川国学学校的教师看重的是更为"纯粹"国学，这里的"纯粹"是指研究传统学术的保守观点，这实际上影响到川籍学人的学术交流。无锡国专教师的来源并不仅局限于无锡、江苏之内，在学校创办之初，无锡国专招聘教师的时候看重的是教师是否有真学问，而不是教师的籍贯。无锡国专制定优厚待遇，吸引全国各地学人到校任教。不同地域的学术观点可以在国专尽情阐释，促进了学校国学教育的进步。

在学术观点上，四川国学学校的教师大多宗奉蜀学。虽然国学学校教师摒弃了学术门户之见，对其他地域学者的学术思想在一定程度上接纳，但他们对外来学者也常流露出一种'不屑'态度，[②] 这种保守学风影

[①] 无锡国专一直到 1950 年，才停止办学。参见陆阳《唐文治年谱》，上海三联书店 2003 年版，第 107 页。

[②] 民国时期，外省学人入川后便很明显感受到川省这种保守的学术风气。后来，陈衡哲所写《川行琐记》对四川保守学风多有微词，还一度引发川省学界的集体口诛笔伐。陈衡哲的文章分别载《独立评论》第 190 号、第 195 号、第 207 号。

响到了国学学校师生学术视野的局限。无锡国专注重学者的国学根底和国学素养同时也并不限于学者宗奉的学术观点，避免了汉学、宋学门户之争以及中西、新旧学术之争的局限。地处江浙学术文化较为发达的地区，学校在学风上并不封闭和墨守成规，这就使无锡国专在教学思想上更为开放。因此，无锡国专培养出像王蘧常、唐兰、蒋天枢、吴其昌、钱仲联这样的优秀学者，被称为"唐门五杰"。① 相比之下，川籍学者在学术上却存在某些自大情绪。王闿运、廖平这一派师承学人圈的学术观点，尤其是廖平的学术观点刚开始对国学学校师生影响很大，以至于骆成骧任校长后，在教学内容中剔除廖平的经学诠释，还一度引起了学生的不满。但具有讽刺意味的是，随着廖平经学诠释越来越荒诞离奇，廖平学说才逐渐被国学校师生摒弃，他的学说对学校师生的影响最终走向了反面。

在学术理想上，无锡国专的学生大多将从事传统学术研究和教育作为自己毕生理想信念，而四川国学学校学生有如此宏大志向者却并不多，他们在国学学校学习更多是把求学作为谋生的一种手段。国学学校尽管也培养出像蒙文通、李源澄这样的学者，但大多数学子后来从事的职业与国学教育并无太大关联。这里大概有两方面原因：一方面与国学学校学生大多家庭贫困，国学教育无力支撑他们的养家糊口。② 另一方面也与整个四川的学术风气不太浓厚有关，四川毕竟地处偏远，经济条件和学术氛围都落后于江浙地区。饶有趣味的是，曾经是国学学校学生的李源澄后来又在无锡国专任教，他把在国学学校所学的经学要义教授给无锡国专的学生。1937 年 1 月，李源澄在无锡国专任教时还创办一份专业学术刊物《论学》月刊并亲自担任主编，这本刊物当时在无锡以及东南学术界颇有影响力。后来由于抗战爆发，李源澄在无锡的教学与杂志主编活动被迫中止。《论学》一共出版了八期，后被

---

① 钱仲联：《无锡国专的教学特点》，《江苏文史资料选辑》第十九册，江苏古籍出版社 1987 年版，第 84 页。

② 在四川国学学校档案中，有关学生家境贫困的记载也较多。四川公立国学专门学校：《各县申送学生报考本校》，1909 年 7 月—1913 年 3 月，四川大学档案馆藏，卷号：36。

迫停办。[①] 1933 年，蒙文通也应邀到无锡国专发表学术演讲，向无锡国专师生阐述自己的经学思想。[②] 这种不同地域学人之间学术交流的历史际会，使两所学校尽管相隔甚远，却产生十分巧妙的因缘联系。

在学校校长的个人影响方面，无锡国专的办学一定程度上采取现代学校模式，唐文治长期担任学校的校长，在学校内拥有极高的声望。无锡国专在办学的过程中，唐文治是学校绝对的核心人物，拥有控制学校绝对的权威。无锡国专一切的教学和管理活动几乎就是唐文治个人思想和意志的具体实践，唐文治就是无锡国专学校的灵魂，这个定位一点不为过。无锡国专这样一种建立在个人强权上的办学体制，对学校其他教职员工的教学积极性形成束缚，曹聚仁就曾讽刺道："无锡国学专修校，蔚之先生之国学也。"[③] 无锡国专这种人亡校亡的悲凉结局，值得引起反思。四川国学学校前后一共换了四任校长，除了廖平以外，其他三位校长任职时间都较短。廖平任国学学校校长期间，尽管他的学说观点以及为人处事的方式对学校师生影响颇大，但他却从来没有达到独尊境地，反而后来他的学术观点还不断遭到其他老师批评。相比之下，国学学校在办学上没有形成校长一人独裁的局面，因为校长有任期的限制，这是"公立"与"私立"在人事安排上的重要区别。

无锡国专和四川国学学校，两校均以教授和研究中国传统学术为主，所教授内容范围基本涵盖传统的经史词章。两所学校为适应民国建立后的新教育制度，又都采用了新的学校管理制度，在课程上融入了西学内容。两校的办学特色既不同于传统的书院、学堂模式，又与近代学校制度有差别，这样怪异教学管理现象的产生也是近代中国传统教育在转型时期的一个缩影。在近代社会转型时期，在传统与现代之间，国学教育机构的转化困难重重，一方面要坚守自身学术传统，另一方面又要适应

---

① 王川：《李源澄先生年谱长编（一九〇九——一九五八）》，中华书局 2012 年版，第 30—31 页。

② 王承军：《蒙文通先生年谱长编》，中华书局 2012 年版，第 120 页。

③ 曹聚仁：《春雷初动中之国故学》，许啸天编《国故学讨论集》，上海书店 1991 年版，第 85 页。

新的时代潮流，却往往使自身的发展充满矛盾和困惑。①

无锡国专最后人亡政息，四川国学学校最后并入公立四川大学，两校的不同结局就是近代国学教育机构在归宿选择上的差异。两所学校无论是公立还是私立性质，在整个国学教育趋于没落大环境下，自身发展如何选择都是摆在两校面前的难题。近代大学的兴起，学科体系专业化划分是学术研究的必然趋势。唐文治一心想把无锡国专建成大学也是看到了这个教育发展的趋势，但他所设想的大学是纯粹以国学教育为主大学，这又不符合近代教育发展的潮流。同时，唐文治个人的独断又限制了学校的转型。无锡国专最终难以找到合适自身的发展途径，使学校不可避免走向停办的厄运。四川国学学校最后并入公立四川大学，成为四川大学文学院的组成部分之一，国学学校教师转入近代大学专门院系，继续从事传统学术的研究。② 这应该是符合近代教育的发展趋势，是传统教育得以持续发展的最佳选择。同时，这也使四川国学学校自身的办学得到了延续。两校这样一种不同结局，值得引起研究者的思考。

二 科学方法研究传统国学的反思

本书从对待国学的不同态度以及研究国学的不同方法着眼，将四川国学学校与北大国学门进行比较。这样比较研究的目的主要是探讨在近代"科学"话语之下，如何进行传统学术的保存和研究。萧公弼认为科学与国学是可以相融的，所谓"科学者，唯物界之学也。国学者，唯心派之学也。盖殊途同归，体用一贯，不宜有所偏倚"③。两者虽然殊途，但完全可以同归。在具体研究方法上却并不好调适两者的关系，以胡适等人代表的海外留学生希望借助西方研究方式整理中国传统学术，他们

---

① 对此问题的相关研究，参见何一民《转型时期的社会新群体：近代知识分子与晚清四川社会研究》，四川大学出版社 1992 年版；凌兴珍《清末新政与教育转型：以清季四川师范教育为中心的研究》，人民出版社 2008 年版；桑兵《晚清学堂学生与社会变迁》，广西师范大学出版社 2007 年版；张雁《西方大学理念在近代中国的传入与影响》，浙江大学出版社 2009 年版。

② 不过，舒新城也观察认为，四川高等学校在近代国立化过程中也经历了复杂纠结的过程。参见舒新城《蜀游心影》，中华书局 1939 年版，第 132 页。

③ 萧公弼：《科学国学并重伦》，《学生杂志》1915 年第二卷第四号。

推崇用"科学"手段使传统学术完成近代化学术转型。不可否认的是，西方学术体系和近代科学研究方法对传统学术的整理和研究有一定促进作用，但传统学术的整理研究是否可以完全借助"科学"的方法进行，这本身就是值得反思和讨论的问题。

在《北大国学门季刊》上曾经有这样一段话："本季刊虽以国学为范围，但与国学相关之各种科学，如东方古言语学，比较言语学，印度宗教及哲学，亦舆以相当之地位"①。其中，诸如东方古语言学，印度宗教等学问，被国学门界定为"科学"。实际上，国学门学者把科学的范畴也扩大了，并不是仅在自然技艺一类的学术中，而是涵盖了整个人文学术。此举也表明国学门在研究传统国学的时候并不局限在中国传统学术范围之类，也借助东方其他文明古国学术，以对比视角来审视自身传统文化。无论是通过借鉴东方文明成果来对比审视自身传统文化，还是引入西方学科体系和科学研究法重新整理国故，"科学"在国学门研究整理传统文化的时候都是一个核心的关键词。在新文化影响下的"整理国故"，实际上也是一场科学主义的实践。

以研究科学社会学著称的本·戴维曾对法国 17 世纪科学主义运动进行研究，他认为："参加科学主义运动的人相信，科学是获得真理并控制自然界，以及解答个人及社会所有问题唯一正确途径，即便这些人也许并不真正懂科学。"② 这实际上是一种认为科学至上的思维观念，近代中国的一些士人也深受这种观念影响。近代中国在西方列强入侵下，传统的道德文化体系遭遇到严峻挑战，中国士人经历着"中学为体，西学为用"到"中学也不能为体"的思想裂变过程。早期主张学习西方的中国士大夫，如林则徐、魏源等人被看作是"开眼看世界"先驱人物，他们主张"师夷长技以制夷"③ 就是用西方技艺救中国。1905 年，康有为提出"科学乃救国第一重要事"④ 的观点，使他成为 20 世纪初中国科学救国思

---

① 《国立北京大学国学季刊编辑略例》，《国学季刊》1923 年第一卷第一号。

② Joseph Ben David, *The Scientist's Role in Society*, Englewood Cliffs, N. J. : prentice Hall, 1971, p.1980.

③ 魏源：《〈海国图志〉叙》，《魏源集》上册，中华书局 1976 年版，第 207 页。

④ 康有为：《物质救国论》，《康有为政论集》上册，中华书局 1981 年版，第 576 页。

想的最先倡导者。而清末民初留学热潮兴起后，接受了西方文化的中国年轻学者更是认为西方科学是国家之所以强大的根基。近代中西文化在冲突与融合的过程中，重新整理和审视中国固有的文化成为必要。但至于用什么方法来整理传统文化，却是学界看法并不一致的问题。钱穆曾经提出一个命题："在中国传统文化机构里，为何没有科学的地位呢？中国传统文化机构里若无科学的地位，中国要学习西方科学是否可能呢？中国学得科学而把新中国科学化了，那时是否将把中国固有文化机构损伤或折毁呢？"[①] 钱穆看到了西方科学与传统文化间的复杂关系，这也是用科学方法去整理国故，在具体实践中会遇到的两难境地。

国学学校教师是按照传统书院、学堂教育模式，对学生讲授传统经典并进行国学的研究。在国学与科学的关系上，四川学界把国学地位看得非常高，"国学为国民精神所托，与各科学知识相关。此科若无根柢，其阻碍科学之进步者弊尤小，其断丧国民固有之精神者害实深"[②]。国民没有国学根底对科学的影响不大，但对国民精神影响甚大。国学学校教师从事国学教育和研究，就是看重国学具有的精神层面影响力。相比之下，北大国学门却是要借助"科学"手段对传统学术进行整理归纳，研究最终目的在于过滤掉国渣，保存真正的国粹进行整理研究。但这种"科学"的整理方法一开始就遭到一些学者反对，梁启超就指出胡适用"科学"方法研究传统学术根本行不通，他认为："科学方法研究可以研究文献的学问，而应该以内省与躬行方法研究德性的学问。"[③] 梁启超指出用科学方法研究属于德行学问的国学，明显具有局限性。梅光迪也反对胡适"科学"研究国故，他认为："谓整理旧学须用科学方法，足以吓倒大多数不谙西文之学人，彼以为学术秘术，大出风头而他人不谙其故，即有疏漏，亦无人与之争。"[④] 他指出胡适等人借科学之名故弄玄虚，以此排挤掉不懂西文的传统学者，进而把"科学"变成一种学术神秘，此

---

① 钱穆：《中国文化史导论》，商务印书馆 1994 年版，第 212 页。

② 《四川省长公署训令第 2533 号令》，1919 年 3 月，四川大学档案馆藏，卷号：20。

③ 梁启超：《治国学的两条大路》，《饮冰室合集》（文集五），中华书局 1989 年版，第 110 页。

④ 梅光迪：《评今人提倡学术之方法》，《学衡》第二期，江苏古籍出版社 1999 年版，第 5—6 页。

举无助于国故研究整理。即使深受西学熏陶的梅光迪也对借"科学"之名整理国故表示反对,足见无论传统学者还是受西学熏陶学者均不欢迎胡适研究国学的这种模式。

北大国学门的学者研究传统学术有强大的人力、物力作支撑,在研究方法上也有所突破,使得国学门同仁在短时间内产生了一批很有影响的学术研究成果,这是四川国学学校和无锡国专这些传统国学教育机构都远不能及的。当时,尚在南京读书的朱维之发现:"年来整理国故的空气弥漫全国,各大学争前恐后设国学门,各杂志纷纷置国学栏。"① 大学成为整理国故的主要专业机构,在近代传统学术地位逐渐边缘的现实处境下,北大国学门用新方法整理国故能够对保存传统学术起到促进作用。如同胡适所言:"发明一个字的古义,如同发现一颗恒星,都是功绩。"② 这是值得肯定的方面,但北大国学门同仁希望完全借助"科学"手段研究国学,这本身也损害了国学研究,把不少传统学术经典内容在"科学"的审视下,实际上被人为主观排除在国学范畴之外,对传统学术的发展产生负面影响。不过值得注意的是,作为国学门学者的顾颉刚曾讲:"老学究们是国粹论者,北大国学门则是研究国学的人,我们当然不能把国学名称随意送予给他们。"③ 北大国学门学者强调"科学"方法研究国学,可能还有与持国粹论的旧式学者有所区别的考量,从而体现出复杂的历史面相。

当然,需要指出的是,现代大学把国学当作研究的对象,在学术研究上秉持着"科学"方法也并非完全不可行,所谓"国学也是科学一部分,而非与科学对立"④。用现代研究方法去整理传统学术,一定程度上促进传统学术的近代化转型。但中国传统学术有其自身的发展脉络和内在理路,简单化用西方科学研究方法对待传统学术,所造成的负面影响同样也不可低估。

---

① 朱维之:《十年来之中国文学》,《青年进步》1927 年第 100 期。
② 胡适:《论国故学:答毛子水》,《胡适文集》第二册,北京大学出版社 2013 年版,第 296 页。
③ 顾颉刚:《一九二六年始刊词》,《北京大学研究所国学门周刊》1926 年第二号总第十三期。
④ 同上。

实际上，当以胡适为代表秉持着"科学主义"的学者用西方"科学"利器，对中国传统学术进行"科学"分类改造，虽然在学术研究方法上取得了一定成绩，但对待中国传统文化甚至扩大到整个人文学科，如果简单用西方"科学"手段对其进行总结和分类，人为淘汰掉在当时被看作是不合时宜的内容，这不仅可能无助于传统文化延续和进步，反而有可能使自身文化根基变得不伦不类。肆意用"唯科学主义"的方法研究传统学术，同样也是对传统文化的一种伤害。胡适后来自己也承认："科学方法能使故纸堆大放光明，然而故纸的材料终究限死了科学方法。"[①]他认为虽然科学可以改变研究国故的方法，但整理国故首先必须在故纸中寻找材料，尊重在故纸堆里发现的证据，而不能用科学凭空去创造证据。如何在传统与现代之间，科学话语体系与传统学术研究之间进行平衡和取舍，是一个从近代至今都值得学术界思考的问题。

小　结

作为近代著名的私立国学学校，无锡国专培养了一批传统学术人才。国学学校与无锡国专办学的最大不同之处在于，前者是在地方政府主导下的公立学校，后者则是通过校董事会募集办学资金的私立学校。作为公立办学的国学学校受到政权控制程度较深，学校教学体现出政权的意志，私立办学的无锡国专则较少受到政权的干预。在教学上，无锡国专能相对灵活选择教学模式和教学内容。两校办学的最终理想都是希望能成为现代大学，不过在具体选择上，国学学校并入现代大学成为大学一个院系以延续国学教育，无锡国专则希望能办成一所以国学教育为主，不同于西方大学模式的中国传统学术大学。在实践过程中，无锡国专却屡遭碰壁，最后不得不停办。近代国学教育不断处于边缘化境地之时，如何选择学校最终归宿的路径，使得两校的结局各异。

作为近代大学专业国学研究机构，北大研究所国学门的国学研究与四川国学学校的研究不同。北大国学门重在研究什么是国学，如何保存

---

① 胡适：《治学的方法与材料》，《胡适文集》第四册，北京大学出版社 2013 年版，第 99 页。

传统文化精髓。国学学校教师在教学与研究中并没有思考过国学具体内涵是什么，他们是将国学作为理所应当的对象去加以继承和发扬。这是大学专业研究机构与传统国学教育学校在国学研究上的主要区别。

北大国学门学人希望通过整理国故来过滤掉传统学术中的糟粕，他们研究的国学方法主要借助近代西方学科分类，以及"科学"研究方法。他们试图用"科学"手段去区分传统学术中"什么是国粹，什么是国渣"。西方近代学科体系划分以及科学思潮的盛行，对学术进步有很大促进作用，这是毋庸置疑的。但完全借助"科学"方法研究国学，用"科学"眼光评价国学的价值，这种唯科学主义的研究态度是否也有诸多弊病，需要引起学术界的反思。

结　语

　　1905 年，数千年的科举制度被废除，书院学堂教育走向终结。为了适应变革时代的要求，学界开启近代国学研究的转型，这场传统学术转型过程被称为国学运动，在全国产生重要影响，并一直持续到抗战结束。[①] 1912年民国初创，四川军政府设立四川国学院，国学院随后易名为四川国学学校。四川国学学校由政府设立，这是近代四川的首创，促进了川省国学运动的发展。四川国学学校从 1912 年办学，到 1928 年并入公立四川大学中国文学院，十六年的办学成为国学运动的重要组成部分之一，在近代教育史上具有重要影响。

　　首先，民国时期创办的四川国学学校处于国学教育机构从传统书院、学堂到近代专门学校的转型过渡时期。在这样一个过渡时代，传统教育机构不断调适自身的定位以顺应时代的要求。清末科举制度被废除，以科举为导向的书院教育失去了存在基础。清政府谕令全国书院改制成学堂后，张之洞奏陈朝廷，希望在各地创办存古学堂。然而，存古学堂教育并不是新式教育的体现，随着清王朝最终走向崩溃，学堂教育也日趋没落，学风也日益败坏，有人对此批评讲："学堂内旧习气甚重，营私舞弊，浮报滥夸亦属不少"[②]。这严重影响了人才的培养。1911 年的辛亥革命推翻了数千年的封建帝制，开启了民主共和的新时代，有人观察讲：

---

　　①　参见谢桃坊《四川国学运动述评》，《西华大学学报》2006 年第 6 期。

　　②　熊克武：《蜀党史稿》，政协四川文史资料研究委员会、四川省人民政府文史馆编《四川保路风云录》，四川人民出版社 1981 年版，第 69 页。

"辛亥年之中国，可谓除旧布新之中国也。"① "除旧布新"体现在当时社会几乎各个方面，学术的转型与国学运动发展紧密相关。辛亥后，存古学堂教育被视为是封建落后的象征遭到停办。在四川存古学堂停办后，川省创办四川国学学校以延续传统教育。

国学学校的教学模式延续了清末书院、学堂的教育制度，同时也尽量符合民国教育新要求，集中体现在尊孔读经与容纳西学在学校教学中并行。一方面，国学学校主张尊孔读经，对中国传统的伦理纲常极为重视。国学学校的课程设置，经学占据了绝对主导，而孔子学说和儒家伦理则是国学学校办学的精神支柱，作为学生辈的蒙文通就曾认为："孔子之学，最合于人类道德之想象。"②

在课程讨论的时候，学校师生对从古至今的非儒非孔言论都加以驳斥。在宋育仁看来如果一味迎合西方文化，不读经尊孔就会导致"六经皆虚言，圣人为妄作。人身无上下，推之则家无上下。国无上下，妇不统于夫，子不制于父。族姓无别，大义一扫而空"③。虽然已是民国时期，国学学校却依然延续着传统教育模式，极为看重孔学与经学的教化功能。宋育仁后来以国学学校为依托创办了四川国学会，大肆提倡尊孔读经。学校教师对经学、礼制的大力维护，使四川国学学校成为国学运动期间主礼制学派在四川的大本营。

另一方面，国学学校的教学又一定程度接纳了西学。此举不仅是为了符合民国教育制度的规定，而且作为学校的教师，他们也比较注重西学的功用。廖平本人就曾大量采购西学书籍，并希望能融合中西学术。宋育仁曾游历欧洲，对欧洲的政治制度、军事制度、教育制度进行考察。国学学校的试题中出现西方的民主、平等、自由、法治等观念，让学生进行中西文化的比较，出题者想以此证明这些观念在中国古代就已经出现，出题用意是借西学证明中学，为中学赢得生存地位，以增强学生的

①　冷：《辛亥年之中国》，《时报》1912 年 2 月 11 日第 2 版。
②　蒙文通：《儒学五论》，广西师范大学出版社 2007 年版，第 155 页。
③　宋育仁：《泰西各国采风记》，载郭嵩焘《郭嵩焘等使西记六种》，生活·读书·新知三联书店 1998 年版，第 388 页。

文化自信心。国学学校教师虽然在一定程度上接受西学,但前提是西学不能动摇传统文化的根基,"中学为体,西学为用"的色彩很明显。他们认同西学技艺增强国家实力的同时,也并不妨碍对自身文化的敬仰和尊崇,他们对西学了解越深入也就越看重传统文化的保存和延续。当西方学者对中国传统文化进行攻击,对儒家伦理和孔子学说产生怀疑的时候,国学学校教师站出来坚定维护自身文化传统,对西学的相关观点进行严厉驳斥。

中国传统学术的发展最重师承关系,国学学校教师也具有明显的师承关系。王闿运入蜀后带来了经世之风,促进了蜀学在近代崛起。国学学校的教师大多是王闿运、廖平的弟子和再传弟子,这种师承关系主导了国学学校的教学特色。在经学诠释上,学校教师大多宗奉今文经学。同时,近代地域观念的兴起,地域学术特色成为各区域士人借以凸显本区域文化具有领先意味的凭借。因此,蜀学的近代发展受到川省学界的重视。国学学校教师以复兴蜀学为己任,反对刘师培关于南北学派的划分。他们极力为蜀学争取在全国学界的学术地位,但也夸大了蜀学的影响力,反映出一种学术自大的心态。这种强调自身地域文化在全国具有领先水平,也是近代四川学界较普遍的学术心态。① 这种心态促进四川学界建立一套独特的学术解释系统,在全国学界颇有影响力,但也极大限制了四川学人的学术交流,使他们的学术观点具有落后色彩。

国学学校教师对今古文经学有不同诠释,并且在学术研究上逐渐由经入史,国学学校的学术争论主要是围绕经学展开。刘师培辛亥后入蜀任教国学学校,在学校任教期间因与廖平的经学观点不同,他们之间的学术争论不可避免,争论焦点集中在今古文经学的不同阐释。实际上,刘师培与廖平等川省学人互相交流时也改变了自己以往的一些学术观点。过去认为刘师培给川省学界带来新的学术观点,以至于使川省学界"蜀学丕变",这种看法有些夸大,较少注意到川省学人给刘师培的学术影响。为了辨析教师在课堂上阐释的不同经学观点,也促使学生培养独立思考的精神。国学学校教师有关今古

---

① 王东杰:《国中的"异乡":二十世纪二三十年代旅外川人认知中的全国与四川》,《历史研究》2002 年第 3 期。

经学的争论，使融合今古经学逐渐成为共识。国学学校虽然对经学极为重视，但近代经学地位一落千丈却是必须面临的现实，"经学终结的历史命运，在近代中国是谁都难以改变的"①。国学学校如蒙文通、李源澄等学生，他们后来学术的研究方向则是由经入史，所谓"用正确的史学来统一经学"②。蒙文通等人由经入史的学术理路也印刻着今文经学思想的痕迹，即他们在史学研究时非常注意追寻义理，注重考证史实，研究富于创新。近代四川之所以历史学大家辈出，便与此有关，这也是近年来逐渐被学界所注意的特点。

国学学校的办学性质属于民国的专门学校。专门学校的办学以职业教育为导向，类似于现在的高职教育。因此，有关学生毕业后的出路问题，国学学校校方也十分关注。但国学教育在民国毕竟处于边缘化境地，学生毕业后出路不佳是现实困境。国学学校一些学生为了谋求更好的出路而违背学校章程，转而投考技艺更强的实用型专门学校。生源的不断流失，这是国学学校办学过程中不得不面临的一个尴尬处境。

其次，国学学校与政治权力存在着复杂纠葛关系。政治权力对国学学校办学的影响主要体现在两方面：一方面，国学学校受到地方政权的控制和干预，体现出落后、保守的特征。地方政权严格控制学校的各方面事务，包括学校的人事任免、课程教学内容的设置、学生考核方式、规范学生行为。四川政局的波动造成政府拨付学校的经费短缺，使得国学学校办学困难。

国学学校起到的舆论宣传作用也为四川军政府所看重，在地方政权主导和控制之下，国学学校逐渐成为四川保守思想的桥头堡。对待袁世凯尊孔复古的政策，国学学校教师也是不遗余力的宣扬。1913年，四川都督尹昌衡致电袁世凯，鼓吹"孔子之道，如日月经天，河海行地，其大公至正固足以范围乎万世也"，③并请袁世凯下令全国学校都尊孔读经。这一建议受到袁世凯的嘉奖，尹昌衡由此要求四川省内各学校在教育上

---

① 姜广辉：《中国经学思想史》第四卷下，中国社会科学出版社2011年版，第767页。

② 周予同：《治经与治史》，原载《申报·每周增刊》1936年第一卷第三十六号，收入《周予同经学史论著选集》（增订本），上海人民出版社1996年版，第624页。

③ 陈焕章主编：《孔教会杂志》1913年第一卷第五号。

尊孔读经。胡适对此就揶揄道："原来孔二先生的学说还有军事的作用，怪不得军阀都要尊孔了！"① 国学学校教师在尊孔读经上与四川军政府的要求十分契合。国学学校教师曾学传组织"孔教扶轮会"作为孔教会在成都的分会，成都下属各县成立二十多个"孔教扶轮会"的分会。② 国学学校另一名教师徐炯在成都华阳两县成立了孔教会支会，1918年，他又创办尊孔为宗旨的"大成会"并亲自出任会长，鼓吹尊孔读经。1914年，宋育仁在北京与清朝遗老劳乃宣等人公开宣讲尊孔复古，极力主张清帝复辟。③ 回到四川后，宋育仁任教于国学学校并担任校长，继续鼓吹尊孔读经。国学学校教师主张尊孔读经，除了迎合四川军政府的要求以外，他们也发自内心希望以孔学来挽救沦丧的世道人心。

另一方面，政治权力也为国学学校的发展提供了庇护。在中央与地方的博弈之中，如果没有四川地方政府出面维持，国学学校很难延续十六年的时间。民国初年，中国政局有一个显著特色，中央实际上仅完成了形式上的统一，各地军阀政治势力很大。四川省一直处于地方实力派的控制之下，他们表面上听训于中央，但实际上却是借着中央统一名义实行着地方的自治，国学学校之所以能够避免被教育部取缔也与这样一种复杂政局有关。民国教育部颁布的专门学校章程并没有国学专门学校一类，这就意味着四川国学学校不符合部章规定，面临着被取缔的处境。近代四川学界具有根深蒂固的保守学风，四川政界和学界从不同的出发点考虑都希望能够延续国学教育。国学学校通过一系列更名，在课程教学中加入民国教育的新内容，以各种措施使学校符合教育部的办学要求。

地方政治权力维系国学学校发展，还体现在促进杂志销售和学生就业方面。国学学校创办了学术刊物《四川国学杂志》，在杂志的销售途径上，四川省府以行政命令要求省内各中学订购，从而使国学杂志的销售渠道畅通。在国学学校毕业生的就业方面，四川省府给省内各地中小学

---

① 胡适：《孔教精义?》，原载《每周评论》1919年第三十一号，署名"天风"，《胡适文集》第十一册，北京大学出版社2013年版，第30页。
② 参见陈焕章主编《孔教会杂志》第一卷。
③ 彭华：《宋育仁与近代蜀学》，《蜀学》2010年第5期。

发布函文，要求聘用国学学校学生充当国文教师。省府通过行政手段促进了国学学校毕业生的就业，同时，省府还发布全国著名大学的招生讯息，推荐国学学校学生前去报考。在为学生谋划出路方面，省府出力也不少。

在中央与地方的夹缝之中，国学学校采取了不同应对措施，学校的教学既守旧又不得不革新。国学学校既纪念民国政府所规定的革命纪念日，不仅认同辛亥革命推翻清朝统治，还派教师赴武昌搜集整理辛亥革命的史料文献，体现出"与时俱进"的革新一面，但学校又保存了清末存古学堂的教学模式，其保守性也不言而喻。民国教育部要求改革学科的设置，国学学校对此也一再拖延，故意违背教育部规定，直到1918年9月，学校才被迫将经学、史学、词章三科改为哲学、历史、国文科，这在成都的专门学校里面属于科类变更最晚的。可见，学校不认同民国的课程改制程度较深。

正如上所述，国学学校从办学伊始就处在中央与地方的纠结之中。地方政权尽管为国学学校的发展提供了庇护，在四川地方政府的维系之下，中央的教育部也无法直接干预违背部章规定的国学学校办学。但地方政权对学校的控制也是显而易见的，从而制约了国学学校转型发展。因而，怎样摆脱地方政权控制，回归中央又成了国学学校办学后期学校主事者的重要考量。这在民国中期，四川的大学和专门学校办学中体现的日益明显。这个时期四川各类学校要求摆脱军阀的控制，从"省立化"到"国立化"转变的呼声越来越高，以至于后来的公立四川大学为了实现国立化而不断冲突。因此，考察政治权力对国学学校的影响，应看到学校在中央与地方之间艰难抉择，背后所体现的诸多复杂因素。

再次，近代国学教育机构的最终归宿抉择成为国学教育能否延续的主要问题。民国时期，国学教育的地位逐渐边缘化，国学教育机构的出路成了办学者忧心事情。从四川国学学校办学伊始，校方就在考虑和谋划学校未来的发展方向。

近代大学兴起后，大学在学术研究中的作用日益凸显，无论从中央还是地方，创办大学成为不少教育者孜孜以求的目标。蔡元培讲："一个地方若是没有一个大学，把有学问的人团聚在一起研究高等学术，便永远没有发展教育的希望。"① 国学学校和无锡国专的校方都很重视将国学教育与大学体制相融合，这反映出近代国学教育机构办学者在大学理念上的共识。② 国学学校校长骆成骧极力筹办创建四川省内第一所大学，就是看到了大学作为专门的学术教育和研究场所，对传统文化传承与发展的作用。当然，他所设想的大学模式，与现代意义上的综合性大学还有一定差距。在最终归宿上，所不同的是，四川国学学校以并入现代大学延续自身的发展，无锡国专目标则是以办成一所国学教育为主的大学，这样的差异也使得两校的结局迥异。中国传统国学教育在近代地位的衰落，学校课程设置与教学内容均与现代大学的要求不相符合。实际上，国学教育机构难以独自成一所大学，只能通过并入现代大学，打破传统国学独尊儒术与今古之分的狭隘，按现代学科体系化分并融会中西学术才能延续发展，这也是四川国学学校所选择的最佳归宿。

综上可见，民国时期创办的四川国学学校，在新旧教育制度的过渡阶段，学校的办学也体现出矛盾色彩。国学学校以"保存国粹"为宗旨，继承了清末旧式学堂的特色，又适应民国新教育制度，栖身专门学校之中成为一所"新式"学校。在四川的专门学校之中，只有国学学校完全以传统教育为主，但国学学校并不完全是"新瓶装旧酒"，具有保守与革新的双重面相。同时，国学学校有一条不变的内在理路，即学校师生延续传统文化的努力至始自终不曾改变。近代国学的传承与发展，国学学校起到重要传承与接续作用，体现出一种"不新不旧，亦新亦旧"的复杂景象。

历史学的研究也有关照现实的一面。近年来，"国学热"再度兴起，国内一些著名大学相继创办了国学院，以复兴国学为办学宗旨。同时，近年来儒家学说又再度受到社会各界的重视。如今提倡儒学、复兴国学，

---

① 蔡元培：《湖南自修大学介绍与说明》，《蔡元培全集》第四卷，浙江教育出版社1997年版，第733页。

② 《国立自治学院缘起》，《中华民国档案资料汇编》第三辑，江苏古籍出版社1991年版，第237页。

与民初国学学校尊孔读经不同，目的是传承中华传统优秀文化。当然，现在的大学创办国学院，依然引来不少争议。① 在当今社会高度发展的背景下，在继承优秀传统文化，塑造国民精神等方面，国学如何发挥其自身的作用，恐怕还有很长的路要走。本书以民国初期国学运动兴起的大背景下来对四川国学学校办学历史进行研究，从历史中寻求现实的一点依据，可以使我们对于当今儒学复兴、国学热的兴起、国学院的创办，以及在新时代如何更好继承和弘扬中华优秀传统文化，树立我们自身的文化自信，为实现中华民族伟大复兴，有一个较为深入的历史经验与启示认知。

---

① 具体参见戴廉《国学院引发"国学"之争》，《瞭望新闻周刊》2005 年第 43 期；戴廉《他们为什么选择国学院》，《瞭望新闻周刊》2005 年第 43 期；陈壁生《国学院：期待与忧思》，《社会科学论坛》2005 年第 11 期。

参 考 文 献

一 基本史料

1. 档案汇编类

四川大学档案馆藏：四川公立国学专门学校档案。

四川大学档案馆藏：四川省城高等学堂档案。

故宫博物院明清档案部：《清末筹备立宪档案史料》，中华书局 1979 年版。

中国第二历史档案馆编：《中华民国史档案资料汇编》，江苏古籍出版社 1991
年版。

中国第一历史档案馆编：《清代档案史料丛编》，中华书局 1984 年版。

中国国家档案局明清档案馆编：《戊戌变法档案史料》，中华书局 1958 年版。

陈学恂、田正平编：《中国近代教育史资料汇编·教育行政机构及教育团
体》，上海教育出版社 2007 年版。

陈学恂编：《中国近代教育史教学参考资料》，人民教育出版社 1987 年版。

邓洪波、陈毂嘉主编：《中国书院史资料》，浙江教育出版社 1998 年版。

李桂林等编：《中国近代教育史资料汇编·普通教育》，上海教育出版社 2007
年版。

潘懋元、刘海峰编：《中国近代教育史资料汇编·高等教育》，上海教育
出版社 2006 年版。

钱实甫：《清代职官年表》，中华书局 1980 年版。

璩鑫圭等编：《中国近代教育史资料汇编·学制演变》，上海教育出版社 2007
年版。

任新建编：《尹昌衡征西史料汇编》，四川大学出版社 2010 年版。

桑兵编：《国学的历史》，北京图书馆出版社 2010 年版。

沈云龙编：《近代中国史料丛刊》，文海出版社有限公司 1969 年影印本。

舒新城编：《中国近代教育史资料》，人民教育出版社 1981 年版。

四川文史馆编：《四川军阀史料》，四川人民出版社 1981 年版。

王学珍等编：《北京大学史料》，北京大学出版社 2000 年版。

隗瀛涛、赵清编：《四川辛亥革命史料》，四川人民出版社 1981 年版。

吴丰培辑：《民元藏事电稿》，西藏人民出版社 1983 年版。

叶德辉：《翼教丛编》，上海书店出版社 2002 年版。

张静庐辑注：《中国现代出版史料》乙编，中华书局 1955 年版。

张枬、王忍之编：《辛亥前十年间时论选集》，生活·读书·新知三联书店
　　1977 年版。

政协四川省文史资料研究委员会、四川省文史馆编：《四川保路风云录》，
　　四川人民出版社 1981 年版。

政协四川省文史资料研究委员会、四川省文史馆编：《四川近现代文化人
　　物》，四川人民出版社 1989 年版。

中国人民政治协商会议江苏省暨南京委员会文史资料研究委员会编：《江
　　苏文史资料选辑》，江苏古籍出版社 1987 年版。

中国人民政治协商会议四川省委员会文史资料研究委员会编：《四川文史
　　资料选辑》，四川人民出版社 1982 年版。

中国史学会主编：《中国近代史资料丛刊·辛亥革命》，上海人民出版社
　　1981 年版。

朱寿朋主编：《光绪朝东华录》，中华书局 1958 年版。

朱有瓛主编：《中国近代学制史料》，华东师范大学出版社 1983 年版。

　　2. 报刊杂志

《北大日刊》、《北京大学研究所国学门月刊》、《晨报副刊》、《晨报五周年
　　纪念增刊》、《创造周报》、《大公报》、《东方杂志》、《独立评论》、
　　《广益丛报》、《国粹学报》、《国风半月刊》、《国立北京大学国学季
　　刊》、《国民公报》、《国学荟编》、《国学季刊》、《国学月刊》、《国专

月刊》、《教育公报》、《教育杂志》、《孔教会杂志》、《青年进步》、《申报》、《蜀评月刊》、《蜀学报》、《私立无锡国学专修学校十五周年纪念册》、《四川官报》、《四川国学杂志》、《四川国学专校学生会季刊》、《四川教育官报》、《四川教育评论月刊》、《四川学报》、《图书集刊》、《新青年》、《学部官报》、《学衡》、《学生杂志》、《政艺通报》、《政治官报》、《重光》

3. 诗文集、年谱

卞僧慧：《陈寅恪先生年谱长编》，中华书局 2010 年版。

曹聚仁：《中国学术思想史随笔》，生活·读书·新知三联书店 1986 年版。

曾业英、周斌主编：《尹昌衡集》，社会科学文献出版社 2001 年版。

陈三立：《散原精舍文集》，辽宁教育出版社 1988 年版。

陈寅恪：《陈寅恪集·诗集》，生活·读书·新知三联书店 2015 年版。

陈寅恪：《陈寅恪集·金明馆丛稿二编》，生活·读书·新知三联书店 2015 年版。

程千帆：《程千帆全集》，河北教育出版社 2000 年版。

丁文江、赵丰田编：《梁启超年谱长编》，上海人民出版社 2009 年版。

杜亚泉：《辛亥前十年中国政治通览》，中华书局 2012 年版。

樊洪业、张久春选编：《科学救国之梦：任鸿隽文存》，上海科技教育出版社 2002 年版。

樊增祥：《樊山政书》，中华书局 2007 年版。

高平叔：《蔡元培年谱长编》，人民教育出版社 1999 年版。

龚道耕著，李冬梅编：《龚道耕儒学论集》，四川大学出版社 2010 年版。

顾廷龙、戴逸主编：《李鸿章全集》，安徽教育出版社 2008 年版。

郭沫若：《郭沫若文集》，四川文艺出版社 1994 年版。

何刚德：《客座偶谈》，上海古籍出版社 1983 年版。

黄侃整理编辑：《周礼注疏》，上海古籍出版社 1990 年版。

姜义华等编校：《康有为全集》，中国人民大学出版社 2007 年版。

蒋梦麟：《西潮·新潮》，岳麓书社 2003 年版。

李耀仙编：《廖平选集》，巴蜀书社 1998 年版。

李耀仙编：《廖平学术论著选集》，巴蜀书社 1989 年版。

梁启超：《饮冰室合集》，中华书局 1989 年版。

廖幼平编：《廖季平年谱》，巴蜀书社 1985 年版。

刘坤一：《刘坤一奏疏》，岳麓书社 2013 年版。

刘咸炘：《刘咸炘诗文集》，华东师范大学出版社 2010 年版。

刘咸炘：《刘咸炘学术论集》，广西师范大学出版社 2007 年版。

鲁迅：《鲁迅全集》，人民文学出版社 2005 年版。

陆世仪：《思辨录辑要》，商务印书馆 1986 年影印本。

陆阳：《唐文治年谱》，上海三联书店 2013 年版。

马勇编：《章太炎讲演集》，河北人民出版社 2004 年版。

蒙文通：《经学抉原》，上海世纪出版集团 2006 年版。

蒙文通：《蒙文通文集》，巴蜀书社 1999 年版。

莫世祥编：《马君武集（1900—1919）》，华中师范大学出版社 1991 年版。

欧阳哲生编：《傅斯年全集》，湖南教育出版社 2003 年版。

欧阳哲生编：《胡适文集》，北京大学出版社 2013 年版。

钱玄同编：《刘申叔遗书》，江苏古籍出版社 1997 年版。

舒新城：《蜀游心影》，中华书局 1939 年版。

宋育仁：《经术公理学》，上海同文社清光绪三十年铅印本，中国国家图书馆藏。

宋育仁：《实务论》，袖海山房清光绪 22 年刊本，中国国家图书馆藏。

宋育仁：《宋芸子先生政法讲义》，民国铅印本，中国国家图书馆藏。

汤志钧：《章太炎年谱长编》，中华书局 2013 年版。

汤志钧编：《章太炎政论选集》，中华书局 1977 年版。

万仕国：《刘师培年谱》，广陵书社 2003 年版。

王承军：《蒙文通先生年谱长编》，中华书局 2012 年版。

王川：《李源澄先生年谱长编》，中华书局 2012 年版。

王代功、王云五编：《清王湘绮先生闿运年谱》，商务印书馆 1979 年版。

王闿运：《湘绮楼诗文集》，岳麓书社 1996 年版。

王栻编：《严复集》，中华书局 1986 年版。

吴芳吉：《吴芳吉集》，巴蜀书社 1994 年版。

吴洪武、吴洪泽等校注：《吴之英诗文集》，四川大学出版社 2008 年版。

吴虞：《吴虞文录》，黄山书社 2008 年版。

吴之英：《寿栎庐丛书》，名山吴氏刻本 1920 年版。

吴之英：《吴之英儒学论集》，四川大学出版社 2010 年版。

谢桃坊：《国学论集》，社会科学文献出版社 2011 年版。

谢无量：《谢无量文集》，中国人民大学出版社 2011 年版。

徐寿凯、施培毅点校：《吴汝纶全集》，黄山书社 2002 年版。

许纪霖、田建业编：《杜亚泉文存》，上海教育出版社 2003 年版。

许啸天编：《国故学讨论集》，上海书店 1927 年版。

苑书义、孙华峰、李秉新编：《张之洞全集》，河北人民出版社 1998 年版。

张元济、傅增湘著：《张元济傅增湘论书尺牍》，商务印书馆 1983 年版。

张之洞：《张之洞教育文存》，人民教育出版社 2008 年版。

章太炎：《章太炎全集》，上海人民出版社 1985 年版。

赵启霖：《赵瀞园集》，湖南出版社 1992 年版。

中国蔡元培研究会编：《蔡元培全集》，浙江教育出版社 1997 年版。

朱自清：《朱自清散文经典》，云南教育出版社 2010 年版。

4. 日记、书信、回忆录

曹聚仁：《文坛五十年》，东方出版社 1997 年版。

成都市政协文史学习委员会编：《成都文史资料选编》，四川人民出版社
　　2007 年版。

耿云志、欧阳哲生编：《胡适书信集》，北京大学出版社 1996 年版。

耿云志编：《胡适遗稿及其秘藏书信》，黄山出版社 1994 年版。

李璜：《学钝室回忆录》，传记文学出版社 1917 年版。

刘大鹏：《退想斋日记》，山西人民出版社 1990 年版。

蒙默编：《蒙文通学记》，生活·读书·新知三联书店 2006 年版。

钱仲联、周秦：《钱仲联学述》，浙江人民出版社 1999 年版。

孙宝瑄：《忘山庐日记》，上海古籍出版社 1983 年版。

王闿运：《湘绮楼日记》，岳麓书社 1997 年版。

吴玉章:《吴玉章回忆录》,中国青年出版社 1978 年版。

政协全国委员会文史资料研究委员会编:《辛亥革命回忆录》,中华书局
　　1962 年版。

政协四川省文史资料研究委员会、四川省文史馆编:《四川文史资料集
　　粹》,四川人民出版社 1996 年版。

中国革命博物馆整理,荣孟源审校:《吴虞日记》(上、下),四川人民出
　　版社 1984 年版。

中国社会科学院近代史研究所民国史研究室编:《胡适来往书信选》,中
　　华书局 1980 年版。

二　近人专著

白新良:《中国古代书院发展史》,天津大学出版社 1995 年版。

蔡方鹿:《蒙文通经学与理学思想研究》,巴蜀书社 2007 年版。

陈壁生:《国学与近代经学的解体》,广西师范大学出版社 2010 年版。

陈平原:《中国现代学术之建立:以章太炎、胡适之为中心》,北京大学
　　出版社 2010 年版。

陈学恂:《中国近代教育大事记》,上海教育出版社 1981 年版。

陈以爱:《中国现代学术研究机构的兴起:以北大研究所国学门为中心的
　　探讨》,江西教育出版社 2002 年版。

程美宝:《地域文化与国家认同:晚清以来"广东文化"观的形成》,生
　　活·读书·新知三联书店 2006 年版。

丁刚、刘淇:《书院与中国文化》,上海教育出版社 1992 年版。

方朝晖:《"中学"与"西学":重新解读现代中国学术史》,河北大学出
　　版社 2002 年版。

方光华:《刘师培评传》,百花洲文艺出版社 2010 年版。

冯天瑜:《新语探源:中西日文化互动与近代汉字术语生成》,中华书局
　　2004 年版。

干春松:《制度化儒家及其解体》,中国人民大学出版社 2003 年版。

戈公振:《中国报学史》,中国新闻出版社 1985 年版。

葛兆光：《中国思想史》，复旦大学出版社 2007 年版。

耿云志：《近代中国文化转型研究导论》，四川人民出版社 2008 年版。

关晓红：《晚清学部研究》，广东教育出版社 2000 年版。

郭嵩焘：《郭嵩焘等使西记六种》，生活·读书·新知三联书店 1998 年版。

何一民：《转型时期的社会新群体：近代知识分子与晚清四川社会研究》，
　　四川大学出版社 1992 年版。

贺麟：《文化与人生》，商务印书馆 1988 年版。

胡平生：《民国初期的复辟派》，台湾学生书局 1985 年版。

胡适口述，唐德刚译：《胡适口述自传》，华东师范大学出版社 1993 年版。

黄开国：《廖平评传》，百花洲文艺出版社 2010 年版。

黄新宪：《张之洞与中国近代教育》，福建教育出版社 1991 年版。

黄宗凯、刘菊素、孙山、罗毅：《宋育仁思想评传》，西南交通大学出版
　　社 2007 年版。

黄兴涛：《重塑中华：近代中国"中华民族"观念研究》，北京师范大学
　　出版社 2017 年版。

姜广辉主编：《中国经学思想史》，中国社会科学出版社 2003 年版。

金冲及、胡绳武：《辛亥革命史稿》，上海人民出版社 1980 年版。

金观涛、刘青峰：《开放中的变迁：再论中国社会超稳定结构》，法律出
　　版社 2011 年版。

匡珊吉、杨光彦：《四川军阀史》，四川人民出版社 1991 年版。

赖温如：《晚清新旧学派思想之论争：以〈翼教丛编〉为中心的讨论》，
　　花木兰文化出版社 2008 年版。

李帆：《刘师培与中西学术：以其中西交融之学和学术史研究为核心》，
　　北京师范大学出版社 2003 年版。

李帆：《章太炎、刘师培、梁启超清学史著述之研究》，商务印书馆 2006
　　年版。

李国钧：《中国书院史》，湖南教育出版社 1994 年版。

李赫亚：《王闿运与晚清书院教育》，光明日报出版社 2007 年版。

李细珠：《张之洞与清末新政研究》，上海书店出版社 2009 年版。

李耀仙：《廖平与近代经学》，四川人民出版社 1987 年版。

梁启超著，朱维铮校注：《清代学术概论》，中华书局 2010 年版。

林丽容：《民国读经问题研究（1912—1937）》，花木兰文化出版社 2010 年版。

林志宏：《民国乃敌国也：政治文化转型下的清移民》，中华书局 2014 年版。

凌兴珍：《清末新政与教育转型：以清季四川师范教育为中心的研究》，人民出版社 2008 年版。

刘超：《历史书写与认同建构：清末民国时期中国历史教科书研究》，社会科学文献出版社 2017 年版。

刘桂秋：《无锡国专编年事辑》，中国大百科全书出版社 2011 年版。

刘玉才：《清代书院与学术变迁研究》，北京大学出版社 2008 年版。

罗志田：《国家与学术：清季民初关于"国学"的思想论争》，生活·读书·新知三联书店 2003 年版。

罗志田：《裂变中的传承：20 世纪前期的中国文化与学术》，中华书局 2012 年版。

吕芳上：《革命之再起：中国国民党改组前对新思潮的回应》，中研院近代史所 1989 年版。

皮锡瑞：《经学历史》，中华书局 1959 年版。

钱穆：《中国文化史导论》，商务印书馆 1994 年版。

桑兵：《晚清民国的国学研究》，北京师范大学出版社 2014 年版。

桑兵：《晚清学堂学生与社会变迁》，广西师范大学出版社 2007 年版。

史全生编：《中华民国文化史》，吉林文史出版社 1990 年版。

四川大学校史编写组编：《四川大学史稿》，四川大学出版社 1985 年版。

苏云峰：《从清华学堂到清华大学（1911—1929）》，生活·读书·新知三联书店 2001 年版。

粟品孝：《朱熹与宋代蜀学》，高等教育出版社 1998 年版。

孙尚扬：《明末天主教与儒学的互动：一种思想史的视角》，宗教文化出版社 2013 年版。

汤志钧：《近代经学与政治》，中华书局 1989 年版。

汪晖：《现代中国思想的兴起》，生活·读书·新知三联书店 2008 年版。

王东杰：《国家与学术的地方互动：四川大学国立化进程（1925—1939）》，
　　生活·读书·新知三联书店 2005 年版。

王汎森：《傅斯年：中国近代历史与政治中的个体生命》，生活·读书·
　　新知三联书店 2012 年版。

王汎森：《执拗的低音：一些历史思考方式的反思》，生活·读书·新知
　　三联书店 2014 年版。

王汎森：《中国近代思想与学术的系谱》，吉林出版集团公司 2011 年版。

王奇生：《革命与反革命：社会文化视野下的民国政治》，社会科学文献
　　出版社 2010 年版。

王中江：《近代中国思维方式演变的趋势》，四川人民出版社 2008 年版。

隗瀛涛：《四川近代史稿》，四川人民出版社 1990 年版。

吴湉南：《无锡国专与现代国学教育》，安徽教育出版社 2010 年版。

吴雁南、冯祖贻、苏中立、郭汉民主编：《中国近代社会思潮》，湖南教
　　育出版社 1998 年版。

谢本书、冯祖贻编：《西南军阀史》，贵州人民出版社 1991 年版。

谢桃坊：《四川国学小史》，巴蜀书社 2009 年版。

熊明安、徐仲林、李定开：《四川教育史稿》，四川教育出版社 1993 年版。

熊月之：《西学东渐与晚清社会》，上海人民出版社 1994 年版。

许地山：《国粹与国学》，岳麓书社 2011 年版。

杨念群：《儒学地域化的近代形态》，生活·读书·新知三联 2011 年版。

印永清、魏德良编：《顾颉刚书话》，浙江人民出版社 1998 年版。

余英时：《士与中国文化》，上海人民出版社 2008 年版。

余英时：《中国文化的重建》，中信出版社 2011 年版。

张存武、陶晋生编：《历史学手册》，食货出版社 1986 年版。

张剑：《中国近代科学与科学体制化》，四川人民出版社 2008 年版。

张廷休：《近代革命纪念日》，上海民智书局 1928 年版。

张昭军：《晚清民初的理学与经学》，商务印书馆 2007 年版。

张正藩：《中国书院制度考略》，江苏教育出版社 1985 年版。

章开沅、林增平主编：《辛亥革命史》，人民出版社 1981 年版。

赵所生、薛正兴主编：《中国历代书院志》，江苏教育出版社 1995 年版。

郑大华、彭平一：《社会结构变迁与近代文化转型》，四川人民出版社 2008 年版。

郑师渠主编：《中华民族精神研究》，北京师范大学出版社 2009 年版。

郑师渠：《思潮与学派：中国近代思想文化研究》，北京师范大学出版社 2005 年版。

郑师渠：《晚清国粹派—文化思想研究》，北京师范大学出版社 1997 年版。

周鼎：《刘咸炘学术思想研究》，巴蜀书社 2008 年版。

邹小站：《西学东渐：迎拒与选择》，四川人民出版社 2008 年版。

左玉河：《中国近代学术体制之创建》，四川人民出版社 2008 年版。

［美］艾尔曼：《从理学到朴学：中华帝国晚期思想与社会变化面面观》，赵刚译，江苏人民出版社 2012 年版。

［美］艾尔曼：《经学、政治和宗族：中华帝国晚期常州今文学派研究》，赵刚译，江苏人民出版社 1998 年版。

［美］郭颖颐：《中国现代思想中的唯科学主义》，雷颐译，江苏人民出版社 1989 年版。

［美］列文森：《儒教中国及其现代命运》，郑大华、任菁译，中国社会科学出版社 2000 年版。

［美］芮玛丽：《同治中兴：中国保守主义的最后抵抗（1862—1874）》，房德邻译，中国社会科学出版社 2002 年版。

［美］叶文心：《民国时期大学校园文化（1919—1937）》，冯夏根、胡少诚、田嵩燕等译，中国人民大学出版社 2012 年版。

［日］岛田虔次：《中国近代思想的挫折》，甘万萍译，江苏人民出版社 2010 年版。

［日］佐藤慎一：《近代中国的知识分子与文明》，刘岳兵译，江苏人民出版社 2008 年版。

三 学术论文

1. 期刊论文

巴斯蒂：《京师大学堂的科学教育》，《历史研究》1998 年第 5 期。

陈来：《近代"国学"的发生与演变：以老清华国学研究院的典范意义为
　　视角》，《清华大学学报》2011 年第 3 期。

陈沫吾：《论蜀中"五老七贤"的意义》，《文史杂志》2012 年第 3 期。

陈奇：《刘师培的今古文观》，《近代史研究》1990 年第 2 期。

邓洪波：《近代书院与中西文化交流》，《河北学刊》1993 年第 2 期。

范佳：《吴之英与晚清蜀学》，《蜀学》2012 年第 7 期。

郭书愚：《"新旧交哄的激进时代"：以张之洞和存古学堂的"守旧"形象
　　为例》，《四川大学学报》2013 年第 1 期。

郭书愚：《官绅合作与学脉传承：民初四川国学研究和教学机构的嬗替过
　　程（1912—1914）》，《四川大学学报》2011 年第 5 期。

郭书愚：《清季在野一方对以官办学堂保存国粹的反应》，《社会科学研
　　究》2008 年第 6 期。

郭书愚：《为"旧学应举之寒儒筹出路"兼彰"存古"之义：清季豫、湘、
　　赣三省因应科举停废的办学努力》，《社会科学研究》2013 年第 3 期。

何一民：《试论尊经书院与四川士林风气的变化》，《四川师范大学学报》
　　1991 年第 1 期。

胡逢详：《从北大国学门到清华国学院：对现代高校学术机构体制与功能
　　的一项考察》，《中国图书评论》2006 年第 10 期。

胡逢祥：《"五四"时期的"科学主义"思潮与中国史学的现代化建设》，
　　《华中师范大学学报》1995 年第 6 期。

黄兴涛：《现代"中华民族"观念形成的历史考察：兼论辛亥革命与中华
　　民族认同之关系》，《浙江社会科学》2002 年第 1 期。

李朝正：《对清末民初四川学术崛起的思考》，《天府新论》1988 年第 2 期。

李帆：《清末民初学术史勃兴潮流述论》，《吉林大学学报》2000 年第 5 期。

李赫亚：《湖南"二王"与近代湖南书院改制》，《北京理工大学学报》2006

年第 4 期。

李晓宇：《清末四川省会书院改制前后的两难及其变通（1896—1911）》，
　　《大学教育科学》2012 年第 2 期。

李晓宇：《尊经书院与近代蜀学的兴起》，《湖南大学学报》2008 年第 5 期。

刘迪香：《存古学堂：从书院到学堂的过渡》，《湖南大学学报》1999 年第
　　1 期。

刘复生：《刘咸炘〈蜀学论〉及其在学术史上的意义》，《社会科学研究》
　　2006 年第 3 期。

刘耀：《经术与诸子：廖平、蒙文通的经史传承与民国学术》，《四川师范
　　大学学报》2012 年第 5 期。

刘永祥：《谢无量经学思想略论》，《史林》2011 年第 6 期。

龙晦：《论薛焕、王闿运创办尊经书院》，《西华大学学报》2009 年第 6 期。

路新生：《刘师培的民族史研究及对蒙文通的影响》，《史学史研究》2005
　　年第 4 期。

罗福惠：《梁启超、章太炎、谭嗣同与近代文化社团》，《华中师范大学学
　　报》2004 年第 5 期。

罗志田：《国学不是学：西方学术分类与民初国学定位的困惑》，《社会科
　　学研究》2002 年第 1 期。

罗志田：《机关枪与线装书：从国学书目论争看民初科学与国学之间的紧
　　张》（一、二、三），《四川大学学报》2002 年第 5、6 期、2003 年第
　　2 期。

罗志田：《难以区分的新旧：民初国学派别的异与同》，《四川大学学报》
　　2001 年第 6 期。

罗志田：《清季保存国粹的朝野努力及其观念异同》，《近代史研究》2001
　　年第 2 期。

彭华：《宋育仁与近代蜀学》，《蜀学》2010 年第 5 期。

曲洪波：《尊经书院与晚清时期四川的经学发展略论》，《宜宾学院学报》
　　2009 年第 4 期。

桑兵：《科举、学校到学堂与中西学之争》，《学术研究》2012 年第 3 期。

桑兵：《晚清民国时期的国学研究与西学》,《历史研究》1996 年第 5 期。

舒大刚：《龚道耕学术成就刍议》,《社会科学研究》2008 年第 2 期。

苏全有：《对清末道德教育失败的反思：以存古学堂为考察中心》,《贵州社会科学》2007 年第 6 期。

孙山：《宋育仁教育思想研究》,《教育评论》2009 年第 6 期。

田正平、陈玲玉：《中央和地方之冲突：国民政府初期对地方高校的整顿——以四川大学、山西大学校为中心的考察》,《高等教育研究》2013 年第 6 期。

田正平、朱宗顺：《传统教育资源的现代转化：晚清书院嬗变的历史考察》,《厦门大学学报》2002 年第 5 期。

王川：《近代学者李源澄的生平事迹及其学术成就》,《历史教学》2008 年第 11 期。

王东杰：《〈国粹学报〉与"古学复兴"》,《四川大学学报》2000 年第 5 期。

王东杰：《地方认同与学术自觉：清末民国的"蜀学"论》,《四川大学学报》2010 年第 6 期。

王东杰：《国学保存会和清季国粹运动》,《四川大学学报》1999 年第 1 期。

王汎森：《从经学向史学的过渡：廖平与蒙文通的例子》,《历史研究》2005 年第 2 期。

王奇生：《近代中国学会的历史轨迹》,《学会》1990 年第 6 期。

吴湉南：《20 世纪上半叶无锡国专的社会影响综论》,《江南大学学报》2010 年第 6 期。

谢桃坊：《批评今文经学派：刘师培在四川国学院》,《成都大学学报》2008 年第 2 期。

谢桃坊：《四川国学运动述评》,《西华大学学报》2008 年第 6 期。

徐溥：《早期改良主义思想家宋育仁》,《社会科学研究》1979 年第 5 期

许小青：《从"国学研究会"到"国学院"：东南大学与 20 年代早期南北学术的地缘与派分》,《江苏社会科学》2006 年第 2 期。

杨正苞：《四川国学院述略》,《西华大学学报》2009 年第 1 期。

姚琳、彭泽平：《清季兴学潮中的"西部镜像"：清末四川新式教育兴起

的历史考察》,《西南大学学报》2009 年第 3 期。

张剑：《从"科学救国"到"科学不能救国"：近代中国"科学救国"思潮的演进》,《自然科学史研究》2010 年第 1 期。

张凯：《"今""古"之争：四川国学院时期的廖平与刘师培》,《四川大学学报》2009 年第 2 期。

张凯：《浙东史学与民国经史转型：以刘咸炘、蒙文通为中心》,《浙江大学学报》2011 年第 6 期。

张玉法：《戊戌时期的学会运动》,《历史研究》1998 年第 5 期。

张越：《近代学术期刊的出现与史学的变化》,《史学史研究》2002 年第 3 期。

郑师渠：《论晚清国粹派的经学思想》,《孔子研究》1992 年第 1 期。

郑师渠：《章太炎刘师培交谊论》,《近代史研究》1993 年第 6 期。

周群华：《张栻与王闿运：蜀湘学术文化交流与书院教育》,《社会科学研究》1988 年第 3 期。

左玉河：《民初新式学会制度之确立》,《北京科技大学学报》2006 年第 4 期。

　　2. 学位论文

陈庆煌：《刘申叔先生之经学》,博士学位论文,台湾政治大学,1982 年。

崔海亮：《廖平"今古学"研究》,博士学位论文,武汉大学,2010 年。

都重万：《刘师培对晚清史学演进的贡献及影响》,博士学位论文,北京大学,1998 年。

郭军：《近代国学教育之困：国粹派教育思想研究》,博士学位论文,华东师范大学,2010 年。

郭书愚：《清末四川存古学堂述略》,硕士学位论文,四川大学,2002 年。

刘少雪：《书院改制与中国高等教育近代化》,博士学位论文,厦门大学,1998 年。

卢毅：《"整理国故运动"与中国现代学术转型》,博士学位论文,北京师范大学,2003 年。

宋淑玉：《孔教会研究》,博士学位论文,北京师范大学,2005 年。

许金萍：《清末存古学堂的办理及历史反思》,硕士学位论文,华中师范大学,2011 年。

许丽梅:《民国时期四川"五老七贤"述略》,硕士学位论文,四川大学, 2003年。

张凯:《"义与制不相遗":蒙文通与民国学界》,博士学位论文,中山大学,2009年。

张卫波:《民国初年尊孔思潮研究》,博士学位论文,北京师范大学,2002年。

朱华:《近代科学救国思潮研究》,博士学位论文,北京师范大学,2006年。

四 英文主要文献

Bastid, *Marianne*: *Educational Reform in Early Twentieth-Century China* (*Translated by Paul J. Bailey*), Ann Arbor: Center for Chinese Studies, The University of Michigan, 1988.

Hao Chang, *Liang Ch'i-ch'ao and Intellectual Transition in China* 1890 – 1907, Harvard University Press, 1971.

Joseph Ben-David, *The Scientist's Role in Society'*, *Englewood Cliffs*, *N.J.*: *prentice Hall*, 1971.

Mary C. Wright, The Last Stand of Chinese Conservatism-T'ung-Chih Restoration, *London & New York*, 1936.

Thomas S. Kuhn, The Structure of Scientific Revolutions, *Chicago*: *The University of Chicago Press*, 1962.

后　记

　　呈现在各位读者面前的这本著作，是我在博士学位论文基础上修改完成的。本书选取的研究对象四川国学学校曾经短暂的存在于民国初期，办学时间仅有十六年。在以往的学术研究中，它是很容易被研究者所忽视的一所地方性国学专门教育机构。学界目前对它的了解及客观历史定位还显得很不足，值得进一步研究的空间还很大。

　　本书主要讨论了在国学运动兴起的历史背景下，四川国学学校的发展与嬗变过程，揭示出作为教授传播"地方性知识"的传统国学专门学校在现代大学学科分类体系中，如何将自身融入到现代大学中以求生存发展的曲折历程。本书主要探讨了三个方面的问题：第一，近代中西文化交融之中，学校课程设置如何彰显过渡时代的新特色？第二，在民初中央与地方权力博弈之中，地方政权如何扶持与控制国学学校？第三，在近代从书院到学堂再到大学过渡中，四川国学学校的教育起到什么样的传承作用？透过国学学校办学过程中政学之间复杂关系、学校教师学术成就、学生学业进步、不同学术观点在学校课堂上碰撞等多重面相，有助于我们客观认识在国学运动时期，四川国学学校对保存和延续传统文化及培养经史人才方面应有的历史地位。

　　这本书能够较为顺利完成，首先要感谢我的博士生导师、北京师范大学历史学院副院长李帆教授。2011 年秋天，我跟随李老师攻读博士学位。在近四年的时光里，李老师对我言传身教，不仅授之以鱼，还授之以渔，使我在学术研究上能够快速成长。李老师所具有的学术风范与宽以待人的修为，让我切身体会到母校校训"学高为师，身正为范"的真实内涵。可以说，如果没有李老师的精心指导，这本书根本就不可能完成。当得知这本书即将出版的消息，李老师欣然为本书作序，并鼓励我继续在学术上奋发进取。当然，我也知道本书依然有诸多令他并不满意的地方，还有不少需要深入讨论的问题，这些不足之处也是我今后努力的动力所在。

其次，我要感谢西南科技大学马克思主义学院的领导和同事们。感谢学院院长黎万和教授、党委书记廖成中副教授、党委副书记陈峥嵘博士、副院长崔一楠副教授对本书出版所提供的热情支持与资助。同时，感谢张嘉友教授、许建文教授、赵诤教授、徐文副教授、叶宁博士、陈君锋博士、陈亮博士对本书提出宝贵意见和建议。感谢学院近现代史基本问题研究方向的硕士生董文文、李亚男两位同学，她们不辞辛苦分别完成本书第二章四万字、第三章两万字写作工作。

我要感谢在自己求学生涯中传道受业的诸位师长们。北京师范大学历史学院郑师渠教授、孙燕京教授、张昭军教授、王开玺教授、李志英研究员、邱涛副教授，中国人民大学历史学院郭双林教授、中共中央党校党史研究部卢毅教授，他们对本书提出的批评性意见使我终身受益。北京大学历史系赵世瑜教授、四川师范大学历史文化与旅游学院院长王川教授、四川师范大学图书馆成荫副研究员、成都市博物馆馆长李明斌教授，作为自己非常尊敬的师长们，他们不断激励着我的学术成长与进步。感谢四川大学档案馆原馆长党跃武教授、历史档案部李老师（很抱歉，我一直未曾知道该老师名字）、四川大学历史文化学院粟品孝教授、李晓宇博士，他们在我返回川大查阅本书所需相关档案时所提供了无私帮助。

感谢我友善的同学与朋友们，他们是国家图书馆古籍部的孟化博士、西北民族大学历史文化学院周松副教授、辽宁省社会科学院历史研究所朱昆博士、中国政法大学马克思主义学院周增光博士、吉林大学文学院王坤鹏博士、江西师范大学外国语学院胡新建博士、黑龙江大学历史文化旅游学院高龙彬副教授、《近代史研究》编辑薛刚博士、清华大学马克思主义学院房小捷博士、四川大学马克思主义学院付志刚副教授、何志

明副研究员、华南师范大学历史文化学院赵峥博士、成都双流实验中学
赵鹏飞、李然老师，他们在日常交流与探讨中对启发我的学术思考无不
裨益。本书的顺利出版更离不开中国社会科学出版社的编辑张湉博士，
她出色的工作使书稿增色添彩。

最后，我要衷心感谢我的家人，亲情的陪伴永远是我学术生涯中的
重要后盾。自己进入大学选择历史学这门需要长期耕耘，却很难在短时
间内见收获的专业学习，父母所付出的比我自身要多得多。父母和亲人
们的关怀、谅解与支持不仅体现在物质上，更多是在精神上给予我信心
与勇气，方可使我已过而立之年却依然能够心无旁骛、全身心投入到读
书与学术研究之中。自己希望能通过不断努力不辜负他们的期许。

我深知本书依然存在诸多不足，还有不少值得商榷甚至可能是谬误之
处，还恳请各位读者批评指正。当然，这些谬误与不足皆由我个人负责。

杨毅丰

2018 年春节于西南科技大学